教師生命自傳

陳佩正 譯

What Keeps Teachers Going?

SONIA NIETO

謹以這本書

獻給

那些不管遭遇任何困境都還持續教學的老師

目錄

（正文旁數碼係原文書頁碼，供索引檢索之用）

關於作者

Sonia Nieto

美國麻州大學安城分校（Amherst）教育學院語文素養暨文化教授。她曾經擔任各個層級的老師——從小學到研究所階段；而她的研究集中在多元文化教育、文化和語文多樣化背景下學生的教育情形，以及在師資培育過程需要強化社會正義的議題。她是許多書籍和文章的作者，在《哈佛教育評論》（*Harvard Educational Review*）、《教師教育期刊》（*Journal of Teacher Education*）、與《教育領導》（*Educational Leadership*）等期刊都經常可以看到其所發表的文章。她所寫的書本當中最引人注目的就屬《聲援多元化》（*Affirming Diversity: The Sociopolitical Context of Multicultural Education,* Allyn & Bacon）與《他們眼中的光芒》（*Light in Their Eyes*, Teachers College Press），這兩本書都廣泛的被師資培訓單位所採用。因為她的研究、倡導和積極行動，Nieto 教授曾經接受許多獎項的鼓勵，包含了由 NAME 在 1997 年主辦的多元文化教育年度獎、多元文化教育學會，及安那伯格教育改革研究院所頒布的都會教育資深研究員的獎章（1998-2000）。她在 1999 年獲得麻州劍橋地區萊斯里學院所頒發人文方面的榮譽博士學位，然後在 2000 年獲得義大利貝拉吉歐中心住宿研究獎項的鼓勵。

譯者簡介

陳佩正

目前服務於國立台北教育大學自然科學教育學系。希望透過翻譯不同類型書籍，提供自己一個自我成長、進修的管道。近年來除了投入各類型書籍的翻譯之外，也策劃遠流的《魔數小子》童書繪本系列，期望透過活潑有趣的數學繪本，引導更多學生喜愛冷冰冰的數學。對於科學發展史也在最近幾年發展出濃厚的興趣，想要把這冷門的學科轉變為可愛的學科。另外，譯者也走入國中小校園，想要積極主動建立教育大學與國中小之間的合作夥伴關係，除了強化國中小教育以外，也可以提升國中小準老師的培訓模式，更提升自己在國中小教育現場的應變能力。近年來，譯者也參與幾所學校的本位課程發展與教學專業精進的合作計畫，企圖透過長期合作夥伴關係，改善國內教育體質。

致謝

這本書的構想剛開始浮現是起因於我從布朗大學（Brown University，譯註：美國羅德島州的一所長春藤學校，長久以來以推動各項教育改革政策著名）的安納伯格學校改革研究所（Annenberg Institute for School Reform, AISR）獲得一個獎助金，那是發生在 1998 年到 2000 年之間的事情了。許多來自於全國各地的學者都被提名參與 AISR 都會地區資深教師的獎助金選拔活動，最後只有八位獲選為得獎者。很幸運的，我是最後這八位入選者當中的一位。多年來，我一直思考這本書核心問題當中的關鍵問題：**到底是什麼力量讓老師在面對許多艱辛挑戰時，還可以持續走下去呢**（What keeps teachers going in spite of everything）？AISR 提供的這項獎助學金讓我有這份悠閒的時間和資源來探究這個問題。我非常感激安納伯格研究所，特別要感謝在 1999 年開始擔任研究所所長的 Warren Simmons，以及其他的夥伴們，因為他們的願景和支持，才讓我有這樣的機會探究這個問題。對於 AISR 夥伴的會議，我擁有美好的回憶；對於小組的同伴，則有類似同伴之間的友情。從我們針對都會型學校以及公立學校的未來這兩個議題上的對話，都讓我受益良多。

後來我決定，如果想要真實的探究我剛剛提出來的問題，最佳的方式就是和一群來自於都會型學校的老師一起合作，所以我就接洽桃麗・瑟羅尼（Ceronne Daly）。瑟羅尼早就在 AISR 工作，目前她是波士頓地區公立學校進行高中校園組織再造計畫

（High School Restructuring）的主任。我請求她幫我找尋一群有經驗的老師，讓我可以在一整年的時間內探索這個問題。因為她是這個教育體制內部的人員，所以認識這個體制內的許多高中老師，她相當熟悉一些經驗豐富而且十分傑出的老師，而且他們的學生通常在種族、文化和語文方面具有非常多元化的背景。除了協助我找尋一群異常傑出的老師，並且鼓勵他們參與這項探究小組的會議以外，瑟羅尼也貼心的照顧我們所有會議的相關運籌，也提供她所謂「沉重的點心」（體積龐大的三明治、許多的鮮果和餅乾、果汁、咖啡，和其他好吃的東西），更為我們每一次的聚會找尋合適的場所。此外，她還在波士頓市郊找到一個風景極為優美的場地當作我們最後一次聚會的開會場所。如果沒有她的協助和支持，那麼我們這項認真探究的工作就不可能成形。另外，波士頓地區公立學校英語教學資深計畫主任——珍妮・史克吞（Jane Skelton），也參與好幾次我們的會議，對我們這項任務有相當的貢獻。

在 1999 年的耶誕夜那一晚，從洛克斐勒基金會來了一個訊息，告知我剛剛獲得貝拉吉歐研究中心駐站（Bellagio Study Center Residence）的獎項。這個好消息來得恰到好處，可以說無法更加完美了。2000 年的暑假，在我們這個探究小組最後一次會議之後的一個月，我動身前往義大利北邊一個非常引人注目的漂亮風景區，並且在那裡度過愉快的一個月。那處度假勝地極為優美的周遭環境，以及和我一起在那裡度假的夥伴所提供的各種文化刺激，還有當地別墅工作人員認真服務的態度都讓我在那裡的一個月顯得特別有效率。也是在那樣的情況下，我整理了許多的手稿，最後彙集成這本書的原稿。在那裡度假時，我相當敏銳的瞭解到當地優美的生活環境，和我正描寫的那群在波士頓地區公立學校服

務的老師所面對的生活環境是那麼的截然不同，更讓我由衷的從內心感佩他們的工作態度。

在貝拉吉歐的那段時光，我要特別感謝洛克斐勒基金會邀請我的「生命夥伴」到那裡和我一起度過美好的時光。我生命的夥伴——安吉爾和我在那處度假勝地共度了許多美好的時光。單針對這一點，以及為了讓我們在那裡的度假時光更加特別難忘所做的一切努力，我真的很感謝洛克斐勒基金會，特別是在紐約辦公室服務的蘇珊・佳爾菲德，以及在度假村服務的工作夥伴，特別是吉娜・希麗。

同時我也非常感謝羅立・馬士德博士，她在麻州大學的總圖書館擔任參考室的圖書館員（譯註：這是指麻州大學 Amherst 校區當中一處歷史悠久的圖書館。館內有博學多聞的參考服務人員協助不同領域的專家找尋相關資料，或者提供建議），也是我長久以來的一位好朋友。多年來，每當我想要找尋的資料或參考資料有難產的情況，她都會持續不斷的協助我找到那些資料。她的工作夥伴李奧納多・亞當斯，在她不方便協助我的時刻也提供許多關鍵性的援助，在此我也一併感謝他的協助。此外，我的研究助理和長久以來的朋友約翰・萊伯也幫助我把這許多非常重要但相當冗長的手稿細節照顧得服服貼貼，這些都是要花費許多時間和精神來關照的。這本書的編輯委員布萊恩・艾樂貝克，在這整個過程當中更是不斷的鼓勵我，給我打氣，他會在晚餐的時候，當我和他們全家一起享用餐點時，不斷的和我腦力激盪出許多新的想法，讓我可以持續修訂這本書的許多地方。在整個寫作的過程當中，我的先生安吉爾以他獨特的方式來栽培我，他閱讀了我所寫的每一篇文章段落，也知道我寫那些文字的原始意義，不斷的挑戰我的構想來修正這本書的書寫方式，而不會讓我氣餒的方式鼓勵我。

最後，當然也是最重要的，就是老師了。沒有他們，就不會有這本書的問世。首先，我想要感謝參與「到底是什麼因素讓老師堅持下去的探究小組」（What Keeps Teachers Going Inquiry Group）的成員：茱蒂・貝克、克勞蒂雅・貝爾、瑟羅尼・桃麗、宋尼・菲力克斯、凱倫・格尼金斯、史蒂夫・葛登、安卜瑞茲・麗瑪、朱尼亞・葉爾武德。我真的非常感謝他們對於這本書的貢獻，以及我們在一起合作所付出的各種努力。他們的貢獻都以某種形式在這本書中呈現出來。他們當中有些人選擇以書寫的方式貢獻心力，有些人則否。我嘗試著把他們所提供的卓越洞見提出一個全貌，試著把他們給我的反芻心得也包含在這本書當中，並試著把我們每個月定期會議進行時的許多討論以畫龍點睛的方式表達出來。我也要感謝派蒂・博得、瑪麗・柯蕙，以及安・倫德伯格，他們雖然沒有參與我們這個探究小組的計畫，不過卻同意我把他們的許多想法包含在這本書當中。他們對於這本書的貢獻幫助我們瞭解到不是只有參與這個探究小組的一小群老師對於教學這項偉大的任務抱持著類似的承諾、熱愛，以及在智慧方面產生激盪的興奮感受。

同樣的，我也要感謝英語高中的一群老師，在 2000 年 3 月份一個狂風暴雨的日子裡和我一起討論、分享他們還會持續堅持教學下去的那群老師：達力・歐爾迪斯、朱安・費格羅拉、凱倫・格尼金斯、安妮塔・蓓瑞爾、馬蹄・謝爾德、朱尼亞・葉爾武德，和派翠克・圖特維拉（朱尼亞的實習老師）。他們所發表的言論是那麼具有說服力，更協助我強化了這個探究小組嘗試著想要探究的方向：這些言論說明了教學是一項神聖而且艱辛的工作，所以即使長久以來被社會大眾嚴重忽視我們這項工作的專業，卻是

一個值得我們投入的關鍵任務。讓我在最後這裡使用安妮塔・貝瑞爾所說的話當作結束這段致謝的文字：因為「這是一個生命……你治療他人的疾病、你協助別人成長、你熱愛你的工作。所以到底哪裡出錯了呢？」所以這是一個有尊嚴的工作。

譯序

坦白說，翻譯這本書時，我必須先懺悔一下。當我不小心在美國一個小鎮買到這本書時，只是想在長途旅程當中有一本閒書可以讓自己不會覺得無聊。當時買書的心情簡單到了極點，也根本沒有想說要翻譯這本書。主要是最近幾年，我陸續翻譯了一些書本，朋友都笑我說，我是否要迎頭趕上洪蘭教授翻譯好書的速度呢？我從來都沒有想要、也沒有足夠的能力可以和洪蘭教授比翻譯書籍的速度，更不認為這樣的相互比較有任何意義。原本翻譯書籍已經不少，所以我當時幾乎已經抱定決心，短期內不要再做這種翻譯的工作了，好讓自己的身體有些機會可以復原。

不過，或許我錯了！我居然在 9 月 9 日（2005 年），從美國搭乘飛機回台灣的旅程當中，一口氣把這本書給看完了。雖然這本書不怎麼厚，不過當看完這本書，在飛機穿越剛離開台灣的颱風時，我再回頭看看這本書的內容，我瞭解到我應該就是這本書的中文翻譯者了！雖然我需要懺悔，不過這樣的懺悔應該是有價值的。

想想看，過去幾年當中，在面對九年一貫課程的要求，以及學校行政主管與家長「要求」學校裡的每位老師都要建立一個班級網頁時，有多少優秀的資深老師紛紛走避，逃離教育現場。這一點讓我們這個國家損失許多優秀的老師，而且他們在教育方面的專業似乎已經注定不再回頭到教育界，引導更多年輕的老師，面對越來越棘手的教育現場問題。不過，仍有許多老師在自己的教室堅守崗位，企圖帶領學生走向一些優質的學習環境。國內外在過去十年都經歷了不小的教育改革要求。國內九年一貫的課程要求對許多老師而言，是一個嚴格的挑戰。當然對於更多的家長而言，或許是搖頭、再搖頭，搞不懂幹麼在這節骨眼進行越來越「稀釋」的課程，還有一些官員和立法委員根本就不知道教育改革的由來，只會帶領全國民眾去「懷念老舊時光」的學習：那種男生剃光頭，女生留西瓜皮，學生需要完全服從老師，全國使用一套教科書的老舊時光。

不過，時代改變的意義，就是說民權越來越高漲！先讓我們看看美國的情況，再來看看我們國家的教育現場。美國早期的教育根本就是白種人，甚至是歐洲白種人後裔的教育。不過雖然現在已經是黑白共治的國家，美國的學校也有越來越多「少數民族」的學生，學校的教育和課程仍然偏愛所謂的主流人口的教育：歐洲白種人移民後裔、中產階級以上的家庭背景、英文是唯一語文、基督教或天主教的信仰等基本條件，才符合受教的機會。偏偏美國又是一個號稱「種族大熔爐」的國家，到底教育應該讓學生融入這個大熔爐，或者是先從學生的舊經驗發展，逐漸邁向一個「生菜沙拉」的族群合作呢（很難想像每一天吃同樣的菜色會是一個怎樣的餐點。同樣的，大熔爐從來都沒有真的發生在美國境內，未來也不可能發生）？更嚴重的是，白種人的生育率這些年來有越來越低的情況，而「少數民族」的人口有越來越多的趨勢。許多學校裡的少數族群在過去幾年當中，早就已經變成了多數族群的學生。這讓許多學校的經營越來越困難，許多學生享用免費午餐，甚至他們的家庭可以享有政府提供的經費補助，以免讓他們生存在一種瀕臨絕望的情況。當然，這樣的趨勢會擴增貧富之間原有的差異，讓學生在學校的學習也越來越困難。這些貧窮的學

生通常集中在美國的都會型學校，也因為如此，所以在美國，只要提到都會型學校，通常代表的不是高品質的教育環境，這也讓許多老師在工作一段時間之後，永遠的離開教育現場，再也不肯回頭。

現在，讓我們回頭看看國內的情況！當我們國家經歷了所謂「台灣經濟奇蹟」之後，國內的房價普遍上漲到年輕族群一輩子注定要當房子的奴才。年輕人當中有相當比例的人無法適應這樣的社會轉變，找不到適當的工作，失業在家，國內的女生似乎也不想嫁給這些年輕的男人，所以他們去國外找外籍新娘。以便宜的價格娶了外籍新娘之後，通常想要多生幾個小孩。在國內少子化，讓許多國小老師找不到工作的社會現象中，卻一枝獨秀的凸顯出外籍新娘所生的小孩數量不斷竄升。他們該如何教導自己的小孩，或者他們的小孩可以把外籍媽媽的文化帶進學校的學習呢（到 2006 年 9 月，外籍新娘的總人口數超過三十多萬人，幾乎已經超越國內原住民總人口數）？幾乎每個縣市目前都已經設置了「新移民中心」，企圖透過提供這些外籍媽媽基本教育，讓他們可以在家教導自己的小孩。基本上，這樣的理論是希望他們的小孩能夠盡快融入我們原先的社會，這一點和美國推動教育改革所面臨的「少數族群變成多數族群」，卻仍然使用傳統多數族群的教學模式相同，幾乎是複製了歷史上的錯誤。我這裡並不是說設置新移民中心的政策是錯誤的，而是我們應該多管齊下，最關鍵的應該是教師的培訓，讓他們具備能力把外籍新娘所生的小孩帶進教室的文化、語文和其他種種，融入教學的現場。Sonia 在 2005 年已經從麻州大學教育學院退休，不過過去三十五年看到她為了波多黎各後裔學生在學校受到的歧視而努力的過程，或許我們也該開始構想哪些策略可以讓我們越來越多元化的學生都找到適當

的學習契機。也唯有當這些學生在學習上都有成就時，我們才不會把教育部管轄的部分，轉移到法務部管轄的範圍。

當然，該怎麼做才能夠讓我們這些為人師表的人持續在這麼艱辛的旅程當中向前邁進呢？Sonia在這本書當中，清楚的把老師當作一個具有各種情緒的人。確實，老師原本就是一個平常人，人都具有情緒，人也都會犯錯。不過在過去的教育裡，我們把老師這個工作當作不可犯錯的行業，老師更不能有情緒反應。這樣的社會要求只會讓老師越來越麻木不仁，也越來越沒有感覺。沒有感覺的老師怎麼可能帶領出能夠感同身受其他人不同感覺的學生呢？特別是我們的教育體制早就已經到了一個該大幅度修正的時刻了！我們的學校教育體制創造了全世界的奇蹟：全世界最大的國小，和全世界最小的大學。或許迷你的大學還好，至少加州理工學院的學生人數並不多，不過卻是聞名全世界的一所研究型學校。不過，全世界最大的小學，雖然人數已經降低很多，國內卻仍然秉持那種大規模教育的模式來培養學生，當然就會讓學生「度日如年」！我早就提醒許多準老師或在職老師兩件事情，它們分別是：

1. 人民有免於恐懼的自由，這是憲法規定的權力。憲法並沒有說學生不具備這樣的權力。

2. 人民有言論自由，這也是憲法提供的基本人權。不過當我們可以在報紙上指正總統、政黨領袖的行為舉止時，我們卻不可以在教室或教室以外的地方指正老師的缺點。

顯然，這是因為我們仍然沿襲著傳統教育的缺點。也就是我們仍然以漢民族的思考模式，外加資本主義的概念進行所有的教育工作。任何和這樣模式相衝突的學生都應該被學校體制所排斥。這就是學校公然違憲的作為，相信我們應該有機會可以修正這樣

的作為。

所以，Sonia提到這些老師充分利用他們當作人的情緒來妥當的進行各式各樣的教學工作。對的，我們都是「在錯誤的體制下，正確的執行我們的工作」，所以制度的錯誤當然會讓許多老師憤恨不平，那麼他們的學生也會因此而抗拒學習。我的好朋友張稚美教授就提醒我，學習障礙應該是因為學校體制上的障礙所衍生出來的情況。換句話說，因為學校的制度有許多殘障的地方，讓許多學生在學習時有一種格格不入的強烈感受，所以才會讓那些學生逐漸變成了學習障礙的學生。我們該如何剷除這些學習的障礙，提供每一個學生「真實公平」的學習機會呢？值得大家好好的深思一番！

對了，最後，我必須感謝兩位國小老師的幫忙，一位是文湖國小的邱文勝老師，另一位是萬福國小的許建和老師。他們幫我把這本書掃描存成文字檔案，讓我的翻譯不必在電腦螢幕與書本之間轉來轉去。

本書的翻譯必須特別感謝心理出版社總編輯林敬堯先生的協助，以及執行編輯小晶小姐非常認真的編輯才得以完成。

陳佩正

序論

（譯註：默默耕耘的老師、堅忍不拔的老師、堅守崗位的老師……都曾經浮現在腦海裡。到底怎樣的名稱才最能夠貼切的把這本書所想要描繪的老師對於教育的熱忱和專業表達出來呢？作者是一位即將退休的教授，在她多年的教學與研究經歷當中，幾乎全身投入多元文化的教育，特別是有關有色人種學生的學習之教育均等、社會公義方面，都是她長久以來熱心研究的主題。國內新移民的婚生子女人數也正在上升當中，我們可以從國外的經驗學到哪些教訓呢？我們又該如何表達這些老師的生活呢？且看這本書的作者如何解答這些問題。）

「老師是成功的關鍵」這則新聞出現在 2001 年暑假《紐約日報》（*The New York Daily News*）的頭條新聞，是過去幾年當中媒體報導公立學校時，想要挖掘新故事時的標準樣本。這篇文章接著指出「在一個學童的生命裡，一位老師可能扮演著影響最深遠的角色」。在這個個案當中，新聞報導的故事地點發生在紐約市曼哈頓的第 111 國中（intermediate school，譯註：美國專門提供給五到八年級的國中，也可能是六到八年級的學校。美國許多學校採用的名稱不像國內的校名，而是依據編號來命名），在幾年前，學生接受測驗的成績滑落至不堪入目，當然社會各界就責難在那所學校擔任教職的老師沒有盡到他們該盡的義務。根據這則新聞，行政人員就把壓力施加在每一位老師身上，要求他們必須要提高學生測驗的成績，甚至會公開在學生的面前羞辱老師的教學。結果呢？在幾年之間，有三分之二的老師離開那所學校。如果這還不是最壞的情況，那麼我們來看看那些剛來到這所學校任教的老師，許多都是大學剛畢業的學生，雖然學校聘用了新老師擔任教職，不過就像大家所預期的一樣，這樣的情況只是越來越惡化而已[1]。（譯註：目前國內的教師甄試越來越難考，不過許多剛進入教育現場的老師卻被學校要求必須同時具備菲傭、泰勞與科技新貴的身分，因而辭去工作。這一現象與美國境內都會型學校的老師所面臨的挑戰有「異曲同工」的現象，從這本書我們或許可以獲得一些靈感，避免類似的情形重現在台灣的教育現場。）

因為在過去二十年裡，教育儼然已經變成了這個社會的一個「熱門」主題，而讓類似的故事越來越普遍，我們甚至可以在總統選舉或是各地方選舉時看到教育已經成了顯著的議題。因為教育議題目前在全國各類型議題中已經相當受到重視，所以今天公立學校的教育所能獲得的支持應該遠比以往要多出許多：一項針對具有投票資格的民眾所進行的大規模調查研究發現，一個普遍存在於社會大眾的信念就是一個根深蒂固、也很普遍的承諾，認為大家都想要把學校變成一個讓每一個學生都可以學得更多、更愉快的地方。在調查當中，受訪者認為最優先的教育議題就是要改善老師的品質[2]。

雖然普世大眾的印象偶而會被那些改變學生一生的崇高老師的故事所攪動一番，不過社會大眾對於老師的批評可也比以往的任何時刻都要更有批判性。因此，社會大眾一方面認為教學專業有崇高的地位和必要的景仰；另一方面，社會大眾對於多數老師正在做的工作又非常的不屑。那麼到底在這裡發生了什麼事情呢（譯註：譯者會翻譯這本書也是看到國內類似的現象正不斷產生，

才想透過這本書的翻譯來看看是否有機會借鏡他們的經驗）？

理解這種事態產生的一個方式就是要記得，雖然有效能的老師可以改變學生的生活——我們確實也看到一些老師具備這樣的能力；不過許多最適合、也最有能力做到這樣境界的老師通常不是在最需要他們教學技能的學校擔任教職。都會型的學校應該就是最急迫需求這類型老師的地方，偏偏這些學校比以往還糟糕的都充滿許多經驗不足的老師，他們幾乎完全不瞭解他們的學生，甚至經常要和他們的學生奮戰許久，才能夠讓學生有短暫的時間專注上課。

例如，在一項針對高中所進行的大規模研究當中，研究者發現被指派去教導後段班學生的老師通常都對那門學科還沒有足夠的準備，也是剛到任的新老師[3]。因此，學生是否有機會接觸高品質的老師，原本就存在著一個戲劇化的不公平；通常是有色人種的貧窮學生，也就是在整個社會比較底層的學生最需要具有最高品質的老師教導他們[4]。通常能享有「桃李滿天下」（plum，譯註：原文應該是說老師可以享受教學的甜美甘味，不過譯者在這裡稍微轉化，希望沒有曲解原文）的教學工作，都是那些在郊區學校或是獨立學校教學的老師所獨享的福利。很少有任何一位老師想要以都會型的公立學校當作他們第一優先選擇的工作地點（譯註：在美國任教於都會型公立學校算是老師命苦，這一點和國內的教育現場幾乎完全顛倒）。

002

在都會型學校求學的學生就是遭遇到最艱辛挑戰的學生。更糟糕的是，即使是中產階層的美國學生也會覺得學習環境令人無法忍受，更是雪上加霜的讓這樣的情況更加惡化，整體來說，都會裡的貧窮學生也是那些經營不得體的學校的犧牲品。提升標準和提高關鍵測驗（譯註：類似國內的基本學力測驗或是指定考試

的成績）的使用頻率，儼然已經變成解決這個問題的唯一法寶。因此，老師也經常因為他們的教導沒有達到這個國家所強調的那些標準而受到各方的責難。實際上，我們甚至可以說，老師工作的品質通常只能夠透過他們是否明顯的遵從標準本位為唯一考量的績效要求，以及以他們的學生在關鍵性測驗所得到的成績表現來評估。雖然我們不否認在都會型學校的範圍內充斥著許多不合格的老師，不過如果看到整個社會把責難平均施加到每一位老師身上，那麼那些資深與高效能的老師反而會因為社會大眾的批評而感到最深切的痛。

我們知道的另外一個事實，就是優質的教學可以克服困難重重的障礙——像是貧窮的議題或是其他社會疾病，早就已經是眾所皆知的概念了。實際上，有越來越多的研究指出，好老師在提升學生的學習成就，或是阻礙學生的學習上**扮演著一個最關鍵的角色**[5]。在教育信託（Education Trust）服務的凱蒂・海克（Kati Haycock）更進一步的建議，如果我們能夠確保貧窮的學童和有色人種的學童可以和其他那些富裕的學生擁有具相同品質的老師，那麼目前存在於前段班和後段班之間的學習成就鴻溝就可能會消失的無影無蹤了[6]。海克的想法可能稍微過度樂觀了，不過就誠如她所建議的，如果我們真的仔細檢視存在於同一個都會型學區的低成就學校與高成就學校之間的主要差異，就會知道她的建議其實其來有自。這些學校的學生以及他們所居住的生活環境幾乎一模一樣，不過他們當中有些人學得相當亮麗，偏偏其他學校的學生卻把寶貴的時間浪費在學習以外的其他事項，就是從來不會想要認真學習。那麼因為如果不是優質老師的影響，我們真的很難找出為何會出現這樣的差異。

海克的樂觀看法似乎也可以從一些學生在回想起改變他們一

生的那些老師的證詞當中獲得肯定。有個研究發現學生會從學校中輟的一個因素，也是學校可以多加考量以避免學生中輟的原因，就是在校園裡有一個成年人能夠澈底認識他們，並且關懷他們在校園裡的種種[7]。或者就像是學者Nel Noddings所說的：「學生族群對於學校最常出現的抱怨、也是對他們影響最深遠的就是：『他們根本不在乎』[8]。」如果這個說法是正確的，那麼我們對於那些有效能、關懷學生、奉獻犧牲，以及堅忍不拔的老師應該有哪樣的認識呢？我們是否可以用這樣的知識來支持每一位老師，讓他們在教學的過程當中可以支持那些最需要他們幫忙的學生呢？

學校所面對的另一個惱人問題就是雖然學校裡有色人種的學生人數正在以戲劇化的速度攀升當中，有色人種的老師人數卻不斷的下滑。1972 年，美國境內的公立學校裡只有 22%的學生被視為所謂的「少數族群學生」；不過，到了 1998 年，這樣的人數比例卻已經攀升到 37%了[9]。相對於此，在擔任教職的老師方面，幾乎有 90%的老師是白種人，而且這個數字在過去四十年當中幾乎都沒有顯著的變化過。到目前為止，幾乎沒有任何蛛絲馬跡顯示這樣的教師人口組成有可能變化，或者應該說在可以預見的未來，根本沒有希望看到越來越多元化的老師組成[10]。越來越深的鴻溝將會形成越來越大的問題，這不僅牽涉到所謂的公平原則，我們甚至看到越來越多的證據顯示，一旦校園裡有比較多的有色人種——特別是黑人和西班牙後裔的老師，還可以提高黑人和西班牙後裔學生的學習成就[11]。實際上，有一個研究發現，高比例的有色人種在校園所能夠發揮的效果是改善所有背景學生的學習成就；這挑戰了多數族群學生原本的觀點，認為政府鼓勵企業僱用少數族群的政策根本只在削弱多數族群原先所享有的工作機會[12]。

所以，這些就是我們這個國家的公立學校教育所面臨的兩難困境。考慮到越來越多的問題和學校所能夠使用的資源越來越少，我們不得不好奇的想要進一步瞭解：到底有哪些因素讓最優質的老師還願意選擇繼續在這個工作崗位上奮鬥到底？

在惱人時代的教學工作

即使在最佳情況下，教學仍然是一個需索無度的工作行業，偏偏多數老師都不是在最佳情況下工作的。把老師帶進教學行業的熱忱和理想在許多初任教師的最前面幾年就已經很快的被澆熄了。這絕對不是一個新的問題：早在 1963 年的時候，一項研究就指出所謂的「教師中輟」，也就是每一年教師人數的淨損失比例高達 8%[13]。當我們在檢視近年來的統計數字，就會更加確認老師更換的速度越來越快：大約有 20%的老師在他們教學的**前**三年就離開了教育工作現場，而這樣的變更速率在最近幾年越來越高[14]。更令人擔憂的發現指出，老師中輟最嚴重的學校就是那些最能夠因為有穩定的教學群而獲益良多的學校：研究者發現在都會型的公立學校，**近乎一半**的初任教師在五年之內會辭職不幹[15]（譯註：國內的偏遠地區和美國的都會型學校都面臨類似的問題。偏遠地區學校老師調動的頻率超高，而那些偏遠地區的學校學生正是最需要最優秀老師指導的貧窮學生。也難怪這些學生的家長會把學生的學籍或真實的居住地點遷離當地，以至於在可預期的幾年內，國內將有五百五十六所偏遠地區學校會走入歷史）。雖然離開教職的那群老師很可能會再回到教育的現場來擔任教職，不過這些數字的範圍確實指出在教育這個領域的一個主要問題[16]。偏偏在可以預期的未來，這樣的現象好像不太可能獲得改善；根據可靠的統計資料顯示，在2009年之前，我們這個國家的公立學校大約需要聘僱兩百萬個新老師擔任教職[17]（譯註：這也是譯者當初看中這本書的另一個因素：美國正面臨嚴重的教師缺額，我們國內卻有十多萬個流浪教師。如果雙方可以透過某種機制來完成合作關係，就可以形成一個雙贏的局面）。

那麼到底是什麼因素造成最近幾年老師願意留在教育現場的情況越來越糟糕的呢？沒有任何一個單一答案可以完整回答這個問題，不過這些情況的產生可能是許多因素集結在一起所造成的：在二十一世紀剛開始的這段時間，我們的社會變得越來越錯綜複雜、校園裡的學生族群越來越多樣化、擔任教職的老師相對的相當均質化、對於老師欠缺應有的基本尊重，以及老師所得到的薪資無法相對顯示辛苦工作的代價，還有許多其他因素集結在一起。不過有一個因素看起來相當明確——學校的氛圍，學校對於新進老師是否歡迎和支持他們成為專業的教職人員，看起來應該是教育界是否能夠讓新來到教育現場的老師願意繼續留在學校的關鍵因素。在訪談初任教師（第一年和第二年擔任老師工作的人）的研究當中，哈佛大學一個稱為「下個世代的老師」的專案研究（Project on the Next Generation of Teachers at Harvard University）發現，絕大多數的老師在關於課程、教學，或者教室經營方面的建議或資訊，幾乎都沒能從同仁或行政人員處獲得實質上的協助。在這些關鍵事項上沒有獲得相關的協助，就會挑戰這些初任教師對於他們自己能力的感受，難怪當中有些老師就會懷疑他們根本就不適合擔任老師這樣的工作，並因而離開教育現場[18]。

我們很難在社會大眾都認為教育是這個國家相當重要的優先事項的觀點，以及老師所獲得的薪資這兩個事實中找到關聯

性——到目前為止，教學仍然是所有行業當中薪資最低的幾個行業之一，而如果以所獲得的金錢來分析，老師的薪資還真的差點跟不上過去幾十年整個社會通貨膨脹的速度[19]（譯註：這一點和國內差異頗大。國內目前的教職工作——特別是國小和國中老師的薪資已經近乎中高水準）。雖然他們所獲得的薪資偏低，不過全國各地的老師（特別是在那些沒有獲得額外經費補助學校的老師）每一年自掏腰包來為他們的教室添購設備的總經費超過十億美金呢[20]！老師所做的犧牲毫無疑問的遠遠超越其他行業從業人員的犧牲程度。然而，期望誘人的薪資或者是華麗的工作條件也不是原先吸引這群老師進入這個行業的原因，更不是讓他們持續留在這個行業的主要因素。根據一個探究傑出教師的研究發現，吸引傑出教師留在教育現場的原因是「有機會好好的教育學生，並且瞭解我們的教學確實事關緊要[21]」。

老師也需要對付學校裡所發生的各種腐敗與惡化的情況。特別是在那些斑駁脫落的都會型學校、經費非常拮据的學校擔任老師的夥伴，校園裡的師生所體驗到的校園生活通常沒有變通的彈性，以及頑石般的教育體制，外加隨時可能倒塌的校園公共設施，當然更不用提到校園裡沒有足夠的自然科學實驗設備和最新科技的設施，還有剝落的油漆、破裂的門窗，以及不適合人們使用的廁所。校園有時候也會成為惡質的環境，在那樣的校園裡，會有警衛和金屬探測器來維持校園的安全，老師也需要隨時把房間的門鎖緊緊鎖住，才可以確保自己的人身安全（譯註：美國因為發生過幾次校園的槍擊事件，讓許多校園裝置了金屬探測器來確保校園裡的安全，不過也有許多反彈的聲浪，希望撤除這些違反人性的金屬探測器）。此外，夢想一個完整的、和諧的校園，讓每一個學生都獲得均等的學習機會也越來越不可能落實在現在的校園裡：一份最近的研究指出，在美國公立學校的校園裡，種族再隔離的現象遠比過去三十年的任何一個時代都還要嚴重，特別是把非洲後裔美國人和拉丁後裔的年輕學子透過種族／血緣和社會階層來區隔他們和中產階層白種人學生的學習[22]。

在我們這個國家最容易受到傷害的學童所處的校園，通常都是那些快要倒塌、實施種族隔離，以及充滿越來越多對學生沒有任何瞭解的菜鳥老師；這些學童對於破碎家庭、無家可歸、暴力事件、體弱多病和營養不足，以及因為貧窮和絕望所伴隨而來的其他社會疾病都瞭如指掌。許多學童持續面對的種族歧視在這樣的情況下也糾纏不清的糾結在一起。這些情況當中有些情況在過去幾十年更加惡化，不僅影響了受教的學童和他們的家庭，也影響那些留在教育界繼續辛苦打拚的老師。在這樣的情況下，一般人都可預期的結果會是越來越疏離和邊緣化的效應，特別是在年輕人身上看得到這樣的疏離和邊緣化效應。貧窮的都會地區學子當然有權力可以期望他們從一所公立學校獲得多少世代以來這個社會引以為傲的「最偉大的公平使者」（the grcat equalizer）所能夠提供給他們的均等教育機會。對今日的許多學生而言，這樣的期望變成了空泛的承諾，就只因為我們的總統宣示要提高標準，而多數學校所採用的對策就是在「每一個學生都可以學習」的箴言下來對應總統的要求，不過這樣的要求除非當每一個學生都有均等的受教機會，否則便只會流於形式。

不過即使在艱辛的情況下——或者我們可以說**特別**是在這樣的情況下——公立學校仍然是一個民主社會可以落實烏托邦理想的最佳選擇。在過去兩百年期間，我們的公立學校被社會大眾期望成為民主熔爐的源頭，不過民主化的訴求並沒有在每一個美國人身上落實，或者說並沒有以一個公平的基礎讓所有的美國人身

體力行的體驗。如果民主確實是值得我們追求的理想，甚至是可以達成的願望，那麼我們的公立學校應該就是可以讓民主化素養開花結果的最佳機會了。

公立學校的承諾是一個誘人的期望，一個無法忍住的誘惑。也就因為現在我們所看到的學校和社會的殘酷現象，所以我們更需要對高品質的公立教育有更多的承諾。不過在現今社會的公立學校已經快要喪失它們原本崇高的目的，而我們這個社會對於公立教育的沒落觀點也讓我產生更大的關懷。在過去二十年當中，學校經歷了一連串的「改革」和「組織再造」的過程，關於公立教育的話題也大幅度的改變了，公立學校讓人聯想到的是心胸狹隘、充滿敵意的地方，越來越多的關懷已經轉移到所謂的折價券（vouchers，譯註：家長可用來讓他們的子女以比較低廉的學費在非公立學校就讀的）、「家長的選擇」、特許學校的設置，以及整個社會認為如果公立學校的學生在關鍵性測驗獲得優勝就可以獲得全額補助的觀點，好像這些策略就是我們這個社會認為可以解決公立教育「危機」的唯一管道。Mike Rose 這麼形容我們對於公立教育的討論：「讓人絕望和蔑視的感覺」，並且繼續說著，它「讓我們對於公民的想像大門給深鎖了起來[23]」。結果呢？幾乎是這整個社會以近乎廉價出售的方式想要放棄我們的公立學校，特別是那些為貧窮學童服務的公立學校。

不過放棄公立學校的教育對於就讀於公立學校的學童和我們這個社會都會有可怕的後果。我特別為貧窮學童的未來感到苦惱，那也是從 1966 年，我在布魯克林區的一所國中擔任教職以來的關懷重點。畢竟，如果學校已經不再針對那些最需要它們提供一個傑出和均等教育機會的場所時，我們哪有權力可以宣稱教育就是我們這個社會想要減緩貧窮和絕望的最佳方式呢？如果我們的公

立學校真的垮了，那麼我們所強調的民主社會還有什麼實質意義呢？瞭解目前教育的氛圍之後，我深深的相信我們需要將公立學校打造成一個更肥沃的地方，而且**現在**就要起而行的努力邁向那個願景。除非我們可以代表公立學校採取行動，特別是那些在都會地區服務最貧困子弟的公立學校，否則我們將會持續把這個國家塑造成一個貧富差距越來越大的國家，而且我們會比以往的任何一個時代都更加快速而戲劇化的拉大這樣的貧富差距。

006

這本書的目的

在過去這幾十年當中，我曾經在國中和大學擔任教職，我非常幸運的和許多極為傑出的老師工作過。他們當中有許多人樂於教學工作，當他們完成偉大的任務時還會沉迷於完成任務所帶來的興奮感。另外一些老師對於他們和學生所面對的不公不義則感到非常的憤怒，不過他們會想盡辦法，避免他們的學生遭受到不公平待遇時受到其他民眾的嚴厲譴責。在這個國家的許多都會和小鎮裡，我曾經碰到那些在校園裡清晰可見的種族歧視以及其他受到壓抑的態度與行為時，卻還不斷奮鬥的老師，他們對公立教育仍然抱持著把公立教育視為整個社會共同福利的一個管道。這些老師讓我充滿靈感，實際上我要說我對於教學與學習方面最具有洞見的一些課堂幾乎都來自於這群優秀老師的啟發。經過這麼多年的瞭解，我已經加入他們的陣容，想要深入探究一些頑固的教育問題，我們也把共同努力的結果寫成幾本書。還有一些其他的時間，我懇求老師透過日誌和小論文的方式分享他們的思緒。我們在我教導的課堂上，或在各類型的研討會碰面，或者我們會透過讀書會的方式共同研究一些教育問題。

我參與的計畫當中有一項特別強而有力的專案計畫，就是探究小組的專案計畫，我們稱之為「是什麼因素讓老師不管遇到任何事情願意持續教學下去？」這是我發起的一個專案研究計畫，我找尋一群波士頓地區公立學校的老師參與這項專題計畫。我和這群高中老師在一整年當中持續進行對話，我們討論一些重要的問題，包含他們為何還持續在教育界打拚。在這一整年當中，不管遭遇到哪些挫折和憂慮，對我而言，這樣的對話不斷的攪動我的腦海，提醒我老師每一天的日常教學任務，我們也討論如果他們嚴肅的針對某些工作進行深度反思，將會對他們造成哪樣的影響等等。

和這群探究小組的夥伴一起工作的經驗給了我最有意義也帶來許多靈感的經驗，這是我長久以來擔任師資培育者和研究者的歷程當中最棒的體驗。這個小組的許多老師在討論到教學面向時，可以使用令人信服的文筆，或是在我們討論的過程當中侃侃而談的觸動大家的心靈。我將他們所提供的許多洞見都包含在這本書當中。同樣包含在這本書當中的還有日誌的摘錄、小論文，以及來自於以前或現在的學生所提供的書寫文件，他們也都是非常傑出的老師。這本書的組織架構和整體的設計都是我做的，當然如果這樣的設計和安排有任何缺失也都是我個人需要一肩扛起的。不過這本書讓讀者信服的那些優美文字幾乎都來自於這群優秀老師的回饋和討論，也提供了這本書的靈魂[24]。

007

我寫這本書的目的是要探索那些獻身教育的老師在面對諸多挫折時，是哪些因素讓他們願意繼續在他們的教室奮鬥，特別是那些最熱忱的老師，以及那些從來都沒有被各種障礙打倒的老師。換句話說，雖然面對各種剝削和挑戰，到底有哪樣因素協助優良

的公立學校老師堅忍不拔的堅守崗位？我們又可以從這些老師身上學到哪些關於公立學校裡所發生的優良教學與傑出的學習表現呢？我們還可以從這樣的研究瞭解到自己在期許公立學校一個美好的未來時，該如何塑造一個師生之間彼此相互尊重而非懷疑和漠視的願景呢？在接下來的幾章當中，我們針對這些問題提出一些回覆，我們回覆的方式是說明優秀的老師是怎麼處理他們的教學任務，以及他們又是如何解決學生學習時所發生的各種挑戰。每一章都針對這些多面向與艱鉅的工作，也就是我們稱之為教學的任務，提供了部分解答。更不用說，我們可能無法在這本書針對教學的每一個問題都提出我們的答覆，不過我深信我們在這本書中呈現了一流老師的想法，他們的想法絕對值得我們留意。

把焦點集中在傑出老師身上，我並不是說在學校服務的每一位老師都像這本書所提到的這群老師那樣具有天分和關懷學生的學習情況。可以肯定的是，我們這個國家確實有許多出色的老師，不過也有一些老師根本就不該擔任教職。不過多數老師都相當親切，也都認真投入教學任務；他們以最崇高的原因投入教育這個專業領域。儘管他們教學的初衷都是善意的，不過許多教導多元文化與語文多樣化學生族群的老師，或是教導勞工階層的子女以及貧窮學童的老師通常沒有足夠的經驗讓他們可以妥當的協助這群學生獲得最佳的學習成效。這些老師可以從一些擅長這項教學工作，並且具備足夠能量，也非常投入教學的老師身上獲益良多。出色老師的經驗和生活可以協助我們所有人——老師、師資培育者、家長，以及一般民眾。他們的所作所為讓我們重新思考自己對於那些在最沮喪的學校擔任教職的老師的假設；實際上就是我們對於公立教育未來的一些假設，都需要我們從這些老師身上重新思考。

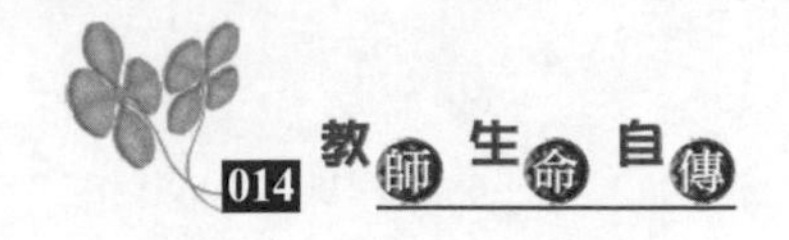

這本書建議一種「並列式的敘事」來說明一些關於老師的主流智慧。我們把觀察的焦點集中在那些教導多樣語文和多元文化學生最有效能的老師身上；那些學生就是在我們的公立學校最可能被邊緣化的學生族群。這些年輕人未實現的夢想，在最糟糕的個案裡，也就是那些生活在絕望裡的學生，是我們每個人的一個污點，不管我們是擔任老師、家長或只是關心公立教育的一般平民老百姓。為了改善那些被學校疏遠的學生的學習情況，我們首先需要先想像他們的生活還有哪樣的可能發展性，而這樣的想像無可避免的引領著我們去瞭解老師可能扮演的關鍵角色。

008

在當今的教育界，「修正」老師或者在他們的腦海「填塞」一些新的和創意的想法儼然變成了流行時尚的代表，好像這樣的作為就可以解決當今教育界面臨許多訓練不足的老師，以及學業表現不好的學生的教育問題。在這本書當中，我們提供一個不同的方法：建立在老師的優勢上面，我們提出一個替代的願景，說明在我們的公立學校的教育還有哪些值得我們珍惜的概念和作為。

第一章

教學是一種不斷演化的過程

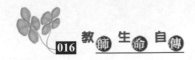

009 *教學的生涯是一件縫紉、編織的事件，一張碎料拼縫的被單，有著古怪的碎片和好不容易求得的材料，也是創意和恩威並施的工作。想要謀得一份教學的生涯，其實大半不是在找尋你自己的方式，可能要依循這個線頭或那個線頭的方向，不斷的嘗試，直到你的手指疼痛為止，你的思緒感覺像是要全盤鬆散一樣，你的眼睛已經兩眼昏花，然後做錯一些事情，最後再把整片拼布整理在一起。*

William Ayers，《教學：一位老師的旅行》

（*To Teach: The Journey of a Teacher*）

打從 1965 年我第一次走進一間四年級的教室，開始我實習教師的生涯以來，我已經經歷了各式各樣的教學心境，包含了愉悅的、痛苦的、滿足的、不確定的、挫折的，以及單純的喜悅的心境，這些都是教學時最常看得到的教師心情。幾年之後，當我開始教導老師時，我又一次和這個專業領域陷入熱戀的階段。和老師一起工作，將因為他們會為我們年輕學子的未來做好準備而讓我覺得沒有虛度這一輩子。即使到了今天，我對於這個想法的堅持還是和我當年剛邁入這個領域時，秉持相同的理想和作為。

然而，我還是相當困惑的想要瞭解為何老師們仍然堅守教學的崗位，為何他們願意奉獻自己的生命在一個表面上享有榮譽的行業，不過一般而言，卻因為社會大眾對公立學校的教育越來越充滿敵意，而不再尊重教師這個行業，更糟糕的是政府仍然迷戀於「標準」和績效這些頑固的概念措施，想要改善公立學校的教育（**譯註：2005 年 10 月，南部地區的某縣政府要求國中學力測**

驗表現不好的學校，老師需要接受研習的嚴苛要求，也有類似的現象。看到表象，卻無法深入瞭解問題的來源，應該是許多教育主管單位施政時的一大敗筆）。標準本身並沒有錯；相對的，這個概念用來當作都會型公立學校經營是否成功的參考指標來得正是時候。不過，不幸的是，我們對於標準的訴求和渴望所產生的結果，經常只是形成一個詭異的氛圍，除了毀謗老師們和他們所教導的學生以外，幾乎沒有多少實質的功能。這是一種懲罰的氛圍，可能導致許多學生和他們具有天分的老師的反彈，偏偏那些老師就是最關懷學生學習的教師。

誠如杜威（John Dewey）提醒我們的，經驗本身在沒有反思的條件下是空洞無用的。我自己本身擔任老師的演化過程，如果沒有不間斷的反思機會讓我可以針對自己的經驗當作一個比較大的教育場所的一部分，可能就不會產生任何特殊的洞見。在接下來的文章當中，我試著分享自己作為一個老師和師資培育者的思考，以及我一路上所學到的各種教育課題。

由於我相信所有的教學終究會以一種自傳的形式呈現，而且這樣的自傳會以一種演化的歷程呈現，所以我在這裡先使用我自己的故事來開啟接下來的章節。唯有針對那樣的演化過程進行反思，我們才得以瞭解我們的動機、抱負、甚至當作老師的成敗關鍵。我想要使用自己的日誌探索存在於公立學校教育的**可能性**，以及這個社會與學校的大環境加諸在教育上的**限制**。

010

一路過來所學到的各種教育課題

我在 1966 年成為一位老師。和 1966 年、1975 年或 1990 年的我相比較，我已經不再是同樣的老師了。就誠如我們所有人都熟知的，在過去這些年頭裡，我改變了非常多，當然我的教學實踐以及我對於教學的想法也跟著改變良多。這樣的改變並不是在沒有預警的情況下發生的；它們分別針對我作為一個老師、師資培育者、輔導老師、母親、祖母、學者和研究者的身分經驗做了適當的回應。最近幾年我對於自己到底是從哪裡開始的、我現在又在哪裡、為何我會一路改變過來，以及我又是如何改變的歷程，不斷進行更多的反思和內省。

教學是件艱難的工作。我在大學就讀於初教系時，瞭解到我想要教導年輕的孩童。不過我的第一份工作是被指派到第 278 號國中擔任老師，那是位於布魯克林區的歐訊山丘／布朗斯維爾（Ocean Hill/Brownsville）的一所學校，校園裡的學生非常難搞定。而這段時間就正好是社區掌管學校，以及地方分權開始抬頭的時刻；我去擔任教職的學校就處於最激烈的衝突時刻。在第一次教職員會議當中，有人告訴我們那所學校，每年老師更換的比例接近 50%；在那年的 9 月，我是全校七十五位教職員中剛去報到的三十五位新老師當中的一位。

我到這所學校的第一個月並不輕鬆。身為一個二十二歲的初任教師，我根本不知道學校的規定和要求會讓我的教學工作更加困難和挫折重重：學校規定老師不得在早晨七點四十五分以前到校（這是為了我們人身安全考量所做的規定）；我們在下午三點以後也不可以留在校園裡（校警會在下午三點整離開校園）；學校主管也不鼓勵我們這些老師進行家庭拜訪（你永遠都不知道家庭拜訪可能發生哪樣的事件）。許多老師嚴厲的批評也在我毫無準備的情況下迎面來襲，特別是那些在教員休息室聊八卦的老師。

經常聽到的抱怨是：「這些孩子根本就是動物園偷跑出來的動物！」「他們天生就不是走學術路線的——不過他們是相當擅長於手工方面的活動。」一位老師這麼說著。還有一個經常聽得到的評語就是：「他們的家長根本就不關心教育！」確實有一些老師相當生氣——一種心胸狹隘的憤怒。不過老師並不是唯一會生氣、發怒的人；其他教職員以及社區成員、家長和學生所發出的怒吼和不滿也相當凶悍。那一年和接下來的第二年，社區成員的抗議以及老師的罷工幾乎天天上演著。

在那些日子裡，我還相當年輕也天真無知。我是我們學校唯一一個波多黎各裔的教職員，我認為自己應該會有一個相當輕鬆的教學生涯。我壓根都沒有想過教養的問題會那麼困難，畢竟，我也曾經在類似的學校當過學生。不過我每天所面對的學生好像越來越憤怒，也比我之前還是學生身分時，更加為了反對而反對。最重要的，對於那種滲透到校園裡的每一個學生和教職員身上的絕望感，我根本就沒有做好任何心理準備。我經常在回到家以後不斷的哭泣。

變成一位好老師需要時間。不過，我並沒有放棄。我誓言要改善自己的教學，並且要在我的班級創造一種忠實的氛圍，我非常認真的和學生與他們的家庭建立強而有力的正面關係。那是一個社會極度變動的時代，有許多本進步主義的書籍陸續出版，針對都會地區的教育所產生的不均等教育機會的危機做了許多闡釋。我把每本書都好好的閱讀一番。我決定要超越學校提供給我的制式課程（canned curriculum）——一份非常僵化的課程，不僅包含了每天的教學目標和老師需要教導的單元活動，甚至還包含了學生應該學習的單字和片語。起先，我還覺得那套課程有按部

就班的指引，是一種令人欣慰的引導；不過很快的，那套課程就測試我的耐心，更阻礙了我的創意。我試著實驗一些自己對於課程和教學的想法，也盡量避免在空閒的時間去教師休息室。

我也試著找出某些願意相信年輕學子的老師，和他們討論自己對於教育的期許和憂慮。我記得一位叫曼漢的社會科老師，他邀請我到他所教導的八年十三班的教室觀察他的教學——這是許多老師公認的八年級放牛班（譯註：原文為 unteachable，也就是「朽木不可雕」的意思，這裡用我們國內習慣的方式來表達這個形容詞）的學生。學校採用所謂能力分班的方式把不同「資質」的學生劃分到不同的班級，以方便教學，所以全校的教職員對於八年十三班幾乎沒有任何的期許，這也是所有八年級班級當中成績墊底的一個班級。不過每當曼漢老師開始教學時，全班像是突然醒過來，簡直就像那些在私立學校就讀、具有很高天賦的學生，讓我頓時以為他們天生就是讀書的料。在這所位於布魯克林地區的都會型公立學校，一間快要倒塌的骯髒教室裡，我親眼見識到的一種蘇格拉底式的對話，居然是發生在一位老師和他所教導的年輕非洲後裔和拉丁美洲後裔學生的教學現場，而那群學生也是絕大多數人公認不可能具有思考能力的學生。從我自己所體會到的經驗，我瞭解到貧窮、種族、血統、母語，以及其他的差異，都無法說明智慧或者創意的高低，這樣的理解在那間教室讓我確實看到了它的正確性。

在我教學的第一年當中，我開始把學生帶回家，並且帶領他們去博物館、圖書館和其他地點，讓他們在離他們家幾分鐘的地點，就可以發現全新的世界。我深深的相信，只要把他們帶去美國博物館或是大專院校、去看戲劇或演奏會、去參與社區活動等等，就可以神奇的把那群學生從學業方面的失敗主義者轉變成學

業成績亮麗的一群資優生。我也開始拜訪他們的家庭，見見他們的家人，他們的家人也都很真心誠意的關懷子女的未來，也是透過這樣的家庭訪問，讓我對這群學生每一天所需要面對的嚴酷考驗，有了更深一層的理解和體會。

我在最前面幾年的教學時光中，深深的思考了課程的力量到底有多大，這是在多元文化教育還沒有衍生成一個領域之前所發生的事情；不過即使在那時刻，我知道自己的教學必須從學生日常生活和經驗當中最重要的事情切入。所以我非常認真的設計課程，希望能夠協助我的學生探索他們自己的世界，甚至超越他們所居住的社區範圍。

012

在我教導學生時，我試著當一個嚴格要求、又有愛心的老師（我的結論是老師需要像電視上的某紙巾廣告一樣，必須做到「溫柔而堅強」的境界）。有時候我一直工作到深夜才回家，而且在第二天一大早就返回校園，也打破學校規定我們不得在早上七點半以前到校的規定。一大早到校以後，我會試著建立當天的活動——我希望透過這些活動讓我的學生參與學習，並且盡可能督促他們更加認真學習——這些任務也都是透過我的少數學生一大早偷偷摸摸的溜進三樓的教室來協助我進行的。

令我覺得驚訝的是，在幾個月的教學之後，副校長告訴我，我正逐漸變成一位「專業的老師」。當然，這只是一種誇張的說法，不過對於一位新任的老師來說，卻是一大恩惠，至少這種誇張的說法讓我對於在許多日子裡，必須孤單的回到住處，因為挫折和疲倦而哭泣的生活有了一點振奮。我知道自己還有很長的路要走，不過在教學的第一個冬天，我開始注意到一個改變：我的學生專注的聆聽，並且越來越專心上課，他們也越來越投入我安排給他們的各種學習活動。我感受到一種重新點燃的火焰，讓我的教學有了全新的目的；而且讓我欣喜若狂的是，我也獲得學生、同仁，以及行政主管的尊重。

不過，不管我對於教學和學習抱持的哲學觀是不是不斷的演化，或是比較具有批判性，處在當時這所學校的政治動亂時代，還真的讓我耗盡所有的能量。那時候我們在校園附近的社區經常可以看到社區民眾充滿抱怨的會議和集會示威，以及許多聯盟的威脅恐嚇和罷工等抗議事件。在老師與社區之間的關係是相當具有爭議性，所以我感覺到自己深陷在這樣的混亂中。提到政治運動事件時，我是一個生手；面對這樣的動亂現象讓我感受到一種排山倒海的壓迫感迎面而來，也因此，我決定離開這所學校。

社會正義是教學的一部分。我在布魯克林的國中開始擔任教職之後的兩年，我知道在紐約市最北邊的布隆克斯區（Bronx）的一所小學當時正開始一項雙語教育的實驗計畫，在整個國家裡，這所學校可是第二所這類型的學校。這所學校叫PS25——到目前為止仍然是一所雙語學校。當時政府依據人權法案（譯註：原文為 Title VII，依據美國相關法規的條文，這一條法規是在 1964 年通過的人權法規。美國許多教育相關法規都採用類似羅馬數字的方式來命名）所補助的教育經費，陸續在美國境內推動這類型具有雙語教育環境的學校。考慮到我當時在所有服務於紐約市的老師當中，那種具備雙語和波多黎各裔的獨特身分，我向這所學校申請教職，並且被聘用擔任四年級的老師，這是發生在 1968 年 9 月份的事情。當時的校長叫賀男・拉逢譚，他可是這個大都會第一位擔任校長的波多黎各人。

賀男對於這所學校所規劃的目標，我是又熱心又小心謹慎的面對。例如，對於雙語教育的可行性我有許多問題想要釐清（到

底我從來都沒有在一個雙語教育的環境下學習過，不過我的學習成效還不賴，不是嗎？）同樣的，對於學校激烈的支持家長和學生家庭的參與，我也有許多問題需要有人幫我解惑。不過在一段很短的時間內，我親眼見識了這兩個目標的價值，也因此造成我變成了一個全身投入這些創新教育的倡導者。我瞭解到雖然我身為學生時的學習成效相當優秀，多數同學卻沒有達到同樣的學習成效，我是少數的幸運兒。能夠成為PS25這所學校創校的成員，對我來說可是一個很好的教育機會，也是我所曾經歷過最佳的教育經驗。不過我被強迫重新思考我個人對於教育的許多觀點——雖然是透過溫柔的說服。在擔任紐約市第278國中的教職一段時間，面對面的瞭解到教育機會不均等的影響之後，我開始更嚴肅的思考到底社會正義在公立教育中扮演何種角色。

PS25在這個國家的教育史上的關鍵時刻，可是一個令人振奮的工作場合。它是人權運動後的一個極致成果，是黑豹黨員（譯註：Black Panthers，這是一個在1965年創立的美國黑人政黨，強力主張使用武力奪取政權的政黨）每天出現在新聞媒體報導的時代，以及年輕閣下（Young Lords，譯註：這也是由黑豹黨員所發起的一個組織對成員的稱呼）在波多黎各日遊行隊伍當中，有成千上萬人的強力支持的時代；這也是越戰之後反戰示威運動，以及占領大學校園的時代（譯註：這些都正好是美國在1965年左右發生的反戰示威活動的項目）。在PS25這所校園裡，一小撮的老師全身奉獻，而且多數是年輕的拉丁美洲後裔、歐洲後裔，以及非洲後裔的老師，他們都同時會講英文和西班牙文，決定改變當時的教育現況。我們也都確認我們那些波多黎各和非洲後裔的美國籍學生有學習的能力，而我們有的是充沛的體力、十足的愛心，以及100%的承諾想要讓我們的決心可以實現。當這個都會

區超過九百所學校為了罷工而關閉校園時，PS25 是仍然打開大門，歡迎學生上課的五所學校當中的一所。在工友聯盟走出校園去支持老師的權力時，賀男和幾位男老師志願在夜晚時刻住在學校裡，讓校園的暖氣系統繼續維持著，並且在一大早打開校門歡迎學生到校求學。

政治的氛圍還有其他的管道可以滲透到校園裡。首先，我們多數人已經不再接受的觀點是認為完全的同化是成功的必要條件。我們每個人在學習的時候都把我們的語文和文化從腦海深處找出來，並且帶進課程裡面。我們都熱愛自己具備兩種語文的能力，以及具備了兩種不同文化的優勢，我們教導學生時，也讓他們知道透過不同的方式理解這個世界是非常值得珍惜的，甚至應該說是一件輝煌的成就。在我有生以來的第一次——至少在美國境內的時光，知道英語以外的另外一種語文，並且擅長於兩種文化，頭一次變成了一項資產。我在這所學校的第二年，我懷孕生下了我的大女兒阿利西亞（因為她是這所學校的教職員所生下的第一個嬰兒，所以很快的就被同仁封為「雙語嬰兒」），而我當時對她的期許就是希望給她一個和我年輕時不一樣的教育環境：一種尊重、甚至欽佩她的雙語和兩種文化的特質，我期望她在具備這樣特質的情況下，能夠完成一些偉大的事情。這個時候，就是政治變成個人化的時刻，對我而言，這可是一個威力強大的轉型經驗。

在美國境內當時的教育環境下，針對一個使用非英語當作母語的孩童提供雙語的環境還是相當新穎的想法，幾乎無法找尋任何教材來進行雙語的教學活動。多數書籍和課程都來自於西班牙和拉丁美洲，不過因為文化和語文方面不怎麼適合，所以我們決心製作自己的書本、海報、布告欄，以及我們親手製作的各式教

014

材（譯註：國內一些雙語學校直接使用美國的教科書，也會有相同的問題產生）。在第一個年頭即將結束時，我們學校的油印機（mimeograph machine，譯註：許多資深老師或許還記得早期國內也是使用油印機來複印資料的。透過鋼板刻印，然後再到油印機去大量複印資料；不過在影印機問世之後，油印機已經逐漸沒落）差不多已經可以功成身退了。

在沉靜的、保守的1950年代末期，以及1960年代初期，還有許多新鮮的想法擠進教育的領域，那些想法也都給我們帶來靈感。我們在校園裡嘗試許多創新的想法，像是開放式教室（open classrooms，譯註：這是一種活潑自由的教學方式，學生不必正襟危坐的在課堂上聆聽老師講課，與開放教育有異曲同工之妙）、個別化閱讀計畫（individualized reading programs）、協同教學（team-teaching），以及許多零零總總的創新構想都一一嘗試過。我們的課程包含了波多黎各和黑人的歷史，以及在一些更大膽老師的嘗試下，我們檢視了波多黎各的殖民地開拓史，和波多黎各人與其他在美國境內被邊緣化的族群所受到的壓迫史。我們張開雙手熱烈歡迎學生家長和全家人來到班級教室，我們試著讓一些文化的規範滲透到我們的日常教學活動中，這些文化的規範包含了**尊重、莊嚴和家庭**等（譯註：原文為 respeto, dignidad, and familia，作者故意使用西班牙語來表示她對雙重文化當中另一種文化的尊重）。我們甚至保留了一間教室，專門給學生家長和社區成員使用，這間教室經常因為家長參與工作坊或者開會而充滿著哼唱的氛圍。

在PS25，我們改變了許多事情的作法：我們的教學實踐比較偏向新的教學方式，強調學生的參與；我們創造了自己的教材，讓這些教材更加貼近學生的生活和經驗；我們對於學生充滿高度的期許和嚴格的要求；我們也和學生家長保持親密和彼此尊重的關係。不過即使我們做了這些努力，還是有許多學童沒有在學習，也是在這個關鍵點讓我開始懷疑自己對於教學和學習的許多假設。

沒有公平的遊戲場所存在。雖然在雙語學校所展示的範例當中讓我們體會到興奮和能量交錯著，不過我們的成就還沒有達到圓滿的境界。回顧我最前面幾年的教學時光，先是在紐約第 278 國中擔任教職，稍後到 PS25 擔任國小老師，我比較喜歡這麼來想，我確實影響了幾個學生的生活和他們未來的工作。不過當我在都會地區身心交瘁的教了幾年書之後，我瞭解到有些事情根本就錯得一塌糊塗。雖然我認真的工作，也試著使用所有創新的教學方式，雖然我對學生充滿熱愛和尊重，我們彼此間亦師亦友，不過還是有太多學生仍然沒有認真做到他們分內的工作，好好的學習。瞭解這樣的真相真令人沮喪，也讓我懂得謙卑。即使有些學生是別的老師根本就已經放棄，卻在我們努力的引導下獲得亮麗的成就，不過有些年輕學子仍然持續經歷嚴重的學習挫敗，不管他們或者我多麼努力的嘗試，就是有些事情在扯我們的後腿。也是在這時候，我開始懷疑自己長久以來深信不疑的認為在美國的學校裡，我們應該可以提供一個「公平的遊戲場所」，讓所有的人接受公平的教育機會是否存在。

當我回想起那個時候，我瞭解到自己剛開始擔任教職時，天真的以為個別的老師可以改變學生一輩子。我深信我一個人就可以因為認真教學和全心投入而改變學生一輩子的命運，我只需要帶領他們去博物館和一些大專院校參觀，就可以完成這樣的使命了。我不僅相信教育就是那個「偉大的平等使者」（great equalizer），我也確信老師孤軍奮鬥，透過十足的意志力，就可以轉變

學生的生命。然而，我所教導的學生當中有很多人，即使在我最善意的企圖和努力之下，大學教育依舊是不可能達到的境界，甚至連高中畢業都是一個無法完成的夢想。我的許多學生在高中之前就已經中輟了，許多女孩在十四、十五歲時就懷孕生子了，多數學生所面對的是一個貧窮的未來和破碎的期望。

我是一個在 1940 到 1950 年代，紐約市一個勞工家庭成長的孩子，我的父母親不斷的奮鬥，就為了養活我們家裡每一個小孩。我當時認為自己對於教育機會不均等應該有第一手的體驗和瞭解，不過當我所教導的學生所面對的生活遠比我當時所遭遇到的困境還要艱辛時，他們的生活和求學經驗才讓我見識了他們每天所需面對的無情挑戰所帶來的不公不義和絕望，對於他們的深遠影響。我看到學生能夠成功的學習不是單純那種師生之間存在著正向關係就可以產生的。我開始瞭解到多數教師所能夠掌控的範圍以外的情況——包含存在於學校內外的不公平，處處阻礙學生的學習（譯註：在一次實習老師返校座談的時刻，一位實習老師提到校園有個黑社會大哥的小孩經常和他的父親在許多決鬥現場現身，所以這個小孩在耳濡目染的情況下也成為校園裡的大哥級人物。師資培育者該如何協助實習老師面對這樣的教育現場，值得我們深究）。

我還是繼續認真的工作，也抱持一種信念，認為所有的學生都有學習的能力，不過我天生樂觀的看法逐漸退讓，取而代之的是一種比較冷靜的瞭解，瞭解到老師孤軍奮戰的影響力越來越有限。這樣的理解挑戰了我的信念，至少當時我還深信我們的社會對於公立學校的教育所抱持的理想是可以達成的，同時它也改變了我教導準老師時的方式。

教育是政治。「教育一直都是政治的」是保羅・佛萊雷（Paulo Freire）在他那本劃時代的《受壓迫者教育學》一書中提到的一個觀點（譯註：保羅・佛萊雷是巴西著名的教育家，寫了許多教育相關書籍，當中的一本就是《受壓迫者教育學》，巨流出版社翻譯出版）[1]。在他完成這本書的出版之後，他更進一步直接指出存在於教育和政治之間的關聯性。「這是一個重大的發現，」他這麼寫著：「教育根本就是政治的連體嬰！」他接著說到：「老師需要這麼問自己，我在我的教室到底想要執行哪一類型的政治制度呢？也就是說，作為老師的我，應該支持誰呢[2]？」這些文字對我來說極端具有吸引力，也讓我的政治覺察力逐漸浮現出來。

在我擔任教職幾年之後，我受聘於布魯克林學院的波多黎各研究學習，協助他們開創一個雙語教育的師資培育計畫，那是由教育學院所贊助的一項計畫。在我二十九歲那一年，我是整個學院當中最年輕的教職員之一，進入這個學院讓我有許多興奮的時光。

在布魯克林學院工作的三年期間，我對於政治的理解逐漸成熟。雖然當年來自波多黎各的學生人數還很少，不過學生人數卻有越來越多的現象，加上來自於學院裡其他政治熱中的學生和教職員，我們這個剛剛草創成立的學系想要獲得各方面的支持就越來越艱辛，我們經常需要和其他部門爭取有限的經費和其他設施的使用。透過所有這些活動——我是說各種對抗、占領校園、每個星期的集會遊行、甚至我還被標示為「BC 44」的一個成員而被逮捕——我又再度的迷戀於教學了。在那同時，我開始把教育視為**政治事務**，對我來說，也許和參與示威遊行、或者占領總統府的份量有過之而無不及的政治參與程度。教導那群準老師，並且協助他們瞭解、認識教學基本上是政治事務，也是倫理道德的事務，則是一件令人振奮的事情。我又再度投身於這項新的挑戰，我相當確認這將會是我未來的主要任務。不過伴隨著我個人對於這項工作越來越多的承諾，我對於教學和老師角色的想法也跟著改變了，這樣的變化在我開始自己博士班的求學階段時有加速度的現象產生。

多元文化教育的承諾

到這個階段為止，我相當確定我想要繼續教導老師。為了達到這個目的，我需要一個博士學位。在 1975 年，我已經在布魯克林學院工作三年了，我的家人和我離開紐約，搬到麻州，也是我開始博士學位的地方。在那時候，麻州大學的教育學院非常著稱的就是它的創新教學，甚至可以說是激進派的教學模式；我一點都沒有失望。我在這所大學的求學生涯非常令人振奮，它提供給我的訓練是我一輩子所經歷過最令人振奮的學習經驗。不過它也把僅存的深層信念——認為我們這個國家的所有人都可以獲得公平的教育機會與公平的競賽場合的信念——震得幾乎蕩然無存。當我開始我的論文研究時，我才更完整的瞭解到社會和政治力量是如何侵蝕或促進教育目標的。從此以後，我再也無法把教育視為單純的個人進階事件——也就是只要靠個別的天分就可以出人頭地的教育觀點了（譯註：譯者也畢業於麻州大學安城分校，作者對於麻州大學教育學院的觀點也獲得譯者 100%的贊同）。

當我來到麻州大學的時候，我被一門稱之為「多元文化教育

的基礎」的課程激發出興趣來，這門課在1975年的秋季班由Bob Suzuki教授第一次開課。我被這門課的名稱給迷住了。到底這個稱之為多元文化教育的東西**是**什麼呢？它和我當時想要寫的博士論文目標又有什麼關聯性呢？我剛進入博士班求學時的想法是要探究教育該如何進行，才可以改善每一個學童的學習情況，我決定選修這門課來看看到底裡面藏了哪些寶藏？

結果呢？選課的結果證明這是我所選修過的課程當中最令我著迷的一門課，不過更重要的是，它把我從剛開始教學以來的許多構想都以白紙黑字的方式表達出來。我瞭解到多元文化教育其實是人權運動自然衍生出來的一個產物，是由非洲後裔美國人和他們的同盟所發起的，不過卻對所有背景的學童具有極大的潛能，可以改變他們未來的生命。我開始把多元文化教育視為一個具有人性的替代方案，應該是一種像是日常生活一樣的慣例來實施，也是一個充滿希望的架構，讓我們可以對這個國家的每一所學校那種根深蒂固、廣泛實施的不公平教育做正面的痛擊；這是因為多元文化教育總是挑戰傳統的意識型態，也就是那種鐘形曲線的心智狀態。相對的，它所根據的假設是認為各種背景的學生在各種情況下都有學習和成就的能力。因此，多元文化教育變成了我的哲學和實踐的一個關鍵成分，即使到了今天我還是抱持這樣的教育哲學觀。

017

有許多學者批評多元文化教育。他們以各式各樣的惡行控訴著多元文化教育，從降低標準，到侵蝕我們學童「閱讀、書寫和推理的能力[3]」。雖然他們嚴厲的批評通常相當牽強，也過度的誇張，不過我仍然分享多元文化教育當中某些批評者所提出來的觀點，也就是多元文化教育有時候只是一些關於自尊的單元，或是針對各個種族的英雄所舉辦的慶典，以及優雅的服飾而已。我從來都不認為多元文化教育應該採用這種方式來進行。這種狹隘的觀點對於文化抱持著一種異國情調的視野，把它的推動貶低成為一種不怎麼重要的花瓶角色，或者看成一個狹隘與預先規劃好的事情，所以一個人如果不是具有多元文化教育的本質，就是欠缺這項素養。相對的，打從一開始，我把多元文化教育定義成反種族主義的教育，也是一個基礎教育，我們必須堅持把它和學生的學習做某種程度的連結，並且應該滲透到學校教育的所有領域。它是為**所有**學生發展出來的教育，包含的不僅是種族、血緣、語文，也包含性別、社會階層、性向、能力，以及其他方面的差異等等。此外，推動多元文化教育也需要伴隨著一個深層的承諾，確保每一個學生都可以獲得社會正義和均等獲得學習資源的機會。

從我個人的經驗來看，如果學校能夠針對校園裡最容易受傷的學生推動多元文化教育，那麼學校的經營將會讓校園裡的每一個人越來越優異。那是為何在我的研究和出版的書籍、文章當中，會特別強調那些在種族、社會階層、血緣、母語和其他差異的學生的學習，因為通常我們認為他們在學校不斷的失敗是咎由自取的觀點，和我所抱持的多元文化教育觀點相衝突。有時候我也會將一些來自於多數族群學生的觀點包含在我的文章裡，不過那樣的情形比較少出現。這些年輕人經常在「欲加之罪，何患無詞」的情況下變成了受難者的身分，通常就因為他們的身分以及特殊的情況，就足以讓他們注定要比其他人獲得比較少的資源和受教的機會。當我瞭解這個情形可以衍生的意涵之後，我就確認一定要在課程裡包含學生的生活和真相；我鼓勵他們使用自己的母語發表意見，並且要珍惜他們的母語；除了最佳作品以外，我拒絕他們繳交次級的作品給我；我歡迎他們把家人帶進教室——簡單的說，我想盡辦法讓他們瞭解他們在學校和這個世界可以擁有一個正當的學習場所。

不過我也瞭解單獨強調多元文化教育是不夠的。即使在我使用多元文化教育的語文來鼓勵學生發表意見之前，我就曾經嘗試在我的教室「做」一些多元文化教育的活動。同時，我瞭解到一個多元文化的觀點，雖然很有幫助、也相當的先進，但也需要其他事項來彌補它的不足，那就是我們也需要對這個國家不公平的真相有一個批判性的理解，才足以彌補多元文化教育的不足。

018

教育的社會政治情境

當我在博士班求學的同時，對於完美的公平教育的信念，在我選修另一門課程時受到進一步的挑戰。這門課是由經濟系的Samuel Bowles 及 Herbert Gintis 所開設的課程。當時使用的教科書現在已經是他們經典的書籍了，書名為《資本主義國家美國的學校教育》（*Schooling in Capitalist America*），當我在選修那門課時，這本書還只是手寫的稿件而已呢[4]！他們兩位的論點認為教育主要是受到市場的力量所左右，而且教育的成就與經濟方面的特權有某種程度的一致性。這樣的闡釋對我有深遠的影響，讓我原先對於理想中公立學校的教育所抱持的夢想完全破滅了。

由Bowles和Gintis所開設的課程是我所選修過最令人興奮的教育經驗，因為我們在課堂上討論一些令人深思的想法，嘗試著去打破長久以來人們視為理所當然的事實。儘管這是一門令人興奮的課程，不過課堂的氛圍倒是充滿著絕望。整體來說，選修這門課的學生大多數是經濟系的學生，他們對於公立教育的承諾都感到相當悲觀。不過我們這幾個來自教育學院的研究生瞭解到一

件事情，那就是如果我們這群擔任教職的老師沒有把教育想像成一個充滿希望的事業，那麼我們可能連面對一群年輕學子的勇氣都沒有了。對我們而言，讓**希望**和**批評**聯姻不僅是可能發生的事情，也是不可少的作為。所以雖然我已經不再是剛開始教學時那種盲目樂觀的人，我也不再懷疑我到底可以變成怎樣的一個人。或許就因為我同時透過一個經濟的鏡片來研究教育改革的局限，讓我全神貫注的閱讀進步主義和創新教育學者，像是保羅・佛萊雷、Maxine Greene、Sylvia Ashton-Warner、Jonathan Kozol 與 Herbert Kohl 等人的作品；同時我也閱讀了多元文化教育初期的 James Banks、Geneva Gay、Carlos Cortés 與 Carl Grant 等學者所出版的文章[5]。

透過我的研究，我同時看到一些值得注意的例外，美國的學校傳統上忠實的反應出社會上的不公平，這些不公平——特別是那些和學生的種族、血緣、社會階層、性別有關聯的事例，通常也反應在教育政策和實踐上面，例如政府給學校的經費贊助、能力分班、對於崇高地位內容是否有機會接觸、在課程當中對於差異的描述，及對於學生的期望、教養和輔導的實踐等等都看得到一些例外[6]。我把這些項目叫作教育的**社會政治情境**，也就變成了我開始理解教育的主要鏡片，也是我在 1992 年出版的《聲援多元化》（*Affirming Diversity*）的立論基礎[7]。

我所謂教育的社會政治情境到底在說些什麼呢？我能夠提供的最佳說明，應該就是佛萊雷寫給老師們的一封信了。在信件裡，佛萊雷寫著：「很明顯的，教育相關的問題不是單純教學法的問題。它們同時也是政治的、種族的，以及財經方面的問題。」當考慮到學生中輟的現象時，佛萊雷這麼解釋著：「實際上，沒有任何一個學生會在沒有任何原因的情況下中輟，就像是他們只是

單純的決定不要繼續留在學校求學。事實真相是這樣的，我們在學校裡的情形可能阻止他們來到學校求學，或是根本妨礙他們繼續留在校園求學的各種運作機制[8]。」這樣的解說應該就是我提到教育的社會政治情境最生動的寫真了。大多數的我們所受到的教育讓我們在想到學生中輟現象，或是無法學習怎麼閱讀，或是學習情況很差時，就會把它視為**個別**學生的缺陷，是一種**個人的問題**；或者把它視為一個特定家庭的壞習慣、懶惰或是對教育欠缺興趣所產生的指標。對我來說，那真的是一個大夢初醒般的體驗，瞭解到我一直以來就感受到的某些事情：這些問題絕對不是無中生有的一些意外狀況，而是一種學校運作時所伴隨而來，結合社會、政治、經濟條件所產生的問題。

改變學生一輩子的老師

當我開始擔任師資培育者的工作不久後，我開始懷疑一個信念，那就是老師在改善他們所教導學生的情境方面可以做很多事情的信念。實際上，我開始懷疑老師的工作根本就是不可能的任務，甚至應該說是無望的。

不過事到如今，在這些年來我和實務工作的老師以及準老師長久以來的合作之後，我對於老師這個工作的想法繞了 360 度，又回到了原點。但我對於老師擁有的力量的信念已經不再是我剛開始教書時的信念了。現在我的信念已經經過人生的歷練，有比較深層的瞭解，瞭解個別老師部分的承諾和認真教學是有極限的。雖然我確實瞭解老師所能做的影響力是有限的，我也瞭解教育現場因為社會政治情況所衍生出來的不公平現象到處都看得到，不

過我對於老師的力量卻有更強烈的信任。這是因為我在這幾年當中看到了令人驚訝的老師的教學現場，我也親眼見證了他們所能夠達成的教學目標；我也瞭解了老師不是單純的海綿，只要負責吸收漂浮在這整個社會表面上所呈現出來的主流意識型態和期望。他們同時也是主動積極的代理人，他們的言行舉止改變了學生的生活／生命，也為學生塑造未來的生命，不管是往好的或壞的方向進行。老師們**能夠**、也**應該**想盡辦法來影響他們所教導的學生的生命。

我也瞭解到——或許比以往還要清楚的瞭解——單獨強調教學實踐，或是在課程發展的技術層面上努力是無法解決教育上那些錯綜複雜的問題的。雖然這些項目極其重要、也相當必要，不過它們還不足夠解決教育問題，特別是當我們是要改變那些公立學校幾乎要放棄的學童時。老師們也需要精心研究更具有批判的方式來進行教育的任務，這樣他們可能就可以瞭解教育場所的情境，並且學習策略性的思考，著手改變他們所教導的班級情境，以及整體教育的情境，讓更多學生可以獲得更佳的學習情境。

020

瞭解到老師是多麼艱辛的工作之後，我越來越想要瞭解為何老師願意選擇留下來繼續教學，特別是那些教導多元背景學生，及在貧困社區教導具備多元種族背景、沒有享受到公平教育機會的學生的老師，他們是一群關懷學生的優良教師；我很清楚的瞭解到，這些老師就是他們學生會成功的核心。透過他們日常的教學實踐，他們扮演了一個關鍵的角色，高舉著公平的高品質教育的理想，那也是我們這個社會長久以來所標榜的理想，不是嗎？我也不是那麼天真浪漫的認為老師可以單獨的修復學校所產生的所有問題。相對的，過去三十五年的經驗帶領我去相信唯有透過個人的、集體的，以及制度面的行動結合，才可以讓真實的改變發生，這也是我在前一本書廣泛提到的主題[9]。這意味著自己不僅要在自己的教室和社區主宰教育問題，也需要從最高的政策方針和意識型態方面同時切入；換句話說，我們就要變成改變的積極代言者的身分。不過即使他們只在自己的班級從事改革——一件千辛萬苦的任務，老師**仍然可以**改變他們的學校，也可以改變他們學生一輩子的命運（譯註：說到改變學生一輩子的老師，譯者藉此機會表達對兩位恩師的讚美，雖然讚美的時機來得太晚，總比沒有說出來好多了。兩位恩師，一位是國小高年級的林炳榮老師，另一位是高三教導化學的江芷老師）。

我們都曾經聽過一些「改變學生一輩子」的老師的故事，而且我們當中有好多人也都有我們自己的故事可以分享。當我在研討會、學校或大學演講時，我經常詢問聽眾群當中的成員，如果曾經有一位老師或許多老師改變他們的一生，就請他們舉手分享故事，每次一定有好多隻手高高舉起。我們也在許多回憶錄和自傳當中看到這樣的故事。這些大多數都是充滿希望的描述，我們有太多這類型的故事可以一一說明，讓我們不可以忽略個別老師的力量。有些個案是一個年輕學子經常認為自己是個「蠢蛋」，卻因為老師不經意脫口說出一句鼓勵的話而變成「聰明」的學生；或者是當一位老師告訴他，他是一位天生的藝術家而展開他在藝術方面的追求和專業；或是一位年輕的女孩在她的老師告訴她，她是一個「科學家」之後，決定那並不是不可能圓的夢想。

最近我幫《敘述性故事》（*Narratives*）寫了序論，這是一個專業期刊，邀請老師發表他們的經驗，這一期也同時包含了由Beatriz Campuzano所寫的一篇短文。她是一位高三的學生（譯註：美國的高四學生相當於國內高三的學歷，在此已經將學歷轉化為國內的學歷），她的父親從墨西哥來到美國時，只有國小三年級

的學歷，不過卻在她面前反覆讚美教育的優點。但是她的學校把她放到後半段的班級，而且因為她的學校對於移民普遍抱持最低的期許，所以她父親的樂觀主義可能還是不夠的。在她的敘述性故事裡，碧翠斯說明了參與加州大學爾文分校（University of California at Irvine）的星期六數學研究（Saturday Mathematics Academy）塑造了她未來的目標。不過她這麼敘述了她在學校很早期的求學生涯。碧翠斯曾經是英語發展緩慢（English Language Development, ELD）的學生之一，不過同時選修一些對她而言太簡單的課程。她在國小的一位叫作威爾克的老師要求碧翠斯選修一些國中所開設、比較具有挑戰性的課程。他給她額外的家庭作業，並且想辦法讓她更加認真讀書；在她的成績飆高之前，他並沒有中斷這樣的要求，最後她總算可以參與星期六的數學學院。她是這麼寫著：

> 在六年級的時候，我的英文老師——威爾克老師協助我瞭解自己確實有能力可以實現任何事情，我開始對自己產生信心。當威爾克老師日復一日的告訴我，我是「上天給這個世界的一項禮物」時，我的自尊心越來越提升。因爲教育讓我覺得自己是聰明的，所以我熱愛教育。知道我有知識讓我覺得自己是所向無敵的人[10]。

碧翠斯計畫進入一個四年制的大學就讀，她想要學習怎樣才能夠變成一個高中的數學老師。

想像一下，當我們告訴校園裡的每一個學童，他們是「上天給這個世界的一項禮物」時，將會是怎樣的一個畫面呢？就像這句話一樣的簡單，不過有些事情雖然簡單，卻具備了無比的力量，

改變了碧翠斯對於教育的觀感，對於許多其他的學童，它可能也可以發揮同樣的功能。就因為類似這些故事一樣具有無比的力量，所以我最近針對老師的所作所為認真的加以思考，我想要瞭解他們的影響力、他們可能造成的迴響，以及他們在我們這個社會對於教育均等和公平遊戲規則的承諾所能夠扮演的關鍵角色。

第二章

自傳式的教學觀

022　　（本章有朱尼亞、史帝夫、貝爾和盧能伯格的文章分享）

生命是每個人對於一個古老故事的單獨版本。

Pierre Dominicé，

《從我們的生命學習：與成年人使用教育自傳》

(*Learning from Our Lives: Using Educational Biographies with Adults*)

在朱尼亞・葉爾武德的教室張貼著許多符號：

- 為什麼？
- 貧窮不是羞辱的事情，不過愚昧無知倒是羞辱的事情。
- 流行不見得永遠是對的；正確的事情不見得會流行。
- 文字會形成堅硬的石頭，而且永遠都不會腐爛。
- 流逝的時光一去不回頭。
- 知識就是力量。
- 沒有一個合法的方式可以做壞事。
- 努力認真可以創造幸運。
- 憤怒和危險只差一個字母（譯註：原文為 ANGER IS ONE LETTER AWAY FROM DANGER，這是值得為人師者要隨時注意的概念）。
- 何不嘗試一下呢？

在波士頓地區的英文高中，朱尼亞・葉爾武德老師的教室裡，到處都看得到鮮明的海報，都是用鮮豔的色彩精心設計過的海報，

鮮明的張貼在教室的許多角落，學生的作品也很明顯的張貼在布告欄，這一切措施都給來訪的賓客一種正經八百的感受，以及一種溫馨家庭的感受。朱尼亞老師的教室真的和在那間教室執行教學工作的老師很相像：直接、堅忍不拔、溫馨、熱愛教學。朱尼亞最近才被提名為「2000 年大波士頓地區年度老師獎」的候選人，這也說明她在教學方面的傑出表現受到相當的肯定。

朱尼亞・葉爾武德努力的打理她的教室，希望可以透過教室布置的方式傳遞特定的訊息給學生。她最迫切想要傳遞的一個訊息就是讓學生瞭解這是一個安全的學習場合，學生可以放心的在這間教室裡盡情的學習、思考和夢想。朱尼亞是參與我們這個探究小組的一個成員，他們都在波士頓地區擔任高中老師。在我們召開的會議中，有一次她這麼描述自己與她對於教室的期望：「我認為我是一個保護者，我的教室是他們的避風港，他們在這間房間是安全無虞的。」朱尼亞也想要讓教室的環境具備某些功能，可以讓學生進一步瞭解自己，他們也應該獲得學習，還有應該努力的方向等等。在另一次會議中，她這麼說：「當你走進我的教室時，我就是不給你成為一具行屍走肉的機會，你不能夠『只』坐在那裡發呆，所以即使你不想要聽老師上課，你的眼睛也一定會發現一些可以閱讀的資料，讓你好好的思考那些文字所傳遞的訊息。」

朱尼亞邀請我去參觀過她的教室，我在 2000 年 3 月颳大風的日子去她的教室，她相當引以為傲的就是她對於學生以及她與學生之間的關係。我在那天早晨第一次拜訪她的教室，她正好在上非洲裔美國人的歷史。當學生坐好之後，在葉爾武德老師與大約十五個學生之間有一種輕鬆、彼此戲弄的氛圍，她挑了一張和學生相同的椅子，面對面的坐下來。這種方式與在教室裡走來走去，

就是她一般上課的方式。至於她那張正式的老師桌椅，在教室後端，通常堆滿了資料、學生的外套和其他物品，顯然很少使用那張桌椅。

這堂課一開始，是由一位來自哈佛大學教學藝術碩士班的實習老師派翠克・塔特維勒，和學生一起檢視一封他們想要寫給《波士頓郵報》（*Boston Herald*）的信件草稿。幾個星期以前有一張相片出現在報紙上，惹惱了他們這班學生，那張相片伴隨著一段大標題「萬惡的根源」，內容報導的是體育相關的墮落和罪惡。不過因為相片刊登的是一名黑人運動選手戴上手銬，好像是在告訴讀者——也是學生的詮釋，那就是男性黑人代表了所有罪惡的根源[1]。

學生決定寫一封信給報社的主編抗議，那時候他們正運用全班同學的智慧，修正信件的最後一個段落。派翠克也提出許多問題，督促學生在信件上增添一些內容。同一個背景下，朱尼亞提出她個人的建議：「或許我們應該要求未來的可能性。」她就提出這一個建議。她提議報紙的主編應該更加敏銳，不過當學生回覆說這不是他們原先想要爭取的論點時，她和學生站在同一個立場。學生這麼回覆著：「如果他們的感受敏銳一點，他們或許會說『**某些**作惡的根源』。」另一個學生接著說：「我們不需要他們的道歉；我們只是不想要看到他們再犯相同的錯誤。」接著還有一個學生說：「抱歉根本一點用處也沒有。」當派翠克宣讀全班同學共同完成的文稿時，學生安靜的聆聽，並且再做一些最後的修飾，然後在他宣讀到最後一段文字時，以掌聲鼓舞。朱尼亞大聲的說：「太棒了！我愛死這封信了！我喜歡這樣的信件！」來支持學生的努力。

朱尼亞把寫這封信的學習歷程連結到課堂上的討論，帶領學

生認識世襲財產的概念（班上多數學生看來應該是非洲後裔）。她告訴他們採用這種行動的策略正反應了他們的歷史，特別是在美國境內的人權運動：「它需要採取行動來表白。它更需要勇敢的人們。實際上，人權運動的推動就要靠一群像你們一樣的人全力以赴才得以完成。他們就是推動的力量。」在南非，她接著說，孩童和年輕人是種族隔離政策垮台的核心人物。她把學生書寫這封信的作為比喻為他們可以逐漸轉變為波士頓公民的一個契機：「權力就在你們的手上。」她堅定的說著。

024

稍晚在中午時間上課（譯註：美國境內的學校中午沒有午休時間，各班輪流到餐廳吃完午餐，就繼續上課）的十一年級學生的人數稍微多了點，大約有二十五個學生，有非洲後裔、波多黎各、多明尼加人，以及亞洲後裔學生，還有社區裡越來越多的非洲籍學生。朱尼亞要求兩個小組各自推出一個代表人物來簡潔扼要的報告前一天所進行的小組活動結果。這項報告的要求是從 Maya Angelou 所寫的《我知道籠中小鳥為何要唱歌》（*I Know Why the Caged Bird Sings*）那本書的內容摘錄來的。第一小組的任務是要解釋為何識字對於作者的家庭是一個核心價值，並且要從文章中找尋具體證據來當作範例說明。朱尼亞進一步要學生把識字的重要性和他們現在的生活做一個連結，當一個學生建議：「至少教育是一種獲取某種成功的方式。」朱尼亞回覆說：「那正是你們的父母持續督促你們的原因。」

當天的第二小組由兩個學生組成（小組的第三個成員當天缺席），他們報告的內容是介紹在阿肯色州的史坦普司（Stamps），Maya Angelou 生長的小鎮有哪些種族歧視的現象。朱尼亞再度提出問題，引導學生深入探討，讓學生把這項報告內容與當下波士頓地區的種族歧視問題做一個連結：「目前還有沒有種族歧視呢？」這小組的兩個學生認為雖然他們是黑人，不過他們在波士頓地區並沒有經歷過種族歧視的問題；朱尼亞接受他們的答覆，接著詢問其他學生對於這個問題的想法。一個亞洲籍的女孩提醒班上同學在上課前一個星期發生在羅德島的案件，是一個黑人警察被一個白人警察誤以為是罪犯，因而開槍打死的事件。還有一個拉丁美洲後裔的學生認為種族歧視就是老師對於學生抱持低落的期望。

記得是什麼動力帶領他們走進教學現場

老師在走進他們的教室時，並沒有把自己的價值觀放在門口，就完全不管他們所抱持的價值觀了。相對的，就像他們想要隱藏或避免自己的價值觀一樣，他們的價值觀和信念會從門縫溜進教室裡。實際上，老師隨身攜帶他們完整的自傳：包含了他們的經驗、身分、價值觀、信念、態度、情緒問題、偏見、期望、夢想、希望。否認這個想法對他們來說是毫無用處的；他們所能做的頂多是承認這些項目如果不會阻礙他們的教學，就是用來強化他們與學生之間的互動關係。安卜瑞茲・麗瑪是一位雙語老師，專門教導一些來自於北大西洋維德角（Cape Verdean）的學生，也是參與探究小組的一位成員，在討論到教學是一項中立的活動時，相當具有說服力的挑戰這個觀點。在一次會議中，她這麼說：「即使在我們的潛意識裡，我們還是採取了某個立場。」如果這是真實的，那麼老師所能夠期望的最佳狀況就是坦率的面對自己的價值觀，才能夠瞭解這樣的價值觀可以如何協助自己，或者阻礙他們與學生之間的互動關係。我在這一章最前面提到朱尼亞教室的

025

一些布置，說明就是在教室裡，老師才能夠啟動他們最深層的價值觀。Bell Hooks 把教室描述成一個「充滿可能的地點」[2]。那也是每一位老師最能夠具體表達他們自己的場合。

我也逐漸相信一件事，那就是瞭解並且珍惜一個人自己的自傳，必須是教學的核心價值，這也是教育家 Linda Gibson 所描述的，教學是「一件與自己不斷相逢的事件[3]」。近年來，自傳儼然已經成為一個瞭解教學精神越來越普遍的方式[4]。布魯納（Jerome Bruner）這位傑出的心理學家就曾經把自傳稱為一套「形成生命」（life making）的歷程[5]。它為老師提供一種方式來仔細考量底下的問題：是什麼力量讓我走進教育領域呢？我怎麼看待我現在正在進行的工作呢？我的盲點是什麼？

人類學家 Mildred Dickeman 是第一批注意到老師身分認同與這樣的認同會影響他們的教學信念及教學實踐的一位學者[6]。大約在三十年前，Dickeman 特別關心歐洲後裔在歷史方面的失憶狀況，當然包含老師在內。結果呢？他們的個人和家庭背景不是消逝無影無蹤，就是變成了 Horatio Alger（譯註：十九世紀美國著名的作家，寫了一百多本鼓勵美國民眾辛勤工作就會成功的書籍）神話的另一個快樂版本。她提出強烈主張，警告人們不要把白種老師視為一個均質的群體，她這麼描述社會大眾對於白種老師的觀點：「從外觀、行為和價值觀等方面看來，是那麼悲慘的相像。」他們的背景非常有可能隱藏在被其他民族同化的悲痛歷史記憶裡，所以他們錯綜複雜的程度，遠遠超過表面上看來的一致性所可以瞭解的（譯註：歐洲許多民族之間的彼此屠殺，在歷史上都可以清晰的看出來。不過當他們移民到美國之後，卻因為外觀和行為方面相當一致，所以在分析美國民眾的族群時，通常被廣泛的以「白種人」來稱呼。這樣的作法卻將他們祖先彼此間的

互動一筆勾消）。

Dickeman也說明許多老師是如何避開彼此間的差異問題，來符合他們是主流文化群體的概念。他們原本是來自於多元化的種族和文化方面的差異，主要也都是來自白種人中低階層的家庭背景，所以許多老師被迫要接受「大熔爐」的神話，並且把教育視為「偉大的平等主義者」；間接的，他們也相當珍惜一個觀點，那就是具備「（對民眾的膚色抱持）色盲」的觀點是一個護身的工具，是一件高貴不貴的事情。所以我們目前仍然經常聽到老師說他們「沒有看到黑種人或白種人（的差別）」，而且宣示他們只「看到一群學童」，就像是說那些學童進入他們的教室根本就是沒有膚色，也沒有文化的背景似的。大膽的承認在我們之間確實存在一些差異性，不僅已經變成一個負面的訊息，也幾乎成了一件可恥的行為。

相對的，Dickeman認為只有當老師承認自己那些已經「被遺忘、受到壓抑或受到忽略的」的世襲文化、他們自己的經驗與家庭的歷史背景時，才有可能開始理解到他們所教導的學生族群。雖然這些歷史有時候會讓人覺得非常的錯綜複雜，或伴隨著一些衝突觀點，不過它們也可以成為老師教學和學生學習時非常有價值的資源呢！

026

老師的自傳

多年以前，我開始嘗試自己稱之為老師自傳的寫作[7]。在我與老師一起合作的經驗當中，我要求他們書寫文章，說明他們的背景或經驗如何影響他們決定選擇教育當作他們的職業。我也使用

這個策略在我所教導的班級。

我也讓他們清楚的瞭解到我並不是要他們進行一些隨意的寫作練習，讓他們可以無病呻吟或是做一些單純的沉思。相對的，我使用這個策略，讓老師可以把思考集中在他們自己身上，並且直接把這樣的體驗聚焦到他們所教導的學生。那就是說，發展一套老師的自傳模式，不單純只是一項更深入理解他們自己生活的工作，雖然它當然也能夠達到這樣的目的。它同時也提供老師一個更清晰理解自己的生命，來思考到底他們可以如何更有效率的與學生互動的機會。為了達到這樣的目的，我要求老師要超越一般人認為他們變成老師那種浪漫、表面、膚淺的原因（當中一個最原始的例子就是「我好喜歡和小孩在一起」）。我要求他們以批判的方式思考自己的生命，考量他們到底想要從教學生涯中獲得哪樣的結果，以及他們會做這項決策的動機等等。

在許多情況下，老師告訴我這是他們生平第一次被要求在他們的經驗和工作之間做基本的連結。畢竟，有許多老師煞費苦心的盡量避免把自己的生命經驗帶進教室的課堂活動，他們認為最好不要把個人的情感因素和專業能力混在一起。不過當他們經過深思熟慮，並且誠實以對的進行這項工作的要求之後，這些老師的自傳不僅揭露了老師的優點，更可以當作啟發老師靈感的一個來源。我也逐漸把老師的自傳視為一個成效良好的方式，不管在個人或群體的歷史方面，探索影響老師工作的因素。不管是依據我與老師的合作經驗，或是我低頭沉思自己個人的教學自傳所得到的體驗，我越來越相信這樣的結論，我摘錄了一小段我個人的自傳在底下。

人行道學校

Sonia Nieto

在我想要成為教師的記憶中，最早的記憶應該是當我還是十或十一歲時，我有一個「人行道學校」，就在布魯克林區我們家租來的房子前方的人行道上。在我們家正對面，是那種赤褐色的砂石建築物，有許多階梯。所以我就會安排一些小朋友（三到五歲大的小孩）坐在階梯上，然後我就擔任他們的老師。我還依稀記得有人行道的粉筆，以及紙張和鉛筆呢！我那時的感覺是認為自己是一個強壯有力的人，或許是因為我認為老師就是全世界最強壯有力的人吧！

學校對我來說，是一個既痛苦又令人感到興奮的地方，是一個讓我增強能力的地方，也是一個讓我洩氣的地方。所以在許多方面，要變成一位老師意味著要把我這個人原本的身分塗抹掉，並且要想辦法變成一個美國人（不可以講西班牙語、或否認西班牙社區的存在、學習採取得體的講話方式、知道西洋禮節在享受餐點時該使用哪一支刀叉）。至於學校呢？學校是你從一個聯誼的課堂教室轉移到另一個聯誼教室的地方。

學校是一個會讓學生因為他們獨特身分而有痛苦感受的地方，所以要變成老師就意味著我要丟棄自己是一個波多黎各移民工人家庭的女兒這樣的身分。我攜帶著

這樣的壓力和不安全感受走入教職的工作場合，而我也用了整個職業生涯的時間嘗試要解開這個謎團。到現在這個關鍵點（因為這是一個未完成的旅途），我得到的結論認為，壓力與不安全感總是伴隨著教職的任務而來，不過最關鍵的是我已經不需要完全拋棄我的身分來迎合別人的認同，我想我們應該有更好的方式可以找到一個平衡點。

這段文字摘要是從我和探究小組的成員在第一次活動所寫的自傳摘錄下來的。我們這個探究小組叫作「到底是什麼力量讓老師願意持續擔任教職？」我要求參與的老師回家之後就要開始書寫他們的老師自傳，不過並不是每位老師都有這個閒工夫，或願意書寫自傳。我當時想到如果在會議時花個二十分鐘左右的時間來討論老師們所寫的自傳應該會相當有意義。我們就這樣朗讀自己的自傳，至少宣讀了我們所寫的部分文章。我自己所寫的自傳其實相當簡短，有些老師的自傳寫得相當夠份量。不過每一篇自傳都具有某種維持生命繼續下去的方式，說明我們的背景和經驗到底是怎樣把我們推進教學這個行業的。我認為底下這份摘錄自朱尼亞・葉爾武德的教學自傳相當程度的解釋了這一章一開始所呈現的一個場景。

我的旅程

朱尼亞·葉爾武德

我出生在迦勒比海的千里達，是由住在巴貝多島的祖母和嬸嬸撫育長大成人的。我生長的環境在我內心深處教誨我的是身為女人的一個強烈認同，以及一個非洲後裔。教育的價值以及能夠讀寫的能力在我完全瞭解祖先的歷史之後變得非常的清晰和急迫。非洲人被當作奴隸的故事，以及他們被迫忍受的恐懼都讓我感受強烈的挫敗感，也不斷的激怒我，不過奴隸身分的觀點最讓我好奇的就是對我的祖先採取一種系統化的方式來否定他們的讀寫能力。身為十幾個小孩當中的一個，我推測如果讀寫能力不是極端的重要，那麼就沒有必要保留那些技能，以免讓所謂的「野蠻且低等」的非洲人學習這些技能了。我的結論是認為教學是這個地球上最重要的行業，所以老師可以說是非洲後裔的摩西。老師傳授知識，並且開拓年輕學子的心智，去接觸一些老舊和全新的構想，也惟有透過這些構想的接觸才得以解開被奴役的心智，並且在一片無知的蠻荒叢林找出解決之道，最終也才得以征服平等和領導統御的差異。

這樣的啟示讓我的命運清晰可見，我必須要變成一位老師。

我下定決心有一天我要變成一位老師，這樣的決心受到那些對我的個人和學業成就有深遠正面影響的老師所強化著。我逐漸瞭解到有些老師的課是我渴望想要多學點知識和技能的課堂，我也發現在這些課堂上我表現得相當傑出，超越我的同儕，原來這些老師都把我視為一個獨立的個體、一個特殊的人來栽培養育我。他們會推我一把、挑戰或誘拐我，可謂無所不用其極的方式來督促我要完整的發揮自己的實力來學習和表現。他們信任我；他們不僅辨認出我的缺點，也找出我的優點和天賦。他們鼓勵我多多思考、質疑，並且以一個同樣具有智慧的立足點和他們「對話」。他們尊重我的想法和意見，而且他們也展現他們確實關懷我的成長。此外——不過也同等重要的——從外表上來看，他們和我長得很相像，他們都和我擁有相同的祖先，和我享有同樣的文化，以及有和我一樣的歷史。說的實在一點，他們就是我的楷模。

從高中畢業之後，我在華盛頓高中擔任三年的教職工作。接著我在 1971 年來到美國，並且在 1973 年在波士頓州立學院（Boston State College，從那之後就和麻州大學波士頓分校合併為一所學校）註冊，主修英文。在 1978 年，我被波士頓公立學校聘為老師，從此展開我在這裡的教學生涯到現在。

我個人對於教學的熱情、我強烈的急迫感受，以及我對於學生的承諾每天都受到那種「野蠻人」的提醒所強化，更不斷的在充電，就誠如 Jonathan Kozol 曾經寫過的文章一樣，就是我們國家給有色人種的學生所提供

的不均等教育機會和準備；以及偏見與種族歧視所帶來的那種殘酷的脅迫感；還有存在於絕大部分非洲裔美國人社群、政治領導者、家長的惰性和欠缺遠見的普及化；加上我有許多學生欠缺具體的動機和清晰的學習目標；還有我的同仁當中有相當大的比例對於我們的學生那種不尊重和低落的期望；最後就是我那群即將畢業的學生根本就沒有準備好去面對一個苛求和競爭激烈的世界所呈現出來的挑戰[8]。

「在他們眼睛閃過的那一道亮光」（light in their eyes，**譯註：這也是Sonia寫過的另一本書的書名，一語雙關的說明這現象**），也就是當學生完全參與我們提供給他們的學習機會，並且因此受到激勵時的表現，就完全誠如 Sonia 所寫的一樣，不斷的供給能量讓我繼續奮鬥，讓我恢復鬥志，更讓我可以隨時集中精神在最關鍵的項目上[9]。我會分享學生成功的經驗、他們的挑戰、他們的期望，以及他們的夢想。我個人對於學習和教學的承諾和熱情起起伏伏，閃爍不定，不過卻像極了永不熄滅的火焰持續的燃燒著，我期望這樣的一把火焰可以繼續發出亮光，協助引導我的學生在他們的學業和個人的旅程一路走下去，一直到人生的終點。讓我使用 Robert Frost（**譯註：美國一位著名的文學家**）的話來闡述會更理想：「我不是一個老師，我是一個喚醒學生的人。」

在一份研究報告中，檢視多數民眾認為傳統「老師為中心」的老師型態為何時，George Noblit 認為應該是我們拋棄類似「**學童為中心**」和「**老師為中心**」的詞彙，因為他們過度簡化了一個非常錯綜複雜的教室動態的真相[10]。走進奈特老師的教室，就會發現和傳統教學有很大的差異，Noblit 在一年後離開這間教室，對於她的風格和教學方式，以及帶領她走向這些教學方式和風格的哲學理念抱持相當尊重的態度。例如，他發現「關懷」在她的教室並不是特別關於民主程序，倒是比較偏向「權力的道德運用」，對他來說，這是理解權力的一種新的方式。

他的論點與 Lisa Delpit 的觀察結果相似，她觀察非洲後裔美國籍老師通常被他們的白種人同事視為傳統的老師，甚至認為他們倒退到以前的教學時代，一般來說，白種人老師可能擁有比較新或對於教學抱持比較多「進步主義」的構想[11]。根據Delpit的論點，因為非洲後裔美國籍老師走入教室的時候，有一種深刻的理解，知道什麼叫作被拒絕學習的權力，所以他們感受到一種強大的道德責任，必須教導他們的學生清楚瞭解「權力的文化」（culture of power）。問題不在於該使用哪一種方式，而是在於老師對於教室裡的學生是否有所理解。反思老師自己寫的傳記，以及想想這樣的傳記可能對於自己的教學信念與實踐有哪樣的影響力，可能是重視這些事情的一個有用的方式。

朱尼亞・葉爾武德的教室就是一個良好的例子。朱尼亞是一位兼具權威與直率誠懇特質的老師，同時她也想要讓她的學生以他們自己的方式學習，對於他們的生命有一個深層的理解和覺悟，她瞭解到她與許多學生共享的身分認同可以協助她的學生將她的身分定義成一位老師，不過她可不想讓她的生命來決定他們的未來。在我拜訪她的教室時，我發現不管是要學生分析 Maya Angelou 的小說，或是寫給編輯的信件，或是她所指定的其他任務，朱尼亞都持續的展示這個信念。朱尼亞相信，就像Maxine Greene所說的：「教學是嘗試給人們賦權增能，並且按照他們的慾望和反思來改變自己的世界，而不是為他們進行改變世界的一個問題[12]。」

在探究小組的前幾次會議中，有人提出一個強力的構想，那就是優秀的老師認為他們和學生的命運糾纏在一起。朱尼亞同意這個構想，另外指出別人或許看不到這個共同命運體的存在：

> 因爲許多老師並不相信那個。他們和我們多數學生不管在種族和社會階層方面都不屬於同一族群，他們不會在離開學校以後去看看我們的孩子，他們看到的是一個截然不同的世界。我離開學校時會看到我的孩子們，他們是我的一部分，我也是他們的一部分，就是那樣。在波士頓地區公立學校服務的多數老師並沒有分享這個身分認同，他們沒有分享那個身分。

030 朱尼亞的觀點不該被認為說她認為只有黑人老師可以教導黑人學生，或者說每一位老師都應該和他們的學生像鄰居一樣住在附近。例如，在另一個場合，朱尼亞建議我訪問校園裡她最尊重也最欣賞的一些同事——這些傑出的老師具備不同的種族、血緣的背景——白人、黑人和拉丁美洲後裔。對朱尼亞・葉爾武德而言，一個共享的身分是重要的，不過那是許多特質當中的一項，可以協助老師理解他們的學生，並且與他們的學生有所連結。

朱尼亞的個案協助我們瞭解到種族和文化的身分通常是讓老師對於他們的工作抱持熱忱的原動力，不過這些身分並不是自傳裡讓他們想要擔任教職的唯一元素，許多老師同時把他們的政治和社會文化自傳帶入教室裡。在我與許多老師多年的共同合作關係裡，我發現有許多傑出優秀的老師同時也是行動派的老師：他們當中有許多人在民權運動中相當活躍積極，或者在廢除種族隔離上努力，或者在反對墮胎的奮鬥行列裡，而且當中有些老師持續參與人權工作的某些項目。史帝夫．葛登就是一個不賴的例子。在他的自傳裡，史帝夫——一位在波士頓地區公立學校任教三十三年的資深老師，寫著他對於政治的承諾與奉獻是他身分認同的重要部分，他這麼描述那樣的情況對於他的教學有哪樣的影響。

我教導的方式反應我是誰的問題

史帝夫．葛登

我教導的方式反應我這個人。從我的個人背景和經驗衍生出我所重視和相信的事情——我疼愛誰，誰疼愛我；哪些事情會鼓勵我、傷害我；以及我對於理想主義的追求牽扯到我自己、其他人和美國的社會。我身為一個老師的身分是透過家長、家庭、朋友、成功與失敗所累積而成的。我為我的學生和我自己決定哪些是真實而必要的，在充滿焦慮的夜晚和清澈的白晝，都來自於我那早已無可協商的身分認同、特質和哲學觀。

我的背景可以用來解釋我的教學。我的父親是一位社會主義聯盟的幹部，在他所建立的家庭裡，我學到社會和經濟的不公不義，以及對於平等的一個夢想。他在祖父的烏克蘭正統猶太家庭下長大，從他的父親身上學到對於知識的意志力、對語文和動機的精確性，最後使用那樣的意志力和動機來取代他的父親對於社會主義意識型態的正統說法，這些都同樣明確的可以用來解釋這個世界的運作。至於我自己呢？我在我父親位於曼哈頓地區的公寓長大成人，在我的身分認同方面找到一部分對於平等、知識和語文的敬畏。不過我也不信賴他在理性解釋的確信程度——那可以成為無人性權力的賠罪方式。我厭惡他的確定性，不過從來不會懷疑它對於知識和社會正義所激發的夢想。我拒絕他專制的動機，不過接受語文的神奇魔力。這解釋了我為何選擇並且持續在一個都會型的高中擔任英文老師的工作。

031

克勞蒂雅・貝爾，另一位參與探究小組的成員，是一位雙語老師，教導西班牙語，那是她的第二種語文。大約在二十年前，克勞蒂雅相當意外的接受教職這個工作，「機緣湊巧吧！」就像她所說的。還是一個年輕女孩時，她曾經擔任一個大型醫院主任的秘書，因為她早已經會說西班牙語，所以通常被醫院召喚去協助西班牙語系員工的工作指令。許多工人變成她的朋友，甚至當她的代理孕婦。當她親眼見證他們因為欠缺英文的技能所體驗到的挫折和容易受到傷害之後，她決定倡導在他們工作的時間上英

文課。她的老闆支持這樣的構想，所以她就變成他們的老師。她寫著，那是一種「非常令人滿足的感覺，當我親眼看到我的學生使用他們的英文來協助自己、彼此，最後幫助整個醫院的運作時，他們都充滿著熱忱和驕傲」。

雖然克勞蒂雅相當意外的進入教學的領域，她孩提時代的經驗影響她變成哪一類型的老師。在她所寫的教師自傳中，克勞蒂雅寫著她在國中時期所經歷的第一齣戲劇表演《黑果芬》（*Huckleberry Finn*），對她來說，那真的是一種脫胎轉型的經驗。

連結的威力

克勞蒂雅・貝爾

身為那個劇團年輕演員的一分子，成為我生命中的轉捩點。就像我母親給我的一項評論所顯示的，讓我同時感到震驚和喜悅：「在那齣戲裡面我認不出妳來！我不敢相信戲劇裡面那個充滿信心的女孩和我那個害羞膽小的女兒居然是同一個人。」

那是我第一個真實的機會，有一種安全無虞的感覺，才發現我的真實能力和優點，因為我對於一個小組來說是一個有貢獻的人，且受到該有的尊重，並相信我可以誠實而公開的宣稱我也有權力可以盡心盡力的獲得成功的經驗。那是一次非常強而有力的經驗，我也逐漸學會在學業方面複製這種成功經驗。我必須忘掉我先前已經內化的標籤，那種標籤作用還經常透過我的家庭和老師加以強化它的影響力：他們說我是一個學習緩慢的人，和我的哥哥、姊姊比較之下，絕對不是一個聰明或有天分的人。

從那次戲劇表演所得到的印象，就是在支持和自信之間的一個連結，在信賴與自立更生之間的連結，這個印象維繫著我，影響我和學生之間的關係，以及我擔任他們教師的效能……在高中擔任二十五年的雙語老師之後，我仍然相信感動的威力、連結的威力，以及我和學生發展一個培育的關係所得到的潛能。我相信這是激發我、啟發我更加努力和他們保持關係，也是我可以為他們的未來有所期許的動力。我早期的痛苦回憶讓我依稀記得當別人對我抱持低落的期許時的痛苦感受，因此，每當我可以協助一個學生抗拒標籤，捨棄失敗的念頭，和對他自己有足夠的信賴可以發現自己的天賦和優點以獲得茁壯的機會時，對我們兩人來說都是一次勝利的象徵。他的成功就是我的成功，而且持續進行下去的前景是一趟快樂的旅程。

並不是每個老師都經歷類似朱尼亞、史帝夫和克勞蒂雅在這些文字的引用時所呈現的自我反省歷程。不過我相信如果他們想要成為學生的高效能老師，就需要面對身分和動機的燙手問題；他們需要好好的想想自己做事情的原因，並且捫心自問是否還有更理想的方式可以與他們的學生有所聯繫；他們需要自省到底一個字、一個姿勢或一個行為可能激發或傷害學生的學習命脈。只是學習一些「交易的花招」，或是最新的策略或一些時尚風潮，是無法讓老師成功投入教學工作的（譯註：作者這裡相當明白指出全世界多數國小老師在找尋一些教學小技巧來吸引學生，表面上有些功能，實際上如果沒有透過內省，那些小技巧幾乎沒有用處）。

安・盧能伯格是許多年前選修我一門課的研究生，寫了一篇文章，非常有力的說明一個特殊的策略可能會帶來哪些意外的後果。我也曾經要求我的學生——每個都是選修一門針對文化和學習演講的博士班候選人，我請他們書寫一位以前的老師。我想要和他們探索到底他們的自傳，包含他們擔任學生，以及他們擔任老師時的文化背景和他們的親身體驗，對於他們今日擔任學生、老師和一個人有哪樣的影響力。安所反省的是她二年級的老師蒂・維麗斯女士所使用的「書的圖表」（Book Chart）。底下是她所寫的部分文章。

書的圖表

安・盧能伯格

親愛的維麗斯老師妳好：

妳應該已經忘了我這個人。我是許多「安靜、甜蜜」的女孩當中的一個，在 1957 年的時候，我們這些學生都坐在聖伯納迪諾郡的一個二年級的教室，教室裡擺滿了一排排的桌椅。

妳是否還記得當時所陳列的書的圖表呢？我還清清楚楚的記得。我可以看到在教室前面兩個高高的書櫃前懸掛著這個圖表。圖表上有我們的姓氏，依據我們的姓氏筆畫排序：吉美尼絲・阿麗珊德拉、盧能伯格・安、美狄納・馬克斯。因為我們從來都沒有使用自己的姓氏，也因為我們當中還有人無法閱讀文字，所以我們很難在圖表上找尋到自己的姓氏，並且記錄我們所累積的金星貼紙有多少張了。我想起來阿麗珊德拉在她的姓氏旁邊畫了一朵小花當作自我協助的發明。不過這個圖表不是為我們設計的，那是為妳自己設計的，是嗎？我今天會寫這封信是因為這個圖表，並且想要和妳分享關於教學的一些想法。

我還依稀記得第一天走入教室的情況。教室裡充滿各式各樣的作業：多數是無趣的習作，或是全班進行的學習單元。不過我走入你的教室就像是一個小小讀者一

樣，所以我一旦完成我的作業就可以閃躲到我的讀書角。或許妳還記得我，不是因為我引人注目，而是因為我根本平凡得很。我是一個相當順從的孩子，我是一個乖巧的小女孩。妳要求什麼，我就安分守己的完成作業，我學得很快、很容易，然後我就要想辦法處理接下來的無聊時間。我有我的想像空間，不過我懷疑妳是否知道我的這些表現。

有一天我問妳一個問題。在書的圖表上我的姓氏那一欄我所累積的金星貼紙已經滿格了，不過我又剛剛讀完一本書。**蒂・維麗斯老師，我應該把這張貼紙放在哪裡呢？已經滿格了，我找不到位置張貼新的貼紙。**妳嚇壞了。怎麼可能會滿格呢？我怎麼可能讀完那麼多本書呢？畢竟圖表上每個學生有十二個空格可以貼上貼紙！妳說我是一個說謊的人。

在下課時，妳要求我留在教室裡，並且從教室圖書館抽取我所讀過的每一本書，然後要我坐在妳的旁邊讓妳測試我是否真的瞭解那些書的內容。其他同學聽到上課鐘聲響起，回到教室時，試著忽略我們師生之間的測試，我沒有辦法看著他們，我感到非常尷尬。

當妳測試我的時候，我可以感受到妳覺得被這個小傢伙蔑視或愚弄，因為憤怒而產生的熱氣。妳沒有說抱歉。妳問我怎麼可能已經讀完那麼多本書，我說，**每一天早晨正式上課之前，我會歸還一本書，然後再借閱一本書回去看。每當我完成習作時，我就會閱讀那本剛借到的書本，然後在坐校車回家總共兩小時的車程時間裡**

完成那整本書的閱讀。妳要我在圖表上以並列的方式張貼貼紙，然後回到我的座位上。

現在我自己是一個老師。我與年輕的學童和他們的家庭一起努力，而且從 1969 年以來，我曾經在都會與鄉下的學校擔任過教職，在教室和在自然環境擔任過教職，甚至在美國境內和境外都擔任過教職。我也大量使用圖表——比較和對比一些資訊，或者以視覺的方式來記錄資料。不過我從來沒有公開使用任何一種方式來記錄個別學生的成就，對我來說那是一種競爭的心態。我好奇的想要知道我為何不會這麼做？如果現在我可以告訴妳一件事情，那應該是，把你的「書的圖表」拿下來吧。

除了安以外，許多參與者當晚也朗讀了他們的信件。他們的信件描述他們與老師之間的相處，有些是痛苦、讓人心煩的，另一些人的信件是正面、令人開心的。每一位老師都是資深老師，對於教學的理論和實務都非常精通，他們多數都在邁向研究者與大學師資培育者的路程上前進。因為這些原因，我根本沒有期望稍早之前我無心插柳所衍生出來的練習可以鼓勵他們思考自己的教學。

針對寫這些信件的舉動所產生的反應強度讓我感到相當驚訝。

我們必須在四到五位同學朗讀完他們的信件之後，中斷我們的課堂，讓其他人在接下來的課堂繼續完成朗讀的工作。有些人哭了。幾乎在每一個個案當中，每一封信看來都敲醒了躲在深處的情緒，一直到那一次討論之前都沒有被拿出來檢視過；從這些信件可以看得到的是伴隨著教學與學習的極度痛苦和愉悅。某種程度來說，安會變成一位老師真的相當奇怪。同時，另一個相當普遍的現象是當一個人感覺自己是隱形般的、被同學疏遠的、被老師遺忘的，或者甚至是一種很微小的方式受到傷害的人也會變成老師。部分原因可能是想要塗抹掉某位老師在沒有特別注意的情況下，殘留在他們身上的疤痕。

老師有許多機會可以塑造學生的生命，遠比他們所能瞭解的還要多出許多機會。誠實面對他們的自傳是他們可以和學生建立更堅實的關係的一種方式。這是安的作為，它也提醒我們每個當老師的人，受傷的經驗可能有正向的結果。同樣真實的就是報紙上的文章不也是促進學生寫信給報紙的總編輯，提出抗議聲浪，就誠如本章一開始所描述的一樣，不是嗎？

後序：編輯給我的回覆

在他們寄出「給總編輯的一封信」大約三個星期之後，朱尼亞的學生收到《波士頓郵報》的總編輯給他們的回覆。信上這麼寫著：

親愛的同學你們好：

你們針對我們在 2 月 2 日的運動版面的抱怨送到我

這邊來了。感謝你們花時間寫這封信，不管你們是否同意我們所做的決定，收到回饋總是很棒的一件事情。

我看了你們的信件，仔細的檢視你們所寫的抱怨，然後再讀一遍。因爲這封信是那麼的誠實，所以我研究報導上的每一個字，從你們提到的那一版面所呈現的內容，我並沒有獲得相同的印象。

那版面的標題是「萬惡的根源」是由 Steve Buckley 所寫的專欄文章，下標處（小一點的標題——金錢讓運動的世界蒙羞）清楚、詳盡的指出他的專欄：大筆的金錢毀壞了職業運動，並且帶領我們邁向某些最糟糕的暴行的氛圍。

Buckley 引用某些可怕的個案當作例子說明近來我們所看得到的新聞，像是瑞・卡魯斯、睿・路易斯和凱文・史蒂芬。

035

我們會使用路易斯的相片是因爲他是最近被宣判有罪的專業運動員。

整體來說，我們想要嘗試去做的就是聚焦在大的圖像——這些日子以來在運動界發生哪些事情呢？我知道，因爲我是那個指派運動專欄的人（你們真的可以看看上個星期同一個專欄有一張相片是說明波士頓冰球隊的球員用他的球棒撞擊對手的那張相片；譯註：冰球隊的球員多數是白種人，編輯的意思是他會輪流使用適當的相片）。

所以，我並沒有在運動版面的標題或是整體的呈現上看到種族的議題，那絕對不是我們的意圖。

那是說，我瞭解你們的論點了。

這是爲什麼：在收到你們的信件之後，我在新聞室裡走來走去，隨意詢問在裡面工作的採訪記者他們快速閱讀那一頁所獲得的印象。

許多人說他們想到它意味著睿・路易斯是萬惡的淵源，有些人說它可能是泛指非洲後裔的美國人；不過當中一位中肯的指出，我們毀謗了所有非洲後裔的美國籍男人。

有一件事情你們是對的。我們真的想要吸引讀者閱讀我們所呈現的相片和故事，我們也真的想要賣出更多的報紙。如果我們沒有做到這一點，報社就會宣告倒閉；不過我們同時也想要成爲負責、公平與精確的一家報社。

你們的信件讓我停下來仔細想想爲何你們會，以及你們如何從這樣的版面，以爲我們設置了種族的圈套，所以你們達成信件最後面那一段所想要溝通的目的了。

讓一份報紙在付印之前，稍微緩下來並重新思考我們的決策一直都是很明智的想法，即使單純只是想要確認我們呈現在報紙的內容就是我們想要表達的內涵也值得。

再度感謝你們的關懷，還肯花時間寫信給我們進行溝通。我真的感謝你們的努力。

真誠的，
安德魯・蓋利
新聞編輯室主管

我詢問朱尼亞當她的學生看到這封回函時有什麼反應，她說他們終於感受到他們可以恢復清白；他們知道使用那樣的標題是

錯誤的，而且他們想要某些負責那份報導的人承認那樣的錯誤。他們對於那樣的回函還算滿意，不過並不會因此而狂歡：他們認為編輯室的主管可以比回函擔負起更多責任。不過至少他們認為他在未來做類似的事情之前會三思而後行，那就夠了。

雖然末了的時候，朱尼亞・葉爾武德的學生學到一堂重要的課堂，一個她每天努力想要教導他們的訊息：民主需要時間和認真的工作，它意味著參與投入、把話講出來、採取一個立場。對他們來說不要採取任何行動輕鬆多了，不過朱尼亞希望學生以一種具體的方式來理解非洲後裔美國人的歷史，要超越人們對於歷史具有的那種刻板印象：年代、姓名和地點。她想要讓他們知道他們正在創造歷史，也是這個歷史的一部分。她想要讓學生知道在面對錯誤的時候，他們不必閒著沒事發呆，因為終究只有透過一般公民的參與投入，才能夠讓改變發生。朱尼亞・葉爾武德的自傳也開創了這份學習會發生的一個空間。

036

學生對於標題的憤怒可能在一、兩天之後會被遺忘掉，不過對於不公不義的感受持續將逗留著，會在許多年之後仍伴隨著他們的生活。在畢業多年之後，當他們回頭檢視葉爾武德的課堂，提到非洲後裔美國人歷史的那些課堂時，他們還會記得他們寫信給報社的編輯，而且編輯也給他們回信了。

第三章

愛心為主的教學觀

037　（本章有安卜瑞茲・麗瑪、茱蒂・貝克、克勞蒂雅・貝爾、朱尼亞・葉爾武德所提供的文章分享）

如果我們想要讓學生可以深層的和學習產生親密關係，那麼一個必要的核心觀念就是我們要以一種尊重和關懷學生的心靈來進行教學。

bell hooks，《為侵犯越界而進行教學：實踐自由的教育》（*Teaching to Transgress: Education as the Practice of Freedom*）

在許多地方，把教學和愛心並列討論是一件不怎麼時髦的事情。畢竟，教學是一個**專業**，就像是醫藥、法律，或是工程一樣，偏偏很少聽到這些專業領域的從業夥伴提到愛心可以當作這些專業的一個主要動機。可以確定的一點，就是「**專業的**」這個形容詞帶給人們的印象，是一個詳細的前置準備工作，與某一學科的深入知識，它也意味著某種程度的距離，好像認為一位專業的人士就需要拋棄一個人的情緒似的。

不過教學是截然不同的一個行業。教學牽涉到的是信任和尊重，以及師生之間親密與特殊的關係；簡單的說，它是一個以愛心為基礎的職業。以我和波士頓地區參與探究小組的老師合作的經驗，以及在過去許多年無數次與老師討論的場合當中，這樣的事實就是那麼簡明易懂，也反覆的在那些場合被這些認真的老師強調它的重要性。例如，在我們第一次的探究小組會議時，朱尼亞・葉爾武德非常清楚的說著：「**它們**就是讓我持續在這行業的原因。」而參與會議的每一個人都明確的瞭解她所指的是什麼項目。

讓我們暫時忘卻愛心在情緒方面的觀點，相對的把關注的重點集中於愛心如何透過老師日常教學活動而變得清晰可見。根據史蒂夫・葛登的觀點，隱藏在教學的每一項工作當中有一個先決條件，那就是「對於學生100%的信賴」以及「對於學生有一種基本的信念」。宋尼・菲力克斯——參與探究小組的另一位老師，提到她的學生對她說過的話「經常在我的腦海不斷的迴盪著」。因此，愛心不僅僅是情緒方面那種多情的種子，也是對於學生的信心、信賴感與讚美的混合體，以及老師能夠賞識學生隨身攜帶的那些優勢。有效率的教學也具備這些相同的品質呢！ 038

都會型學校學生的高效能教師

在有效的教學方面已經有許多相關的文獻可供參考，然而優質的教學到目前為止仍然保持一個神秘的面紗，甚至比以往還要更神秘。會有這樣的現象主要是因為我們在描述一位好老師時，並沒有一套簡單而且單一的文字說明可以解決我們的問題。老師的教學是否成功，某種程度需要依賴他們所處的環境、所教導的學生、自我的特殊人格特質和從事教學的目的，還有一些零星的因素。一位A段班的傑出老師很可能在面對後段班學生時並不適任，或者說一位擅長教導中產階級白種人子女的老師可能在面對非洲裔學生時就處處受拘束，即使這些非洲裔學生也是中產階級的學生。所以在我從事師資培訓的生涯當中，長久以來持續關懷的問題就顯得相當清晰明確：「在都會型學校具有多元文化背景的學生族群情境下，到底怎樣的老師才稱得上是一位有效率的老師呢？換句話說，有色的貧窮學生認為傑出的老師到底有哪些獨

特的特徵？也就是說，針對那些在我們國家最難搞定也獲得最少支援的學校就學的學生，他們在文化和語文方面具備非常多樣化的特質，他們通常也是一群在社經地位比較不利的學生團體，他們認為優秀的老師是怎樣的老師呢？」

這個問題對我而言是一個值得深究的問題，因為在我們都會型的學校裡仍然有太多學生的學習心正在消失，而且整體的環境對他們也越來越不利。探索這樣的議題，就是瞭解這群學生所認為的有效率老師，其最終可能可以協助我們闡釋怎樣的方式，才可以協助學生充分發揮他們的潛能。最後，解開這個謎題可能可以協助我們在師資培育計畫以及在職教師的進修，比較成功的面對都會型學校越來越多元化學生的教學任務。

在嘗試回答這個問題的各項努力當中，也就是想要瞭解怎樣的方式才能夠培育出都會型學校成功老師的各種研究，許多研究者在過去幾年發現那些在語文和文化具有多樣性的學生族群獲得成功教學經驗的老師通常：

- 都是最有經驗的老師中的一位。
- 對於學生身分方面（文化、種族、語文、性別與經驗，以及其他相關因素）抱持很高的價值觀。
- 把學習連結到學生的生活層面。
- 對每一個學生都抱持很高的期望，特別是其他人可能已經放棄的學生。
- 在面對挫折和障礙時，持續對學生抱持一定的承諾。
- 把學生家長和其他社區成員視為教育的共同夥伴。
- 創造一個安全無虞的學習環境。
- 膽敢挑戰學校和學區的官僚體制。

- 面對艱困的處境時具有相當的彈性。
- 運用活潑的學習策略。
- 樂意並且渴望嘗試一些新構想。
- 把自己視為終身學習者。
- 關懷、尊重並且熱愛他們的學生[1]。

從這份清單所衍生的發現，就是老師們參與的專業發展活動（包含大專院校所開設的師資培訓課程、在職教師的工作坊等等）很少把這些技能或品質當作重點來處理。例如，我們到底如何教導師資培育中的準老師對於未來可能面對的每一個學生都抱持很嚴格且相當高的期望？他們又是在哪裡學習如何去挑戰學校的官僚體制呢？我們又如何教導他們該如何創造一個安全無虞的學習環境給學生呢？在他們接受師資培育的整個課程當中，在哪個關鍵點瞭解到老師對於學生身分認同要給一個很高的價值呢？他們又是如何學習具備彈性的能力呢？他們有多少參與活動的機會可以提升自己和學生之間親密和關懷的關係呢？或者是他們和學生家長與其他社區成員之間產生這類型的親密關係呢？

關於教師招募的政策以及讓老師繼續留在同一所學校的政策也和其他的教育政策相互衝突，特別是為了成功的教導多元化背景學生獲得成功的學習經驗所衍生出來為提升老師而需要發展的教學品質的政策彼此衝突。例如，政府不是透過各種不同的誘因鼓勵老師繼續在都會型學校奮鬥，通常最有經驗的老師在**離開**都會型學校，前往富裕的郊區學校時，會獲得金錢上的實質獎勵。存在於都會型學校學生的學習需求，與留住學校最優秀老師的政策之間的鴻溝已經岌岌可危了。這些最優秀的老師正是都會型學校學生最迫切需要的老師呢！

在這一章，我想要更進一步繼續探索存在於有效教學的原因，特別是兩項和愛心有關聯的觀點：**尊重和肯定學生的身分**；以及為學生**展示關懷與尊重**在教學現場是可以完成的目標。

尊重和肯定學生的身分

在我與老師合作的過程中，我發現最關懷學生、對於教學也抱持最大熱忱的老師都有一個相同的理念：他們相信就長遠來看，支持和肯定學生的身分，**同時**鼓勵學生在做好準備也有能力時去參與這個社會的真實運作，不僅可以協助學生適應學校的生活，還可以達到最終的目標，那就是適應學校畢業之後的生活。這是一個具體可現的方式，我們可以看到他們展示他們對於學生的熱愛。當中一個具體的例子就是安卜瑞茲・麗瑪，她以前是一位高中雙語老師，教導來自於西非地區來的學生；她本身也是從同一個地區來的移民子女。身為我們這個探究小組的一個成員，她寫到她的移民經驗，以及這樣的經驗是如何協助她深入理解她的學生：

> 我認為長久以來，在我整個學業和教學生涯中，讓我獲得啓發的項目，就是我和我的社區以及我的世襲財產之間的強烈連結。當我來到這個國家時，這是我生命中瞭解我自己是誰，也能夠擁抱我的文化和種族的事實，即使在面對許多狀況時，還是給了我持續接受教育的力量。
>
> 許多時候，我的學生感受到一種強大的壓力慫恿他

> 們忘了自己是誰，或者別人會告訴他們只要有能力就一定要「變成美國人」。許多情況下他們所接受到的訊息是他們必須拋棄自己原先在種族、血緣或語文方面的身分認同。在他們嘗試要融入這個大熔爐時，許多人迷失了自己。因爲不管他們如何嘗試，他們永遠都不會被視爲「美國人」，所以他們會感到挫折。另外一些學生則因爲他們必須脫去自己身分的每一個面向，所以對於這個訊息感到憤怒，他們抗拒這樣的壓力而和人群疏遠。這些學生通常從學校中輟，觸犯法規，最後進了監牢或被驅逐出境。那些最後擁有雙重文化的人，看來好像有一種強烈的身分認同感來增添他們生命中的平衡感；至少這是我的假說。

安卜瑞茲・麗瑪教導移民子弟的方式，同時也反應文獻上越來越多研究所指出的，我們需要把學生的身分認同和學習連結在一起才會有效。就像是她那麼具有說服力的指出，太多學生認為他們必須「拋棄他們自己」的身分來適應新的環境。在我自己的研究中，我研究許多在高中階段獲得學業成就的學生，他們有各式各樣的背景，我發現雖然這些年輕人想要和他們的同儕有所連結，不過他們有時候會擁抱自己移民或非主流的背景，他們同時也相當堅定的要維持自己與他們的母語和種族／族群文化方面的連結[2]。在回顧移民學生適應和融入美國學校文化的研究時，Alejandro Portes 和 Rubén Rumbaut 也獲得一個類似的結論：他們發現具有移民背景的年輕人如果經歷研究者所指稱的「早熟的同化」（premature assimilation），就會比那些逐漸同化的年輕子弟更有可能在學業上失敗，以及有更多的情緒困擾[3]。

肯定學生的身分對於學習可能產生的影響在過去這十多年是許多教育研究的主題[4]。例如在綜合那些探討身分認同對於美國境內學校移民學生的影響時，Margaret Gibson 指出那些珍惜自己種族淵源的學生比較可能有強烈的連結，也比較可能在學校的學習有正向的影響力。這樣的研究發現相當明確的和社會大眾期望學校扮演的那種大熔爐的核心角色相互矛盾，在一個大熔爐裡，所有的差異都要被塗抹掉，這樣每一個學生在遊戲場才可以公平的玩樂。不過，Gibson 和許多具有同樣研究興趣的研究者發現，事實上在學校發生的事情正好顛倒。她的結論並沒有那麼戲劇化，她指出：「換句話說，對於第二代移民子女最棒的課程似乎就是一邊鼓勵他們四平八穩的保有與自己種族社群的連結，一邊追求一個策略來逐步的、選擇性的接受同化作用[5]。」不過這不僅對移民學生有用，對於其他學生來說這樣的策略似乎也管用。例如，一個一致性的發現指出非洲後裔的美國籍學生在他們的老師理解、欣賞和使用這些學生的文化來規劃他們的學習過程時，比較有能力可以達到高階層的成就[6]。

041

這樣的發現對於老師和學校到底有什麼意義呢？儘管我們瞭解對於許多學生來說，瞭解他們的身分辨識是一個重要的學習主題，特別是對那些在學校課程從來都沒有反應他們生活的學生來說，多數的學校教室裡幾乎都不會提供時間優先討論學生的身分認同。即使在那些老師願意奉獻並且認真設計學習環境讓每一個學生都有均等學習機會的校園裡，忽視種族和學生的血緣在許多老師當中仍是一個普遍的現象。對於歐洲後裔背景的老師來說，這一點顯得特別的真實。忽視社會階層、語文和其他差異同樣在許多老師當中也相當普遍，主要是因為他們與各式各樣的多樣性差異接觸的經驗相當有限。當差異的議題變得太苛求、太具有衝

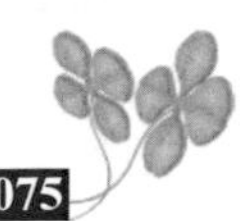

突性，也太具有爭議的討論時，它們仍然會隱藏不見。

欠缺意願討論差異性問題最明顯的是在種族和種族歧視這方面，這個主題一直到最近才從黑盒子裡解脫出來，並且透過研究傳播到許多地方（譯註：從黑盒子解脫出來，作者這句話是說明這主題長久以來被我們所忽視，最近才了解這主題的重要性）。根據 Julie Kailin 的說法，白種人老師對於種族和種族歧視通常在一種她稱為「受損的意識情況」下運作[7]。她在一所「自由主義」的學校所進行的研究發現，多數老師即使親眼看到同事有種族歧視的行為，也會快速的離開現場或忽略它。Kailin 描述白種人老師的對話，就像是在使用一種「自由主義的否定」的語文。很悲慘的，她的研究發現並不是獨一無二的[8]。

不過學生的身分不會單純因為學校拒絕面對這樣的問題而消失。對於自己的身分認同會越來越有強烈的好奇心，想要深入了解；這個年紀的年輕人一直在問他們到底是誰，他們應該屬於哪一類的人，以及他們應該如何適應的問題。當學校的大人拒絕討論這些主題，或者把他們象徵性的包含在課程時，學生感受到如果他們想要成功就必須——讓我套用安卜瑞茲・麗瑪的說法——「迷失自我」。

然而，不僅是有膚色的老師可以為多樣性差異背景的學生塑造深層的連結。例如，有一次當我和許多老師開會時，凱倫迫切且驕傲的想要和我們分享朱安的成就，這是她的學校一位年輕的老師：

042

你知道的，到底是什麼力量讓我持續打拚下去，其實是當我看到一個世代傳承，朱安剛剛從波士頓學院畢業，然後進入一所拉丁裔爲主的學校……這些孩子就是早年的我。你知道，我也是在都會長大成人的，那就是讓我持續打拚下去的原因。其他每一位教職員工都相當瘋狂，不過當你和孩子進行那種一對一的連結時，當一個孩子最後脫口說出：「現在我搞懂了！」的時候，就會讓其他事情看起來正常多了。

儘管凱倫的種族背景與學校的經驗和朱安的經驗相差很遠，不過當她確認「這些孩子就是早年的我」，即使在這些差異的情況下，也證明了老師有能力與年輕人做連結的能力，也可以為他們的成功而慶祝。

關懷和尊重：超越擁抱和其他情感方面的顯露

「關懷」到底意味著什麼呢？特別是和教學與學習有關的關懷到底是什麼呢？近年來的研究重點在關懷的主題，以及它的核心，不過在校園裡通常是一個不被重視的角色[9]。對於那些和主流學生的文化和語文背景不相同的學生來說，當學生感受到他們的老師關心他們時，他們就會覺得自己是群體的一分子，關懷就特別的重要了。沒有一種歸屬感時，學習就會受挫。例如，有證據可以支持當非洲後裔美國籍學生認為他們的老師關心自己時，如果和那些沒有這種感受的學生相比較，前者比較可能在學業方面獲得成就[10]。請不要把這類型的關懷和許多與教學有關的電影所描繪的那種多情的表現搞混了，不，關懷遠比那些影片所呈現的內容具有更多的意涵。

通常被誤解為單純的展示情感（拍拍背部，有時候和年輕的孩童相互擁抱），關懷遠比這些還要多。它不單純是顯露仁慈的一面，或是給「貧窮的學生」一項禮物，而是一種紮實的信心，相信學生有能力可以學習，即使在某些時候所看到的證據正好相反。我在都會型學校最有效能的老師身上都看得到這種表現，他們和整個體制相抗衡，相信他們的學生具有學習的能力。

高度的期許不是單純根據學生在智商測驗所獲得的分數，或是根據過去的學業成就來判斷，而是建立在一個堅定不移的信念，以及認真工作和提供支持的系統，他們相信每一個學生都有能力可以達到很棒的學業成就。茱蒂・貝克，參與探究小組的一個成員，帶進一個問題，是關於她的非洲後裔美國籍學生與拉丁後裔男生低成就的問題。當她試著想要從苦思中瞭解這個問題的原因時，她很快的聲明這些年輕人都相當聰明，也有足夠的能力。她非常有說服力的聲稱：「我**知道**這些男孩有能力可以做得到！」這就是我所提到的那種信賴。當學生感受到他們的老師信賴他們是有能力的學生時，就會開始把成就和學業方面的努力連結在一起思考，而不單純只是認為學業成就是與生俱來的天賦。這種態度的重要性被 Janine Bempechat 在檢視關於那些學校學業有成就的非洲後裔美國籍學生與拉丁後裔學生的研究上所證明，她的研究指出那些把他們的成就歸屬於認真學習和努力用功的人，與那些把成就歸屬於與生俱來的天賦的人相比時，前者比較可能在學校有優秀的表現[11]。也就是說，那些把智慧看做不固定的，是可以改變的年輕人比較有可能去嘗試困難的任務，並且從失敗的經驗中重新振作起來。

茱蒂・貝克的兩難問題

茱蒂・貝克是一位經驗豐富的老師，擁有二十多年的教學經驗，在波士頓地區的公立學校先擔任社會科老師，後來擔任英文老師。她對於社區政治抱持激進主義，可以當作她在教學方面的補充材料。茱蒂原先並不是想要成為一位老師，她原先在哈佛大學攻讀經濟學，不過在逐漸對於經濟學感到不滿足的情況下，導致她考慮教學的可能性。對於都會型學校的學生來說，她是一位傑出的老師，這樣的聲望是促成她完成一篇針對她和學生的博士論文的催化劑。在一次訪談當中，茱蒂開門見山的說：「在我第一天教學的經驗裡，我就著迷於教學了[12]。」

茱蒂同意擔任探究小組裡第一個把「棘手的問題」提出來和我們這些參與探究小組的成員分享、討論。底下就是她呈現「丹尼」這個學生的問題的方式：

> 我的班上有這麼一個學生，在學年度剛開始，我發現他幾乎對任何人都抱持懷恨的心態。我知道他不是一個讓人討厭的學生；他只是一個令人難以忍受的小孩，也經常口出穢言，還有更糟糕的事情，就是他不肯寫作業；在學業方面也不斷的往下滑落，他也經常讓我的課堂活動因此而中斷，這些零零總總看起來是那麼荒唐，不是嗎？我想：「他應該已經十七歲了吧！」你知道那個年齡的小孩會怎樣胡搞瞎搞。
>
> 所以我和他坐下來，並且告訴他：「好吧！你好好

的告訴我，到底發生哪些事情了。」我拿了一張紙，接著我說：「告訴我你的感受吧。」他第一個告訴我的事情是：「我認為我是一個懶惰蟲，我不想要做這些作業。」我就在紙張上面寫著「懶惰」。接著他說：「還有，作業相當無趣，我對它一點興趣都沒有……」。

所以我把他所說的每件事情都寫下來。我說：「如果這不是真實的你（指著她寫下來的那些字眼），那會怎樣呢？如果這不是真實的你，那會怎樣呢？那些事情是從哪裡冒出來的呢？如果這是某些人對你做的某些事情，那會怎樣呢？你出生的時候並不是這樣的，不是嗎？它不是基因遺傳來的，它和你的種族、血緣或國籍都不像吧！不是那個樣子的，不是嗎？」「不！不！不！」他說。「真實的你不是那樣的，不是嗎？」他回答說：「不！」我接著說：「好吧！告訴我，你想要在生命當中成就哪些事業？」你知道的，他真的想要成為一個聰明的人，他想要變得富有，他想要變成這樣和那樣……你可以想像的那些正常的事情。

所以我畫了這條線（區分開學生怎麼描述他自己，以及他想要在生命當中獲得的成就之間畫一條線），接著我說：「好的，很明顯的，如果有人想說在教育與那一邊的這些事情有關聯的話，那麼在這裡就是這道牆。現在讓我們來想想這道牆到底是怎麼出現在那裡的。」

我非常、非常擔憂這些男孩。他是我學生裡的一個男孩，他決定實際上這些態度才是真實的障礙，才會形成那道牆。這些都真實的傷害他。他決定那些態度並不存在於他的個性裡，也或許他所經驗到的懶惰或他和作

業之間所經驗到的無聊是有其他原因的，也或許他可以針對那些事情想出一些法子來。或許我們可以一同想出方法來幫他脫困，或許我們可以在學校想出對策來幫助他脫困。

這並不是一齣戲或任何其他事情，（不過）在學期末了時，他在我課堂上得到一個 B 的成績。在那之前，他是一個成績不及格的學生，不過突然間，在兩個星期之後，他帶著這本筆記本回到教室來，上面寫滿了上課抄寫的筆記，上面只有作業、作業，最後還是作業。接著我們和這個學生的每一位老師開會討論，他的老師很擔憂的就是他們原本差點就要把他踢出校園呢！

當她說完這個故事時，茱蒂回到他針對這個年輕人所做的描述的主要問題，也就是那些年輕的非洲後裔美國籍男生很聰明，但就是不肯受到學校的拘束。她也帶了許多學生的作業作品來繼續討論這個問題，接著她說：

我想要展示一些我蒐集的東西給你們看，我已經把學生的姓名拿掉了，這些就是這個班級每一個學生的成績單。讓我們花幾分鐘時間來看看學生的成績單，並且看看是否有哪些差異。我也帶來一些小論文以及一些學生的筆記。

我希望我們只要花五分鐘的時間就好了，然後看看男生的作業，也看看女孩子的作業——有些時候你就是無法看出男孩與女孩在作業上的差別，那是好的，看看你是否可以幫我注意到男孩與女孩的差異……我知道並

045

不是每一個女孩都獲得 A，我也知道要拿到 A 並不容易，不過請你們注意看看是否能夠看出兩者的差異。好啦，這裡還有一堆測驗卷，你們也可以看看那些測驗卷。拿取幾份成績單、一些小論文，或許還可以拿一本筆記本來看看。這些多數是男孩子的筆記本，有些是女生的筆記本，不過多數是男孩子的筆記，這幾乎就是一整個學期的每一項作業了。我看到的幾乎就是女生都拿 A，男生都拿 D，一次接著一次都一樣。我們沒有必要浪費太多時間在上面，只是讓你們看看一些學生的作業，也聽聽孩子們他們怎麼說。我很確定你也一定聽得到你自己孩子的聲音，並沒有那麼大的差別，不過請看看這些訊息，然後再想想我到底可以想出哪些策略來。

在我們看完學生的作品之後，茱蒂接著說：「過去幾個晚上新聞的每一個報導幾乎有點像是說：『美國的男學生到底哪裡出差錯了呢？』他們談論自殺率，以及很少有男學生可以進入大學院校求學⋯⋯」

莎蒂注意到類似的事情在前一年也發生在她和一些年輕的非洲後裔美國籍男學生之間。她決定針對這個相同的問題做些研究，她說，因為「我相當好奇，到底我做錯了什麼事情？在教室裡面到底發生了什麼邪門的事情？」她學生的成績也相當差，所以她「花費一些時間問他們一些妳提問的問題」。她接著繼續說：

在接下來的那個學期，我發現他們的成績是有些變化（我知道每個人都這麼說；我們長久以來都在閱讀這樣的資料，妳或許知道的比我做的還要多），因爲我做

了一些個人的連結，或許就是妳和他的對話造成這樣的改變。

茱蒂指出，「個人連結」的議題對她來說，無法完全說明在年輕人身上所看得到的改變，她在找尋的並不是真的想要我們提供她建議或解釋，而是希望我們協助她「注意到更多的細節」。這次的對話持續進行了好長一段時間，有些人提供不同的建議或提出更多的問題。朱尼亞提供底下的想法：

我好奇想要瞭解的是，他們當中的某些人或許真的可以做得更棒，他們只是害羞不想表現得太好，他們會因爲表現得太好而必須和自己的同儕疏遠，而去和另一票人歸類在一起，那樣會讓他們覺得不值得。你知道的，會喪失了自己的身分認同。當你的身分是一位學生時，那麼不管你是誰，你就是會喪失自己的身分認同，我猜想那是許多孩子所面臨的困擾。

046

那天在我們散會之前，有人問茱蒂她是如何知道這些男孩實際上比他們外表看起來還要有能力，她的回答是：

從課堂的討論。那就是了，拿到 F 成績的同一個孩子，在寫作課寫不出一丁點東西的孩子，卻可以解決班上所面臨最難處理和最不可思議的問題。所以我知道，我絕對知道在邏輯推理和理解上，這些孩子真的比那些年輕的女孩要有能力多了，那些女孩可以寫五十頁的筆記，不過筆記裡的每一頁都是最單純的記錄上課我寫在黑板上的內容……在女孩的筆記裡面看不到推理之類的東西，只有認真抄寫筆記。對女孩來說這是有代價的，她一定會遭遇到一些問題需要使用比較複雜的理解力，而我也相信因爲這些女孩的認真，一定可以完成那些複雜理解的問題。不過我知道男孩子們可以做得到，有些時候因爲我看到他們會做一些事情，所以我可以看得到他們的能力。

我確定這些男孩絕對可以超越他們現在的程度，這是一定的。我真的這麼想，有時候會看得到這樣的表現，我也嘗試找尋出某種方式來協助，因爲我知道如果他們沒有經常這樣做，他們的表現就不會越來越好。他們在技能方面就會停滯不動。

在幾個月之後的一次會議當中，茱蒂回到丹尼的問題，她這麼描述丹尼已經開始深刻的覺醒到他的行為和態度可能帶來的後果：

實際上，他還有另外一套想法有點隱藏看不到。他真的希望自己像每個在附近走動的人一樣的聰明，他也希望自己能夠閱讀和寫作，也可以做些事情，那才是他真正想要發生的事情。好吧，他確實沒有這麼告訴我。我是說，在小組裡面，妳知道，他（告訴我）說：「妳認爲我被洗腦了是嗎？」我說：「真的嗎？誰會對你做洗腦的動作呢？」他說：「嗯，我猜想他們想要讓黑人認爲他們就是一群笨蛋，是嗎？」我是說，這不是我會說的一些事情。我接著說：「丹尼，你從哪裡找來這個

想法的？我不相信你走進這裡，閱讀某些文章，然後決定說這樣的行爲是不得要領的。」

我還沒有把他轉型成爲一個全部拿A成績的學生或其他之類的學生，不過他從那天開始就不再有任何不合作的表現了，從來都沒有再發生過一次。

我希望我可以告訴你這樣的對話，帶領茱蒂發現「正確的」方式，讓她可以不必擔心的用這些方式和年輕的男孩相處。不過我發現沒有這種正確的方式。

我把這段相當冗長的對話摘要涵蓋在這裡，是希望讓你瞭解老師的討論並不是一直都很容易的。他們很少有可能可以產生一種快速解決持續發生的問題，而且他們通常延伸出更多的問題，遠比他們能夠回覆的問題還要多出許多。不過他們給我們匆匆一瞥，看到老師對於他們所喜愛的學生的想法，以及他們展示這類型的對話不僅可以促進創意構想，也可以和同儕擁有更親密的連結。

047

教育改革與關懷

然而，如果真的要產生有意義的改革，它不能夠停留在個別老師的階層而已，它同時也需要發生在整個學校和學校學區。那是說，改變需要透過它的政策、實務和架構，明顯的影響學校的氛圍。例如從1980年代後期開啟的改革，標榜著「關懷」是改變的一個重要元素，可以帶領我們邁向學校必須培育的那種關係[13]。

學校改革與關懷之間的連結有時候相當顯著，惹人注目。在

一次討論導因於四所都會型高中的改革努力所帶來的變化時，Nancie Zane 發現紀律的問題——一個在那之前是老師對話當中重要的議題——退到背景去了。學校架構上的改變包含讓老師和學生參與更多民主的決策機制，以及更重視關係的重要性。因為這些改變，老師對學生發展出更高的期許，而且當學生開始感受到他們實際上更能夠勝任學校課業時，也有所改善。實際上，因為學校環境的本質已經改變，所以發生學習的情境也跟著改變了。就像是一個學生所描述的：「在這所學校當個笨蛋不是一件酷的行為[14]。」這是當關懷發揮到最佳情況時的情形。

相反的，當學校氛圍在不小心的情況下給予學生否定和負面的訊息時，即使當老師用盡最大的努力，嘗試展示他們對於學生的關懷也可能會回天乏術。在一份研究拉丁後裔移民子弟與他們的老師之間的研究上，Susan Katz 發現拉丁後裔學生指出，他們的老師對於他們的歧視和偏見是他們與學校生活脫節的主要原因；同時，另一方面，老師則認為他們對學生已經做到最佳的教學了。Katz 的研究探討老師的態度和實務，雖然被學生視為種族歧視，不過可能卻是學校結構的一個結果（像是能力分班和高頻率的老師輪汰），這樣的結構排除了關懷的關係[15]。

然而，雖然這兩項調查研究都注意到學校和學校學區的努力，可以帶領我們邁向更重視關懷的表現，不過老師和學生無法長久等候全校性想要致力於必要改革上的努力。有時候，老師可以刺激學校這個體制。克勞蒂雅・貝爾——另一位參與探究小組的老師——埋頭致力於一些研究，提供我們一個令人注意的範例，說明老師的態度和實務對於學生的學習可能有什麼影響。克勞蒂雅在探究小組的研究問題是根據她注意到學生群體當中所衍生出來的一個問題。在當中的一部分她這麼寫著：

048

我那不斷出現的兩難困境

克勞蒂雅・貝爾

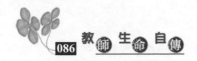

我個人有一個反覆不斷出現的兩難困境，那就是如何激勵和鼓勵沒有學習動機、氣餒的學生，才可以終止他們在學業上持續失敗的惡性循環，並且發展出比較好的策略和一種樂觀的意識，來帶領他們邁向學業方面的成就。我就使用我所教導的健康教育課堂上那群西班牙裔的學生做範例來說明這個兩難困境，他們總共有十七人（三位男生，十四位女生）。他們當中有四分之三的人有不及格的紀錄，目前在他們選修的課程方面，如果不是多數學科不及格，就是每一科都不及格，當然包含我的課程。我想要邀請探究小組的夥伴和我一起探究一些可能的因素，可以用來影響和改變他們那種欠缺動機的情況與悲觀的態度。

在進一步調查研究之後，克勞蒂雅發現她的學生多數在每一科學科都不及格，包含她的課堂。在她二十五年的教學經驗裡，這是從來都不曾發生過的事情。她決定和她的學生聊聊，希望瞭

解他們在學校和在家裡到底發生哪樣的情形，才會導致這種情況。在朱尼亞・葉爾武德與凱倫——兩位在同一所學校服務的探究小組成員——的協助下，她發展一份問卷，並且訪問了十四個學生。她也給學生保留他們個別撰寫的日誌，有些學生和她分享他們的日誌，對於那些日誌，她給了「令人驚奇」的評價。

克勞蒂雅在閱讀學生回覆她的問題所給的答覆時，感到相當震驚。例如，雖然她認為他們多數都相當能幹，也有能力完成學業要求，不過他們多數在描述自己時，認為他們都只是在「平均水準」而已。她說，最讓她感到悲傷的事情是他們多數都無法想到自己擁有**任何**優點。不過根據克勞蒂雅的說法，最有趣的是訪問學生的那個過程帶領她更親近這些學生。她若有所思的說：

> 我一直認爲我和他們之間有一個非常親密的關係。不過透過這個訪問的過程，某種程度上，他們以一種我原先沒有期望的方式對我開放心胸……我必須聆聽一些悲傷、讓我心神不寧的事情。最後我不得不把我家裡的電話號碼給他們，因爲在那樣的訪問過程裡，真的沒有足夠的時間可以處理這些議題的每一個項目！我是說，你就是無法告訴他們不可以把這些事情都像垃圾一樣的傾吐出來；那根本就沒有用……我是說，在那過程有許多沉重的事情發生著。

沒有誰會比克勞蒂雅更訝異的發現接下來發生的事情。在訪問他們的過程，當他們打電話到她家找她聊天、閱讀他們和她分享的日誌時，就在幾個星期裡，她注意到這群學生能夠更加有耐性的完成他們的家庭作業，而且他們在學校的表現一般來說也有

049

所改善。克勞蒂雅不把這樣的努力看成是治療低成就的一個奇蹟。實際上，剛開始這樣的努力困擾著她，讓她誤以為他們會這麼做是想要取悅她，而不是為他們自己而努力的。不過當作這項初步探索的一項結果，她介紹這些學生當中的許多人給學校的輔導室以及社區裡的資源人士，讓這些學生可以接受這些專業人士提供給他們的協助，讓他們可以因此而獲益良多。

從克勞蒂雅的個案所學到影響深遠的教訓就是當她和學生之間的關係改變時，她學生的行為也因此而有戲劇化的變化。她一直都以為他們之間的關係非常的親密，不過只有當她問他們一些生活上的問題，只有當他們開始有一種以他們原來的面貌被接受的時候……即使他們還是要面對他們告訴她的許多困境，也只有當他們在教室裡變成稱職的人們時，他們才有能力把自己定位成學生的身分。克勞蒂雅與學生所進行的研究其實就是這項變化的催化劑，這一點說明了老師研究的威力，可以同時改變個別學生的行為和整體學校的氛圍[16]。

在教學隱喻和關懷上面

在《「我不想要從你身上學習」以及一些創意失調想法》（*"I Won't Learn from You" and Other Thoughts on Creative Maladjustment*），Herb Kohl 要他的讀者反思他們對於教學的印象：

> 老師有一項特別重要的責任，就是要努力維持希望，並且要抗拒放棄學生的念頭。這麼做的一個方式就是回想起當初我們爲何要走入教育場所。當老師回想起原先

他們所感受到的啟發和靈感，以及他們想要用他們一輩子的時間和年輕學子耗在一起時，腦海裡會浮現出哪樣的印象和隱喻[17]？

基於這項引述，我在一次會議裡對探究小組的成員提出底下的問題：你是如何維繫希望，並且抗拒放棄年輕學生的念頭？你是否可以回覆他所提出來的問題，讓我們知道你當初的印象和隱喻呢？幾乎在我們這一整年會議的最後階段，在我要求探究小組的成員書寫一篇名為「寫給新老師的一封信」的報告之前，這個問題還都沒有成員給我任何形式的答覆；最後則是由朱尼亞・葉爾武德做了回覆。她對於教學的隱喻是園藝的照顧，而這樣的隱喻也為我們在前面幾頁的文章提到，我們長久以來一直在反思的關懷這一項提供貼切的類比。 050

當作園藝照顧的教學隱喻

朱尼亞・葉爾武德

親愛的新老師你好：

我是一個熱情的園丁。在春季和夏季，我在我的花園裡走來走去，照顧並且享受我的牡丹、玫瑰和黃水仙花。從9月到6月，我在我的教室和學校的走廊漫步，就是要確認帝芬尼、荷西和瑞西成長、成熟並且開花結果，完全發揮他們的潛能成為學生和公民。我是一個一年四季都忙碌工作的園丁。

我多年來辛勤耕耘花朵和心智的一項重要發現，就是當他們看到靠近他們的一雙手是那麼具有信心、期許和熱愛時，就會有最佳的回應。如果沒有這三項要素，我的種子會枯萎；我的花朵會凋謝；我的學生會焦慮；而我，這個園丁就會變成一個失敗的園丁。

當我把種子栽種到土裡時，我毫無疑問的相信它們會成長。我沒有任何證據可以證明這些個別的種子會成長，不過我堅定的相信它們就是會成長。如果沒有那麼強力的信念，我的努力頂多只會相當脆弱。因為它們是種子，所以我知道它們會成長，只要在正確的情況下……土壤、水分、陽光的照顧下……種子就是會長大。我的學生也會長大的。我相信每個學生都有能力可以成長、學習，只要是在正確的情況下。我知道他們會提升自己到我的期許，就像是我的鐵線蓮的藤蔓會圍繞著我為他們搭建的棚架，盡情的抽芽、攀爬似的；或者就像是 Mike Rose 在他的書《邊緣生活》（*Lives on the Boundary*）中簡潔有力的聲明：「學生會漂浮到你為他們所設定的門檻[18]。」

我對於學生的信心是因為我對於自己身為一個人和教師的信心延伸來的。維持我對於自我的感受，以及對於我自己技能的信念是一項持續進行且永遠不會停止的過程。我還在努力維持當中。

我照顧園藝是因為我熱愛植物和花朵。我喜歡看到它們成長，並且蔓延開來，以鮮明的綠色和色彩光鮮的彩虹顏色來填補我的花圃裡那些土黃色的區塊。我對於

植物的熱愛可以用多樣性和活潑的方式來表達如下：

- 我愛它們，愛到願意為它們澆水和施肥。
- 我愛它們，愛到願意幫它們修剪和布置。
- 我愛它們，愛到願意分株疏散和移植。
- 我愛它們，愛到不會去打攪它們，並且耐心等待。
- 我愛它們，愛到不要過度澆水或者過度施肥。

我在我的班級使用我在花園一樣的愛心和關懷來照顧學生，我使用許多不同的方式對我的學生說「我愛你們」：

- 我愛它們，愛到我會稱讚和鼓勵他們。
- 我愛它們，愛到我會斥責和教養他們。
- 我愛它們，愛到我會允許時間讓他們成長和發展。
- 我愛它們，愛到我會充滿智力的活下去。
- 我愛它們，愛到我會給予他們我要求他們對我一樣的尊重。
- 我愛它們，愛到我沒有偏見、歧視和公平的態度。
- 我愛它們，愛到我會對他們抱持最高的期望。
- 我愛它們，愛到我會要求他們最佳的表現。

我不是一個完美無缺的園丁。不管我的信念、期望和愛心有多高，我所栽種的植物有許多不會成長茁壯；我照顧園藝的方式、我欠缺的技能，以及我所創造的環境是一些可能的因素，讓我所照顧的人不做回應。然而，我還是持續耕耘。我知道我的局限，不過我的信念還是那麼堅決。我期許在某一點，另一位園丁會成功的讓瑞西、帝芬尼或荷西甦醒過來，就像我的一位同事不斷的把一些幾乎已經完全枯萎的吊蘭和波士頓羊齒植物送到我的教室，我卻有能力讓它們恢復生機，讓它們生機盎然的活下去一樣。

當我痛失一棵植物時我會哀痛，因為那是一項損失所以我哀傷——浪費了一項潛力，浪費了一個美好的事物，浪費了一個生命。不過我的悲痛還是會讓我回到一個真實的感受來。真正發生的事情是某些植物來到我的花園時已經破損了，被以前的園丁強力傷害到我已經無法修復的程度，我只能夠盡量不去模仿這些園丁的所作所為。

親愛的新老師，歡迎加入我的園藝工作。你準備好了嗎？

朱尼亞・葉爾武德

對於學生的「一項基本信念」

史帝夫一度指出的「對於學生的生活和心智的一個基本信念」到底意味著什麼呢？在他定義一位「具有熱忱的老師」時，Robert Fried針對這個問題提供一個答覆：「要當一位具有熱忱的老師，」Fried這麼寫著：「就是要當一個與知識領域相愛的人，深深的受到那些挑戰我們世界的議題和想法攪亂生活步調的人，被那些走進我們教室的年輕學子同時帶入教室的兩難困境和潛能所吸引的人——或是對這裡的每一項都著迷的人[19]。」

就像我們所看到的，像是朱尼亞・葉爾武德、茱蒂・貝克、克勞蒂雅・貝爾，與安卜瑞茲・麗瑪，還有其他在都會型學校任教的老師，他們對於教學抱持的熱忱就像是Fried所表達的一樣。他們可能在困難的環境下，與一些幾乎從來不曾體驗過學業成就的年輕學子一起工作，他們就像許多其他傑出的老師一樣持續擔任教職。有些時候會因為欠缺的資源、過度擁擠的教室、欠缺支持的體系，以及他們幾乎沒有權力過問的其他情況而感到心碎，不過這些老師仍然持續奉獻自己的生命到他們的專業上，特別是他們的學生身上。

052

有許多不同的原因讓有才幹的老師會持續擔任教職：他們自己的生命經驗、他們對於教育深切的信念、他們在政治方面抱持行動主意，以及其他動機，那是我們即將在接下來的章節更完整探討的主題。不過他們對於學生抱持的「基本信念」是所有動機當中最主要的一項。這代表著說，不管傳統的印象和訊息可能和我們的信念相衝突，不過我們對於年輕學子要抱持一種信念，相信

他們有能力，也有智慧可以學習，可以發揮到極限。確認學生的身分和生活，並且與學生形成彼此關懷的關係，就是這個深層信念所表現出來的證據。全國各地的卓越老師每一天都以英勇且安靜的方式處理這些困難的情形。他們拒絕對於負面的期望讓步，那是其他人對於都會型學校或在裡面求學的學生可能抱持的觀點。

第四章

希望與可能性的教學

053　（本章部分段落由宋尼・菲力克斯與史帝夫・葛登提供）

當希望超越了預期範圍時，就會產生教育。教學其實就是一個改變的歷程。

Andy Hargreaves 和 Michael Fullan，
《有哪些事情值得我們為他們奮戰呢？》
（*What's Worth Fighting for Out There?*）

在《自由的辯證》（*The Dialectic of Freedom*）一書中，Maxine Greene這麼寫著：「我主要的興趣在於人們的自由，想要超越既定的現況，想要看看是否有辦法讓一些事情有不同的面貌[1]。」這樣的資格，實際上，就是想看看事情是否「有其他的可能性」的**必要**，也是我看過對於希望所下的定義當中最棒的一次。希望說明了為何許多老師儘管面對艱辛的教學工作，以及卑微的社會地位和工作環境，還持續擔任教職的原因。

希望是教學非常重要的本質。以我與許多老師多年來的合作經驗，我發現希望或許是所有好老師所共享的一個品質吧！不管他們是在幼稚園或在大學教書，不管他們教導的是數學或藝術，好老師所給予的承諾都有一個不變的信念。對於參與探究小組的老師來說，這樣的推論也是真確的。不管是憤怒、焦急（我們將在下一章討論這些內涵）或挫折的程度和他們所經歷過的精疲力竭，他們多數還持續在教育界打拚，就因為他們對於教育還抱持著希望，有許多老師已經在教育界認真工作二十多年。

在這一章，我將探索希望在老師的工作當中是怎樣表達出來的：對於公立學校的教育和他們的學生抱持樂觀態度；信任他們

自己具有當老師的能力；對於信賴的同事和新來的老師具備信心。此外，我也檢視了這些希望是如何不斷的被考驗著。這一章的內容大多數是根據我在一所英文高中與一群老師的對話所寫出來的，那就是朱尼亞和凱倫服務的學校。同時這一章的內容也包含了探究小組兩位成員的部分文章，那就是宋尼・菲力克斯與史帝夫・葛登的文章。

公立學校教育的承諾

054

大多數的我們在美國境內都是接受公立學校的教育長大成人的，不管我們在求學期間的經驗是不是完全的正向，對於公立學校仍然保有一個崇高的目標，那就是一個公民的目標，超越了個人的進展，公立學校的主要目的是要提升社會大眾的福利。這是大家對於公立學校教育的共識和願景，同時也說明了長久以來我們對於公立學校教育所抱持的信賴與信仰。

不過我們的公立學校教育對於所有的公民是否都曾提供這種令人尊重的角色倒是值得質疑。儘管杜威非常嚴肅的聲明：「進步主義所提倡的教育目標，就是要參與修正不公平的特權現象與不公平的剝削現象，而不是要讓這些現象永垂不朽。」不過遺憾的是，學校的運作通常就是要為那些特權人士提供服務的[2]。在一本挑釁的書籍、一本分析美國境內公立學校教育發展史的書籍當中，Michael Katz 說明打從公立學校開設以來，它們就是「普遍的、透過稅金支持的、自由的、強制的、官僚體制的、具備社會階層的歧視、也具有種族主意的[3]」。根據 Katz 的論點，這些看來非常矛盾、衝突的特色是彼此有關聯的，更是從公立學校的歷

史意圖所衍生出來的：訓練社會不同區塊的民眾，來呼應某些特定的生命角色。雖然我們不接受Katz這篇論文所提出來的決定論觀點，不過毫無疑問的，對於美國境內某些社會的區塊民眾來說，公立學校教育的成果就是那樣的不公不義[4]。

老師們不可以忽略這個惱人的歷史發展。實際上，具備批判能力、考慮周到的老師有時候要有能力在看起來互相對立的情況下調和當下的矛盾：他們對於公立學校有一個堅定不移的信念，那就是他們需要在公立學校可以帶領出更多選擇的機會，以及一個健康的懷疑論者認為只要學生接受教育的挑戰，就會獲得一個比較好的生活條件這矛盾衝突，又過度簡化的兩者信念之間做某種程度的結合。那些把這樣的平衡過度推向一邊的人對於現況的認識，可能就會變成毫無分辨能力的辯護者；至於那些在另一邊過度犯錯的人，可能變成剛愎自用的評論者，而無法往前邁進。想要在希望與絕望之間找尋正確的平衡點，還真的需要某些天分本能。

有一天當我去朱尼亞・葉爾武德的學校拜訪她時，她找來一小群她最信賴的同事，並且要求他們和我分享一些他們認為「發燒的問題」：**到底是什麼力量讓我們還想要繼續擔任老師呢**？我花費了幾個小時和這群多樣化卻又振奮人心的老師討論著；他們分別是達力・歐雷迪斯——一位非洲後裔美國籍老師，在波士頓地區擔任語文識讀能力專家許多年；派翠克・屠德威樂——也是一位非洲後裔美國人，曾經是朱尼亞以前的實習老師，也是哈佛大學的碩士班學生；朱安・費格羅拉——一位年輕的波多黎各數學老師，曾經在波士頓的公立學校求學過，目前也已經在波士頓地區教學一段時間了；安妮塔・蓓瑞爾——一位白人老師，擁有多年的教學經驗，也是學校校刊的指導老師；馬蹄・謝爾德——

一位非洲後裔美國人，是一位資深的自然科老師，學生都和她保持亦師亦友的關係；當然還有凱倫，她是參與我們這個探究小組的一位老師。

從這次的談話過程中，我發現讓這群老師持續在這個行業打拚的一個重要的信念支柱，那就是公立學校的教育。另一個相關的信念，就是認為老師可以改變學生的生活。這些老師深層的使命有些相當抽象（例如公立學校教育的想法），有些相當具體（他們所教導的年輕人的真實生活）[5]。在我們談話一開始沒多久，達力這麼說著：

> 我回到我的高中，在那裡有一位老師救了我一命，在沒有任何交換條件下給了我一本書。他就這樣說著：「好好讀這本書」，這本書的書名叫作《允諾的天堂》（*The Promised Land*），就是這本書開啓了我閱讀這條路。一旦我開始閱讀，我看事情的方式也就不一樣了。我開始看地圖、看街角、看看公園，還有城市、各州和這個世界。我就這麼單純的開始閱讀身邊的東西，然後我的視野就比以往的任何時刻來得更寬廣。當時我才十七歲，我是一個不懂得讀寫能力的十七歲青少年，我的意思是說，雖然我可以拼音、可以看數學題目和類似的東西，不過就是不會閱讀。我對於我所閱讀的書籍根本就不瞭解。
>
> 我是從公立學校畢業的，我在公立學校長大，我的阿姨和叔叔都是學校的老師和校長，還有大學的教授，我的家庭都信賴公立學校，特別是1960年代的家庭。我的家庭來自於南方，我們搬遷到北方來，我們搬遷到北

方來的目的之一就是想要在公立學校求學。公立學校可以是不錯的學校，那是讓我變成現在的我的開端。那是讓我持續往前邁進的原因，也就是我們相信公立學校可以是不賴的學校的信念。城市也可以是不錯的地方。美國也可以是個不賴的地方。

朱安・費格羅拉呼應了這樣的觀點，不過稍微做了些改變。對他來說，看著學生畢業，並且功成名就是最能夠激勵他的因素。雖然他擔任教職只有短短幾年的時間，他已經有這樣的經驗了：

「讓我持續擔任教職」的原因是看到這裡的學生一年一年的畢業，進入大學求學，並且和他們經常保持聯繫，也讓你知道他們正在做些什麼事，要往哪裡前進……我很幸運可以擔任老師，這幾年來都是擔任高三學生的課程。這是他們真的要變成高三學生，進入大學的一年。知道他們今年即將畢業，而且他們當中有兩個人想要成爲老師，那真的是一件令人匪夷所思的事情！讓我覺得不可思議的事情是，他們即將邁入一個我喜愛的行業，他們也將和我一起並肩合作。

在我們談話即將結束時，朱尼亞・葉爾武德說道：「我從我的孩子身上獲得許多能量，我是說真的。我想我們都從我們的孩子身上學到很多事情。」

有些老師因為他們的學校經驗給他們一個從貧窮和絕望的生活跳脫出來的機會，所以對於公立學校的教育抱持一個永恆的信念。宋尼・菲力克斯，參與探究小組的一位成員，在六歲的時候，

從海地來到美國。現在她二十六歲，是探究小組成員當中最年輕的一位。為了回應我邀請她書寫教師的自傳部分，她不僅寫了她的個人故事，對於教育在改變學生方面，也寫出感人肺腑的文章。這樣的文章真的是Herb Kohl所指稱的「希望販賣機」（hopemongering）[6]。

教育是讓我跳脫貧困的一條路

宋尼．菲力克斯

我在1974年7月18日出生在海地這個美麗的海島上。在1980年代早期，我們家搬來波士頓地區，然後就在這裡定居下來。當我剛來到美國的時候，我感覺像是來到一個完全陌生的星球一樣，我身邊的每一件事情都是那樣的陌生和龐大，這裡的人們讓我想起一些動物，他們說著好笑的話，還有和機器人一樣的走路方式，還有那些高樓大廈，簡直就像是一群軍人站立在街角一樣。

那是我生平第一次遠離我的母親和我的家庭，我有一種孤伶伶的感覺，也相當的困惑。那時的我太年輕了，所以還無法瞭解為何我的父母忍心把我送到這麼遙遠的地方來。我經常在想是不是我做錯了什麼事情，才會得到這樣的報應，或者他們根本就不再愛我了。我所知道的是我非常想念我的家人，而且我也沒有朋友。

當我終於瞭解我的父母親為何把我送來這裡，已經是好多年以後的事了，他們想要給我一個遠比他們在海地還要好的生活，而唯一能夠讓我獲得那種生活的方式就是透過一個好的教育環境。雖然我不見得同意我的父母決定把我送到美國的決心，不過當我反思自己目前在美國的生活時，我真的可以大聲的說他們給了我一項珍貴的禮物，我將會永遠珍惜這項禮物。他們給了我一個機會獲得一個好的教育環境。這麼多年來，我還持續在學校裡認真求學，最後我終於瞭解到一個好的教育環境真的可以改變一個人的生活。

剛開始真的不是那麼容易，一開始就是語文的議題。為了要讓我在學校好好的學習，我必須學著講英文，這樣才能夠和我的好朋友溝通。一旦我熟練了英文，接下來就是身分認同的問題了：我是否應該放棄我的文化，適應美國境內的生活形態呢？或者我應該要為自己的世襲傳統感到驕傲，而和我的好朋友疏離，最後變成一個被朋友拋棄的人呢？我努力嘗試遮掩自己真實的感受，並且把發生在我內心的掙扎做了某些程度的修正後表現在教室裡，也因此獲得一些負面的關注。不過很幸運的一點，就是我的許多老師能夠看透我這些裝模作樣的行為，而指引我走向正確的道路。藉著老師給我的指引，我能夠試著解決許多衝突的議題，還能夠在學校有傑出的表現。他們教導我一些重要的課程，讓我永遠記在心頭。他們教導我不必刻意去迎合別人的意見，同時也教導我教育是我脫離貧困的方法。

在我的生命中，教育就像是一個不斷循環的事件。

057

每次當我想盡辦法掙脫教育的範圍時，我就越來越深陷到教育裡面。當我一路唸到大學時，我開始和自己的學習產生戀情。當我讀得越多，我就變得越來越自由；就像是一個解脫的感覺席捲我全身，指引著我朝向無窮盡的可能性大步往前邁進。透過閱讀，我可以解放我的心思和心靈。那些書籍的作者就像我一樣，想要在美國這個國家嘗試做些改變。他們把他們奮鬥的歷程寫了下來，也說明教育是如何協助他們克服那些阻擋在他們面前的障礙。我閱讀了一些關於奴隸的書籍，我瞭解到奴隸沒有接受教育的權力，他們渴望有接受教育的機會，不過有些奴隸冒著生命的危險才獲得教育的機會。接著我回想到還在家鄉的父母親，以及他們是如何看到學習的重要性，我也越來越清楚的瞭解到自己到這裡的目的。從那當下開始，我知道在我的有生之年我想要做什麼了：我想要教書。

教學對我來說，牽涉到的遠超過傳遞訊息給學生，然後給學生測驗而已，它還涉及熱忱、承諾、奉獻犧牲和耐心。為了要教學，老師必須對他們的學生有信心，並且願意相信他們。它不是那種早上七點你到學校打卡，然後在下午兩點離開的另一項工作。想要成為一位老師絕對不是容易的事情，不過我相信一個人對於教與學必須要有熱忱才能夠教導我們的孩子。

在這個體系發生的所有混亂和困惑，有時候讓我覺得我的學生和我都處於一個令人沉悶的黑洞裡，剩下一盞小燈在指引著我們。身為一個老師，我的工作就是給我的學生那盞指引他們往前走的明燈，雖然這盞燈或許相當黯淡，不過他們知道美好的未來在另一邊等候著他們。如果他們現在就宣布放棄將會是很荒唐的事情。我知道我的學生現在比以往的任何時刻都需要我，我也需要他們。他們所需要的只是一個公平的機會，還有一些人願意像我以前的老師相信我一樣的信任他們。感謝我的老師們當年改造我的最佳方式，就是持續他們開啟的工作，讓那項工作可以一直持續維持下去。他們教導我對於學習的熱愛，反過來，我也計畫和我的學生分享這種對於學習的熱愛。

058 

相信他們自己有能力可以擔任教職

傑出的老師對於他們自己的能力有極大的信心，不過他們也因為想要嘗試找尋正確的方式，或是課程單元或書籍來和那些當下看來非常頑固的學生進行教學而失眠多時。在我的訪談當中，達力・歐爾迪斯說明他身為一個老師是如何想要「修理某些事情的」：

我總是在找尋一些方式要把某些事情修理好。我的意思是說，我會心灰意懶的回到家裡，然後自言自語的說著：「好吧，我需要做這項嘗試；我需要做那樣嘗試……」我需要繼續嘗試修理好東西，不斷的修理東西。我想好的老師總是關懷好的教學和修理一些東西，而不是只讓一些事情發生罷了，不是乾脆放手不管的那種方式，我想應該有一種潛意識的努力想要改變現況的心態吧。就像打球一樣吧，我們應該有一個潛意識想要把球好好的傳給別人，那種不必看就可以傳給適當的人的傳球……哪一類型的小說可以觸動這個孩子呢？我總是在學校的走廊把小說傳給學生。讓我這麼說吧！如果我看到這個孩子被叫到訓導處處罰，我會給他一本小說。我會走進我的辦公室，然後說：「在這裡，好好的把這本書看完吧。」因為那就是發生在我身上的事情。我是那一個成績很爛的學生，我曾經是一個超級古怪的學生。

對於同事和下一代的老師有信心

雖然多數老師並沒有許多特許的時間有機會可以和同事討論備課事情，或者討論最新的研究發現，或者是把他們腦海裡的一些構想試著在教室裡嘗試一下，不過有些老師卻會使用其他方式來做這些事情。儘管他們手邊有的時間非常有限，有些老師參與探究小組和專業的組織團體；他們參與研習並且主動積極的參與

討論；他們一起共同帶領工作坊；他們以許多方式來展示共同領導對於優質的教學是非常必要的條件。對他們來說，能和某些信賴的同事一起合作，就是讓他們持續在教育界打拚的主要因素。

在我與老師們一起合作的經驗中，我看到他們最大的激勵來自於其他老師的相伴相隨，而不是來自於外界的「專家」，當然更不是來自於教職員的會議，甚至根本就不是來自於書本內容。這些事情或許也可能激勵老師們，不過與他們的同事一起苦思每天所發生的問題倒是最有幫助的。當我在凱倫所服務的學校訪問老師時，清晰的看到這樣的現象，凱倫深深的崇拜學校裡的幾位同事，不過特別幫我挑選出馬蹄・謝爾德（一位擁有二十二年教學經驗的老師，提到她總是會回到教育現場是因為「這裡就是我應該工作的地點」）。凱倫也呼應這一點，說到：「我的目標，當我長大成人時，我想要做一個和謝爾德女士一樣的工作。」這種對於同事的尊重在我這個探究小組從頭到尾的會議都可以看得到。實際上，當我詢問凱倫學校的那一小撮老師，他們從教學所得到最大的成就是什麼時，馬蹄這麼說：

059

> 我從教學方面所獲得最大的成就就是遇到和凱倫一樣非常優秀的同事，單就有機會和這些真正棒的人們一起工作就讓我感到心滿意足了。這些非比尋常的人們，簡直就是教育領域的瑰寶。他們就是當你說話的時候，願意安靜的聆聽你的觀點的人。那種感覺不像是他們從來都沒有在一間教室教學過，或者是來自於另外一個星球，或是其他地方而無法瞭解你所說的話似的。

對於那些沒有這類型支持的老師們，教學的任務看起來可能像是排山倒海來的壓力一樣。對於那些有這些支持的老師，教學就會容易一些，比較容易管理。多數參與這個探究小組的老師屬於相同的群體，就像是一對結婚多年的老夫老妻一樣，他們對於彼此都已經相當適應，有時候甚至還會幫忙彼此把還未講完的話講出來，就像是底下的意見交換一樣。首先是凱倫說著：

> 那就是讓我們持續在這領域繼續打拚下去的原因。就像在這所學校——我們經常會這麼說——如果我們不是以小群體的方式一起教學，我們甚至會懷疑自己可能會在這所學校教學嗎？不過，一起工作的經驗感覺上就像是在我們自己小小的世界一樣。

朱尼亞・葉爾武德接著說：

> 你真的不需要刻意去找尋空間來做這些事情……就像是我和許多人說的一樣，我已經找到自己的空間，而那就是我想要工作的地方。

凱倫接著說：

> 而且你知道你身邊的哪些人可以在哪些工作上給你協助……所以那就是協助你持續在這裡打拚下去的另一個項目。就是那個支持的體系，就是你從同事身上所獲得的支援體系。

朱尼亞這麼結束這個訪談：

因爲如果你每天都要來學校上班，偏偏每天聽到的都是負面的、負面的、負面的……喔！那麼我根本懶得起床了。

060 我那天訪問的另外一位老師叫安妮塔・蓓瑞爾，是一位經驗豐富、受到高度尊敬的老師，同時她也是學校校刊的指導老師。校園裡有一些難以處理的情況發生，所以對她的情緒來說，這是艱辛的一年。安妮塔說就是一些初任教師給了她一串希望，可以緊緊的握住這些希望而不放棄教學的工作。她這麼解釋著：

讓我持續打拚下去的原因就是每年有一位實習老師在我的教室裡。因爲我可以在這個新人身上重溫我早年開始教學那種溫馨的感覺，那就是讓我持續打拚下去的原因了。你知道的，在這個教育體制裡，我已經持續教書二十八年了，可以這麼說，我早就失去當年的熱忱了，可以嗎？今年對我來說顯得特別的艱辛，因爲我損失了一個女孩，她是一個我從十年級開始就教導到現在的女孩，我愛她就像是對我自己女兒一樣的鍾愛……我們一起教書，就像是許多都會型的小孩一樣，她終於克服了那些問題，也進入大學求學，還相當認真的求學。不過今年對我來說真的是艱辛的一年；這是一個讓我想到不管你做了哪些事情，不管你多麼認真工作，不管你流了多少眼淚，你就是無法改變那些無可避免的事情。那就是我現在的感受。今年算是我的低潮年，不過我正在復原當中。真的，我正在恢復當中。

> 看來有許多社會問題會打擊我們的孩子，卻是我們無法掌握的，是嗎？所以我這麼想，你提到爲何我們還會持續打拚下去，我認爲就是我每一年都有一位實習老師願意來到都會型的學校實習；他們來找我的時候充滿了理想主義，充滿希望和智慧，也充滿了如何把問題處理好的各種想法。他們充滿想法可以把教育的問題給處理好，他們還精力充沛的看著教師這個行業，還把我視爲這個行業的一個楷模，把這個行業當作他想要工作的一個行業，那就是讓我持續打拚下去的原因了。因爲他們的到來，讓我總是可以重新充電，讓我像是重生一般的繼續進行這個教學的工作。

達力呼應了安妮塔的心情，不過他把實習老師比喻為教室裡面增添一位教學的夥伴。

> 對我來說，在教室裡面擁有一位夥伴是很好的一件事情。我經常告訴我的實習老師說：「這將會是一趟精采的旅程，有些時候會有點不確定，不過在教室裡面我們就是夥伴關係。」我要求我的夥伴穿球鞋——你將會經常用到你的雙腳到處走來走去！而且這個行業總是要求你要不斷的給別人東西，一直給，一直給。當你終於體認到你正在給別人一些東西時，你將會發現別人還會要求你給更多的東西；那是我在實習老師來教室的第一天會告訴他們的事情。還有，記得買一些好吃的餅乾，特別是那種檸檬餅乾，那樣可以讓你在某些情況下度過難關。爲你自己做些事情吧！爲你自己保留一個角落的

空間。是的，那只是一個起始點而已。

061　當我們這個行業因為一些新來的老師重新充電時，有些老師擔心我們是如何招募到這些新老師的。凱倫說她在波士頓地區的報紙閱讀到一篇文章，報導學校學區是怎樣招募新老師的：

> 在報紙上，市長和學校學區教育局長說：「我們在找尋一些願意一天工作十二小時的工作夥伴」還有更多、更多相關的資料……我說，只要他們真的願意聆聽他們所說的話那就好了！那是他們真的要為市民所做的服務嗎？是的，我們確實做到這個程度，有時候，你會說，到底我們怎麼辦到的呢？不過我可不想離開這個行業，考慮到對於那些緊跟著我們腳步走進這行業的新夥伴，我還沒有嘗試去改變他們呢！在四或五年的教學之後，我真的厭倦看到人們這麼說：「我熱愛教學，不過我已經無法再這樣工作了。」

「您療傷復癒、您幫助別人、您熱愛……」

在一封寫給教師的信裡面，保羅・佛萊雷（Paulo Freire）這麼寫著：「沒有勇氣去熱愛您的工作，沒有在嘗試千百遍之前就宣告放棄，就無法進行教學的任務[7]。」希望是膽識的催化劑，而且在前面幾頁我呈現了老師分享他們對於教育抱持希望的寶庫來

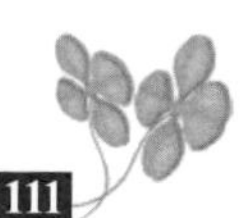

源——從他們的學生和同事與未來的同事，從他們著迷於改善自己的手藝，還有最深刻的一點，就是來自於公立學校教育的構想，以及這個構想所給予的可能性。

希望可以克服許多恐懼，即使當我們幾乎無法看到任何樂觀的理由時，它還可以堅忍不拔的持續下去。我在這一章將以安妮塔・蓓瑞爾的文字作結論，因為這樣的文字遠比我所看過的任何觀點都還更能夠清晰的表達這個想法。雖然今年將會是令她難過的一年，儘管她描繪自己的時候，以「沒有當年的熱忱」來說明這些年來的教學，不過安妮塔持續相信她對於教育所抱持的高度期許。她這麼說，教育是「一件畢生從事的工作，是一件非常有尊嚴的工作，也是一個高水準的工作，主要是因為你每一天都會成長，你每一天都在學習，而且也改變了人們的生活。而我不知道還有哪些其他重要的事情是我忽略掉的」。

就像我們所看到的，擁有一位實習老師在同一間教室，每一年為安妮塔提供充沛的能量，所以我問她可以給他們學校一位新的實習老師哪樣的具體建議。她給我的回覆也是我從其他老師那兒所聽過最感人肺腑的建議：

我想我會這麼說：「謝謝你走進這行業來。」每一天我都會這麼說：「謝謝你！謝謝你！謝謝你走進波士頓地區的公立學校來！」「你真的可以做許多其他的工作，還可以賺更多的金錢，還有更好的工作環境。」不過當克里斯（她的實習老師）提到所有實習老師一旦走進這裡，他們會這樣說：「我不再有自己的生活了！我不再有一種生活的方式了！」我就會說：「你知道嗎？這就是一種生活的方式！就是一個生命！」你走進這行

062

業，你會成長、你會學習，生命從此以後就變得很不一樣了，它會變得不一樣。你療傷復癒、你幫助別人、你熱愛你的行業，那樣到底有哪裡不對呢？那不就是一個生命嗎？或者說那不就是一種生活的方式嗎？

第五章

把教學視為憤怒與絕望

063　　（本文感謝凱倫和宋尼提供的文章分享）

任何人都會生氣，那是很容易的事情。不過針對適當的人生氣，適當的發怒程度，在適當的時機生氣，為合理的目的並且使用適當的方式表達——那就真的不容易了。

亞里士多德

要理解為何希望是最能夠支撐老師在他們的工作上繼續打拚下去的特質中的一項，不會很難。不過如果想到憤怒、生氣也符合這個特質的要求，就比較困難。實際上，任何人都應該很容易下定論，認為憤怒在教育上沒有它的地位，當然就更不該發生在對於教育有高度承諾的那些傑出老師身上。不過在與探究小組合作期間，我逐漸瞭解到希望和憤怒根本就是一個銅板的兩面。當老師每天面對他們的學生需要一些勇氣和承諾時，希望鼓舞了老師繼續奮鬥下去；而憤怒是當老師看到公立學校的教育那種烏托邦的願景被摧毀時，常見的反應。或許我們應該說憤怒是為了避免老師對於自己的教學志得意滿的一種防範措施吧！

雖然憤怒可以激發人心，有時候它也可能帶領人們邁向絕望；偏偏絕望幾乎可以摧毀一位老師的決心。在這一章裡，你將會看到這兩種範例。

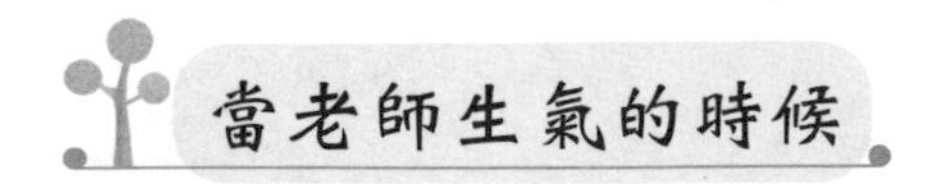

當老師生氣的時候

當老師瞭解到他們的學生所忍受的不公平待遇時就會生氣；

他們無法忍受「這個體制」看起來相當武斷的作法；學校的策略方針是由一些遠離教室生活的人們所制訂的，因此讓他們無法忍受這樣的挫折和阻撓；更因為他們被別人像孩童一樣的對待而感到憤怒。我相當驚訝參與探究小組的老師會生氣的程度居然超出我的預期。當然，並不是**每一位**成員都會生氣，他們也不是**一直**在生氣，他們也不會**同時**生氣，不過在許多參與探究小組的成員身上我可以看到某種程度的憤怒。在一次會議當中，朱尼亞・葉爾武德這麼解釋著：「生氣、憤怒是讓你在這行業持續打拚的一個激發因素，讓那樣的熱忱可以持續下去。所以它可能是一種負面的情緒，不過對於這裡面大多數的老師來說，那是一種對於不公不義所產生的憤怒……憤怒其實是推動你往前進的燃料呢！」我想我感到相當驚訝，因為如果這些老師毫無疑問的都非常傑出、奉獻犧牲，也都具備豐富的教學技巧，他們還會生氣憤怒，那麼比較沒有效能、也沒有那麼投入的老師會有哪樣的感受呢？

064

麗瑪——一位最近決定回到研究所攻讀博士學位的人——對於離開教職明顯的抱持著混雜的感情。雖然她對於即將面臨的研究所課程感到相當興奮，不過她同時因為必須「離開我的孩子」而有種厭惡感。不過她是因為發生在那些具有希望、奉獻犧牲與熱忱的老師身上的事情才會生氣的。在一次討論到 Hcrb Kohl 的書籍《「我不想要從你身上學習」以及一些創造失調想法》，麗瑪說閱讀那篇文章讓她瞭解到自己在擔任教職的這段時間都處於失調的狀況！她繼續說道，她感謝Kohl為她找到一種優雅的方式來說明她所感受到的感覺。對她來說，她這麼說：「那是一種哭喊、對著別人怒吼，你知道的，我會咬牙切齒……我對許多人還相當生氣，我可不想和他們講話。」

我可不想要讓讀者在憤怒與抱怨之間搞迷糊了，因為我從這

些老師身上所聽到的並不是抱怨。他們並不是在找藉口或者找尋安逸的教學方式，就像是凱倫所說的：

> 每當你說任何一件事情，一定會有人認為你想要找尋一些安逸的教學模式……那是一種不信任對方的感受……當你在教室裡面看到一個不該屬於那間教室的學生時，是的，那個學生讓你的教學困難重重，那個學生也讓教室裡面其他學生的學習不得安寧，那個孩子本身有著許多驚人的問題等待解決，不過那個孩子現在就不適合在這間教室裡面。然後你說：「這個孩子在我面前快死了，我已經無法再容忍他這個樣子了。」你知道的，（他們認為）你想盡辦法要趕走那個孩子，不過根本就不是那回事。

探究小組成員的老師不想要和那些每天抱怨卻不會做事的老師混在一起相提並論，那群老師就像一位小組成員所描述的情況：「那些老師每一次都把每一個議題提出來討論，不過因為他們討論的焦點不是在教學上，所以在他們的教室裡根本就沒有做任何改變。」他們所提到的老師就是那些會隨手在便條紙上面隨便寫寫，就當作每天的教學計畫書的老師；那些老師通常坐在教師休息室，整天抱怨他們的學生是一群沒有腦袋，還想天天鬼混的傢伙；那些老師也會整天抱怨學生的家庭有問題，卻不願意關懷學生的學習情況；那些老師還會把他們早期教學時期的情況加以美化成教學現場，他們會不斷的提到「以往我的學生……」。這一類型的老師通常會責難學生和他們的家長，他們會認為根本就是學生沒有好好學習，這是一點都不會讓我們感到驚訝的事情[1]。不

065

過有這類型情況的老師很明顯的都不是那些參與我們這個探究小組的成員。參與探究小組的老師認識他們的每一個學生，瞭解每一個學生的弱點、天分和優勢，不只是他們所欠缺的技能。他們信任自己的學生，並且相信這些學生都很聰明、也有能力可以學習。他們對於自己擔任教師的能力也深具信心。在我和他們相處的這段時間，我從來都沒有聽見他們以**這些傢伙**這種詆毀的方式，來批評他們的學生。

我以往也和其他老師合作過，他們也會生氣，是因為這個專案計畫讓我有機會看到這些老師也會生氣。我瞭解到純粹的憤怒和挫折有時候可以把老師的決心鍛鍊的更強壯。有一次，安卜瑞茲提到她以前會對她的許多同事感到憤怒，不過現在「我正在學習的一件事情，就是不見得每個人都和我有一樣的想法……有可能是我已經老了，」她笑著這麼說（她才三十六歲），「或許是成熟的一個徵兆吧。我必須要接受的一個體會，就是其他人也會和我有一樣強烈的感受……不過我越來越會處理這類事情了；我學會有些時候要緊閉著嘴巴，盡量不要講話。」她這麼說。不過另一位探究小組的參與者，史帝夫・葛登警告她說：「不要太擅長這一方面了！」因為根據他的說法，**很重要的一件事情就是不要忘了我們也會生氣**。雖然他們瞭解有必要超越憤怒，不過對於其他老師來說，憤怒可以提醒他們一件事情，那就是老師的角色在這個社會是非常重要的。即使不斷的面對組織再造、也沒有受到該有的尊重、外加他們所遭遇到的侮辱，這些我們稍後會考慮的議題，不過對於這群老師來說，教學仍是一個崇高的行業。或許我們可以說，有時正當的生氣會協助老師，提醒他們這個事實。

官僚體制的組織再造

老師會生氣的一個原因就是貫穿他們這個行業從頭到尾穩定的、令人困惑的改變。每一波權力改組時，資深老師就會從一連串的「組織再造」和「改革」的煙霧彈當中生存下來，這些要求有些來自於學校體制的學區辦公室所發展出來的，有些來自於他們所任教的都市或州政府所頒佈的教育政策所衍生出來的（譯註：面對九年一貫課程的改革，以及在這之前的許多改革，許多老師已經逐漸衍生出「創新教學倦怠症」，也就是說他們對於創新教學已經疲於奔命，無所適從，偏偏每次更換教育部長或局長，就會有新的教育政策，讓所有現場老師無所適從。其實，九年一貫課程改革之前的改革只是解嚴之後企圖針對教育現場的戒嚴現象所做的改革；不過九年一貫課程的改革在本質上和前一波的改革完全不同，這一點有必要找尋專家來釐清）。在我們這一年探究小組的會議進行過程中討論的一個熱門話題，就是當時正在發燒的最新改革版本，也就是影響深遠的麻州教育改革方案[2]。這項改革方案的法規帶來一個新的期望，也就是「所有的學生都應該具備的知識和能力」；這個新的課程架構提供給教育夥伴一個努力的方向；以及一個全州的學校都要接受的評量方案，也稱為「麻州綜合評量改革方案」（Massachusetts Comprehensive Assessment Reform, MCAS），以便協助各個學校確實落實這個課程架構。

麻州地區的教育改革方面從 1990 年代早期就已經以一種革新的努力模式被許多會議所接受：包含了麻州州議會、麻州教育廳的教育委員會和全體工作人員、一個具備了進步主義思潮並且高度合作的州政府教育委員會，還有州內成千上萬的教育夥伴和公民。不過在1992年選舉之後，當時的政治風潮立即轉向右翼，有新的教育主管組織教育委員會，接著發生的就是在政策、課程與評量方面的決定變得比較具有意識型態，也比較偏向中央控管的模式。也因此，MCAS這個曾經給我們許多承諾的綜合性評量方案就變成了影響深遠的測驗，也成了州政府對於境內四年級、八年級和十年級學生進行測試，想要確認他們在學校的學習是否有進步的主要評量模式了。MCAS給十年級學生的測驗，也即將在幾年內變成學生高中畢業之前的畢業考試。高中老師——特別是那些教導十年級的老師——將會受到這項改革方案最多的影響。每一位參與探究小組的老師或多或少都感受到這樣的影響力。

在探究小組的成員當中，很難找到哪位老師對於他們的學生不是抱持著高度的期望和最高的標準。這些老師遠比其他地方的老師都要瞭解，在以往的教育體制裡，很少有誰會對都會區的學生抱持多少期望的。所以他們當中有許多老師對於這項新的教育改革措施抱持高度的信賴；不過當時間一點一滴的流失，他們對於教育改革的支持程度越來越弱。他們預期如果MCAS變成了單一評量學生的學習是否有進展的模式時，災難似的結果即將出現（他們的學生將會面臨通盤的失敗，甚至會出現比以往更高的學生中輟率）。改革的焦點已經更改了，以往的教育改革重點是針對每一個學生都抱持高標準的期待，只要有一些合宜的資源就可以協助學生達到那些高標準的要求；不過現在所強調的標準化測驗卻給學校老師帶來前所未有的壓力。此外，探究小組的老師也經常發現課程標準的內容相當有限，當他們想要和學生做深度的研究時，就會顯得綁手綁腳的處處感受到限制。因為這類型的標準化課程通常只是一些修飾的、比較華麗的文辭所得來的內容，所以這樣的課程就會惹惱老師。有一天當史帝夫寫到他的學生家長可能表達的希望和恐懼時，這麼說：「我的孩子是否能夠在一個否定學習的世界找尋到尊嚴呢？」他繼續說，學校體制提供給學生和他們家長的課程，只夠稱作「世俗的詭計：或稱為史丹佛『測試』、MCAS、評分指標和『最佳實務工作』等等」。

不斷的進行組織再造可能會帶領我們邁向官僚體制的改革，不過有時候也可能什麼都沒有發生。對於這類型改革的怨恨是某些老師會憤怒的主要原因之一。在一次探究小組的會議中，凱倫所寫的教師自傳生動的說明這樣的現象。

改革越多將會帶來哪些改變……

凱倫

不知道為什麼，我一直認為自己是一個老師，不單純只是因為我是八個小孩當中的老大，甚至在那之前我就有這樣的感受。當我們在街頭巷尾玩耍時，通常我們扮演的就是學校的生活。在我祖母那棟三層樓的矮房子有三個陽台。當我回想起當時的情況，我發現我們當時所擁有的空間可能比我們學校的某些老師所擁有的空間還要大——而且我們還有許多器材呢……我就在那些陽台上教導其他小朋友。

當我最後變成一個老師時，我真的喜歡真正的學校。學校裡到處都有魔術般的神奇變化。我的班上有四十八個孩子，不過我總能夠感受到特殊的感受……我就

是喜愛這樣的教學環境。我以前就讀的是一個教會學校，所以我會仔細觀察我的老師所做的每件事情，還有他們會採取哪些教學措施，我只是想要模仿他們的所作所為，因為我認為他們的所做所為真的相當神奇。

在學校裡，我有機會教導其他的孩子。當我還是一個六年級的孩子時，有一個來自中國的女孩來到我們學校，她幾乎是一句英文也不會，我會講英文，所以我就在私底下擔任她的英文老師……後來我們唸到高中（這是發生在 60 年代的事情），有另一位修女來到我們的修道院。她在調查波士頓地區失學的波多黎各學童；她的名字叫法蘭斯・喬治亞修女[3]。她說服我們的修女讓我們在每天快放學的時候，走到街頭去擔任家教……所以她們讓我們教導外頭的小孩。我們教導波多黎各的小孩講英文。

過了一段時間之後，與其參與星期天的彌撒，我們會去波士頓南方參加西班牙語的彌撒。這真的是一種很棒的感覺，原先的彌撒模式就是牧師在前面佈道，其他人在底下聆聽，不過在這些西班牙式的彌撒活動中，我們看到的就是一堆人擁抱在一起，也一起歌唱，我們就這麼愛上這樣的彌撒。也是在這時候，我發現我們是多麼的具有種族歧視的偏見，因為原先彌撒舉辦的地方，不管那個「誰」是誰，我們就是不可以在正規的教堂舉辦西班牙語的彌撒。有些人會說是因為波多黎各人在那裡會覺得比較舒適、輕鬆，不過時間一點一滴的過去之後，我瞭解到那根本就不是真正的原因。

我因此而認識了許多小孩，我也認識了許多家庭。因為我天天都和這些波多黎各的孩子混在一起，所以我和原先的男朋友吹了……我的父親也擔心我將會遭遇到一些麻煩，不過我們根本就沒有聽他的建議，而且我們也發現那真的是一個很棒的經驗。

我原先想要變成數學專業的學生。在稍早之前，我已經接獲愛彌爾學院的入學許可，不過在做完這樣的家教之後，在我高三（**譯註：美國的高中制度與台灣的不同，這裡相當於台灣地區的高三階段**）那一年的6月，我決定我想要成為一個小學老師，我的每一位老師都氣急敗壞的指著我說：「你知不知道你自己在幹什麼！」（他們這麼說著）。不過我知道自己當時想要幹什麼。

接著我就開始在波士頓地區的公立小學擔任教職。學校開學的第一天，我被派去克里斯多佛・吉普森學校，這所學校就是在Kozol所寫的《英年早逝》（*Death at an Early Age*）當中的一所學校[4]，那是發生在Kozol到那所學校五年後所寫的書。就像他們在波士頓地區長久以來經常做的事情一樣，我在學校開學的第一天才被指派，他們都要等到最後一分鐘才指派人們去做事情……接著我才知道自己擔任五年級的教學。實際上，我是在「替代」助理校長的工作，因為就像在Kozol的書裡所指出的，在暑假期間有一所學校起火燃燒，所以當時有兩所學校共同使用同一棟建築物，而原先的助理校長被調動去協助其他工作，所以他盡可能在這所小學同時經營兩所學校。當我抵達學校時，他說：「妳的教室

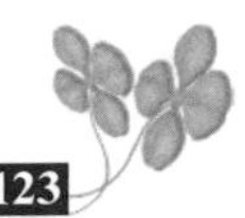

就在最後面的角落處那裡。」我走到走廊的底端，孩子們早就在那裡了，不過教室裡什麼東西都沒有。簡直就像是我再度在一個陽台上一樣：妳就教導他們吧！

接著第二年，那是開始廢除種族隔離政策的時候，也是學校開學的前一天（在我布置教室和每一件事情都安排妥當以後！）我接到一通電話：「我們要妳去西羅斯貝里的一所學校擔任五年級的老師。」對我來說，那根本就是一個完全陌生的地方，雖然我在一個全是白人的社區長大。我就這樣來到西羅斯貝里，不過那裡和我長大成人的地方不太相同：沒有人在街上，孩子們甚至不瞭解他們的鄰居是誰。那也是學校提供校車的第一年，所以我有學生來自於多切斯特，多數是黑人小孩，還有一些學生來自於孟特斯雷特……

在接下來的年度，我在羅斯貝里（一個黑人社區）的聖喬瑟夫社區學校擔任老師，我擔任資源班的老師。那是一個社區掌控的學校；我想它到今天為止仍然保持這樣的情形[5]。有兩位修女是白種人，還有兩位剛剛從波士頓公立學校轉過來的資源班老師和我是白種人，其他老師都是黑人。因為我在那裡感受到被別人看成是校園裡少數的人口，所以我認為那真的是一個很棒的經驗……不過因為我每天都要從波士頓南邊出發（**譯註：這是波士頓地區地鐵和許多巴士的總站**），所以對我來說也是一種精神方面的壓力……騎馬的警察會橫衝直撞，而瘋狂的人們會來到學校對著校車叫囂[6]。而我卻要去聖喬瑟夫學校，我們在這間學校唱著黑人的國歌來開啟

每一天的課業，在那裡大家都是黑人的身分……

我這二十七年的教學經驗（都在波士頓地區的公立學校）一直都在變化中度過。你知道吧，在我抵達吉普森小學的五年前，就是Kozol寫他那本書時，整個學校被搞得亂七八糟的，在書本問世之前，每樣東西都乖乖的在它該有的位置上。接著就是廢除種族隔離的措施，每樣東西就被搞得亂七八糟的。我們有磁石學校（magnet schools，**譯註：這些學校的課程都經過特別的設計，用來處理種族隔離最早期的種族議題**），現在它們到哪裡去了呢？……現在它們都消失了，接著推動的就是學生完整的混在一起學習。它就像吹熄蠟燭一樣的消逝了。那就像是——等一等——人們不夠關心教室裡發生的情形嗎？我們這群老師就做那些工作。

凱倫的故事不僅令人深思，它也提供我們過去三十年當中發生在波士頓地區公立學校一個活生生的歷史發展沿革。她越投入這個故事，就會變得越生氣。凱倫是一個有愛心、奉獻犧牲的老師，不過有時候她會好奇想要知道是否有任何道理讓都會區的貧困孩子接受比較差的教育。

069

「學校制度」的本質

學校體制的本質有時令人感到相當困惑，讓老師困惑，也不知道該如何反抗制度上的缺失。有時候，他們覺得自己的工作簡直就像是被那些法規條款壓的喘不過氣來。宋尼・菲力克斯有一次這麼說著：「學校就像是一個監獄。我有一種想要衝出監獄的感覺。」（譯註：許多人把學校和監獄做比較，不禁讓我們深深感受，如果連老師都有這種無力的感受，學生怎麼可能會有真實的學習？）

當我們繼續閱讀凱倫的故事時，就會清楚看到老師對於學校「體制上」武斷的本質感到憤怒。在探究小組早期的一次會議當中，我要求老師寫下他們「發燒的問題」（burning question），也就是他們在我們這個探究小組想要聚焦的議題，這樣做可以讓這些問題變成我們議程當中的一部分。不過，凱倫想要瞭解，這樣是否會讓我們原先想要探究的議程因此而偏離主題，也就是當初我們提出來的「**到底是什麼事情讓老師願意持續打拚下去？**」的那個問題。她所傳給我的要求是我從任何一位老師所能夠接收的最憤怒、也最讓人心碎的一篇文章。

自制的圖規以及奮鬥的決心

凱倫

Sonia 教授最早提出來的問題：「到底是什麼事情讓老師願意持續打拚下去？」是把我拉進這個探究小組的問題，也是讓我持續折磨自己靈魂的問題。

我們在 6 月份第一次開會時，我看到那些圍繞在桌邊的臉孔，那些和我分享生命當中某些時間在一起的人們：有一位新老師就在我們學校走道盡頭的教室教書；一位和我在碩士班一起求學的老師〔我們的訓練主要是希望把我們訓練成包班教學的專家——或稱為BPS（波士頓公立學校）／聯邦政府甚至會協助我們支付課程方面多數的學費，我們需要在暑假參與進修，並且要花好多年在研究所求學。這不是那種「來學校唸書就可以拿到學位」的課程；我們需要寫一篇碩士論文，並且進行口試（**譯註：美國的教育碩士班有許多不同的類別，有些碩士班要求學生寫論文，不過這樣的研究所不多；另外一些研究所要求學生寫專題；還有一大類只需修完課程就可以獲得教育碩士學位**）。我這裡有足夠的資料可以證明我們確實在寫論文，還有越來越貴的學費。不過我們的學校體制從來都不把我們當作包班的專家，到底是什麼東西讓我們持續相信這個體制，讓我們持續耗費時間在這裡呢？〕；還有一位以前教過的學生阿姨；與

一位我以前的學生，目前在我的輔導下擔任她在高中的第一年教學工作（宋尼・菲力克斯）；以及一些同事（從 1973 年開始以來），我們之間就進行這種持續的對話，我們稱之為學習／教學的歷程，它們讓我的內心產生這許多的問題。我到底在這裡幹什麼呢？我們真的那麼投入嗎？或者我們太病態了，才會讓我們持續在一個言行不一致的體制內工作那麼長久的時間呢？

070

在聖誕節前，我拿起一本由 Sizer 所寫的書，書名為《學生正在看著我們》（*The Students are Watching*）[7]，——我還沒有打開這本書。我無法跳脫這本書的書名；它留在我的腦海裡。我知道他們正在看我們這些當老師的人，他們正在看、也在觀察……每一件事情，他們看到電腦報表紙，卻沒有電腦，現在的每一天早晨，早一點來學校的學生都看到我們在清理桌子，清理天花板上面破碎的瓦片，當電工為了新的網際網路接線圖裝配新的線路時，老鼠屎從天花板落下來，偏偏校園裡就是沒有電腦可以使用。在放學以後，當他們正在使用我在投影片上面影印給他們的圓規和米尺做作業時，他們看到電工來到教室進行維修工作，我也順道幫學生影印了許多方格紙。當我把影印的圓規和米尺發給他們的時候，他們大笑出來，他們說我有幻覺。當我在每個學期末檢查他們的三孔夾資料時，我看到那些廉價的、「自製的」圓規和米尺，上面還有使用打洞器打洞的痕跡，而且就在三孔夾所有資料的最前面一份，看了這些，我真的很想哭。每一年，二年級、三年級、四年級（譯

註：美國的高中通常相當於國內的國中三年級到高中三年級，所以這裡的二年級，就相當於國內的高一，依此類推）的學生都會回到我的教室來告訴我，他們仍在使用他們的圓規，或者他們問我是否還有另外一份圓規可以給他們。

在一個寫作的小組會議裡，我們提出來的問題是，我們應該為自己做哪些事情，才能夠讓我們的電池充滿電力，也才能夠為我們的學生提供最棒的教學呢？一位老師寫著這確實是一個重要的問題，而她最想要做的就是沖涼一下，因為她真正需要的就是一個很棒的泡泡澡，她已經有好長的一段時間沒有享受泡泡澡了。參與探究小組的每個人確實瞭解她在講些什麼。所以到底是什麼事情（或誰）讓我們持續在這個讓人抓狂的繁重工作中打拚呢？請注意，孩子們還在看著我們。

上個星期，在一篇組織再造的文章，提到另一本書，現在那本書的書名持續出現在我的腦海裡：《外面的世界有哪些值得我們去搏鬥的？》（*What's Worth Fighting for Out There?*）[8]。關於組織再造的任何一項討論都應該先從這個問題開始討論。不要搏鬥；我忙著製作圓規所以根本沒有時間搏鬥。我不想要搏鬥，我不想要離開我的學生、我的學校。我不想要搏鬥……對於那些無法瞭解行事曆的改變與其他膚淺的改革是無法進行學校的組織再造的人讓我生氣（真的）；只有建立良好的關係才有辦法轉型。我不想要搏鬥……而且我們的學生正在看著我們呢。

到底是哪樣的正增強，讓這個看來沒有理性的行為可以持續進行呢？我可以單純使用一隻鉛筆和一張紙張（有時候還要一支塑膠做的米尺或者有時候只需要一個好的範例也可以），那麼一個孩子就會學到該學的知識和技巧，而且他們會告訴我他們瞭解某些以前根本就不懂的知識和技能。我不想要搏鬥，因為這就是搏鬥所想要獲得的項目。不過這個體制還是不會改變，雖然它不斷的在改變當中，「曾經進行組織再造」，曾經忽略這樣的關係。在我的學校裡有哪些值得我們去搏鬥的呢？我們的學生還在看著我們呢！

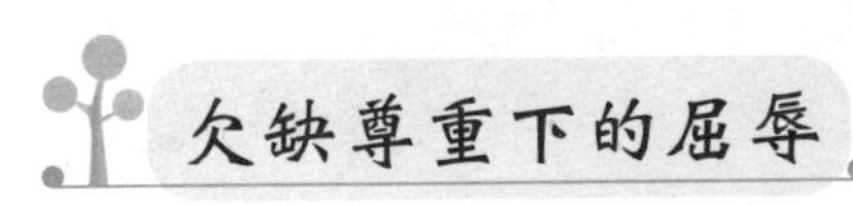

欠缺尊重下的屈辱

當老師被別人以小孩的方式對待時，他們感到憤怒；當行政人員對老師沒有足夠的尊重時，他們變得相當激怒。行政人員不情願讓老師更有實質性的參與學校改革當然不是新聞[9]。對於參與探究小組的老師來說，許多人提到學校的行政人員偶爾會徵詢他們關於課表和校園裡其他改變方面的意見，到最後當變革發生時，才瞭解到他們的建議一點用也沒有。如果老師抗議，就像凱倫所說的，他們會被這麼告知：「不要再抱怨了，好好的過日子吧。」她回應著：「不過，你知道的，教學**就是**我們的生命，所以我們**無法**停止教學！也就無法停止生命！」

社會大眾對於老師的專業和知識分子能力的不尊重是另一個痛點。例如，有一個廣為人知的信念，認為師範教育的學生，以及一般的老師，就是沒有其他專業人士來的聰明；不過資料並沒有證實這個信念[10]。與這相關的，認為教學需要技能和智慧的想法則沒有被廣泛的分享著。當中的一個原因，就是在二十世紀剛開始的時候，當小學廣泛的提供給美國境內的每一個學生學習的機會時，多數的老師是從一群還沒有結婚的年輕女孩當中招募來的[11]。因此，教學在廣大社會大眾的印象中，就和「女人的工作」做了連結，而教學只需要一些些常識和好的本能就可以擔任的想法就很難消除了。

對於老師的工作以及他們的判斷欠缺該有的尊重，從來沒有任何一次會比我有一次和探究小組老師的對話來的鮮明。安妮塔・蓓瑞爾就是當中的一位，她提到欣賞和尊重之間的差別，以及當行政人員真的對教師抱持尊重的態度時會有哪樣的情況發生。她特別憤怒的一次，就是當有一天，一位「外來的專家」受邀到學校協助他們進行課程的重新設計，卻完全沒有詢問老師的建議：

> 因為他們會這麼說：「喔！安妮塔，我很欣賞你所做的那些份外的工作。你不知道嗎？你不認為我很欣賞你的工作表現嗎？」不過我想要的並不是欣賞，我要的是他能夠**尊重**你的工作表現、你的工作品質、你的工作標準和你所做的貢獻等……你可以想想某個二十六歲的笨蛋，一個什麼都不知道的笨蛋，卻在學校內重新設計

我們的學校，並且告訴我該怎麼進行教學，以及凱倫應該怎樣教導她的學生，卻不會尊重我們的專業嗎？

老師在這些情境下的憤怒和挫折是非常明顯的。把事情講開來，並且開懷的大笑，就像那些老師在那一天進行對話時所做的事情一樣，可以讓我們放鬆一下。不過當憤怒與絕望相互結合時，我們就很難往前邁進了。 072

絕望

凱倫在前面一節所提到的問題：「哪些事情值得我們去搏鬥呢？」在老師的對話裡經常浮現。他們第一個反應毫無例外的都相當一致：學生——特別是那些被其他老師放棄的學生，或是被他們的學校或整個社會放棄的學生。這些學生是所有學生當中從教育獲得最少協助的一群人。對某些老師而言——像是凱倫，最難以管教也最叛逆的學生特別值得我們為他們和外面搏鬥。凱倫相當欣賞她稱為「造反者」（insurrectionists）的學生，因為雖然她從小就不曾是一個叛逆者的角色，她特別喜愛學生所具有的叛逆精神：「我不知道其他人怎麼說，不過在學校一直都很安靜、乖巧，像是『好的，修女，』『不，修女。』之類的。所以當我開始擔任教職，我喜歡那些會說：『不，我才不想要這麼做』，因為我從來都沒有勇氣這麼說。所以我一直都喜歡那些孩子們。」

那些孩子當中的一個就是宋尼・菲力克斯。宋尼在讀高中時，是凱倫的學生，大約在十三年前。她絕對是一個叛逆的學生，對凱倫來說，宋尼是惱怒和喜悅的同一個來源。在讀高中的時候，

宋尼在學校傑出的表現與隨時可能因為違反校規而中斷學業或其他方面都很擅長。不過不管她因為違反校規被學校留校察看多少次，也讓凱倫感到非常欣喜與興奮的，就是宋尼最後變成了一位老師。就像我們在前一章所看到的，宋尼以一種非常有說服力的方式寫著她對於公立學校教育的承諾。當她在 9 月份寫著「教育是我脫離困境的方式」時，她看起來像是沒有什麼事情可以擋住她的野心似的，一位年輕的老師——身上綻放著能量和希望。那天，她這麼說：「如果我現在放棄就相當可笑了。」不過到了 4 月時，她還真的考慮辭職不幹呢！

宋尼原先提出來的問題，說她想要當作「發燒的問題」來探究的問題，是那些和她的學生在學校以外的生活有關聯的問題。她曾經想過她可以透過訪問來瞭解學校可以如何更有效的連結他們的家庭和社區的生活。不過在 4 月份來開會的時候，她的腦海有其他想法存在。她說：「現在我正處於一點，那就是我的腦海想的不是關於**他們**的事情，而是關於**教學**方面的事情，就這樣。」她接著宣讀在前一晚所寫的一些東西，很明顯的，那些東西已經在她的腦海擺盪很久了。當她宣讀這篇文章的名稱時，有些零星、有點神經的笑聲，不過很快的，整個房間安靜下來，每個探究小組的成員都知道宋尼這次應該相當認真。當她宣讀她的文章時，她安靜無聲的哭泣著，還經常因為過度投入而必須終止宣讀好多次。

考慮在二十六歲退休

宋尼·菲力克斯

到目前為止，我已經在波士頓地區任教五年了，我正在沉思自己是否該持續這項工作，這樣一個我多年來不斷沉思的問題，看起來好像是我對於教育領域探究的越深刻，那麼我就會發現老師所完成的不公、不義就越多。好像這個體制不斷的從你的生命吸取某些東西，並且要求你要把生命的焦點集中在學生身上，認真的教導學生就是我們的生命似的。好像這個體制就是想要強迫你辭職不幹。

讓我先說說，其實我相當享受教學，我也相信這就是我與生俱來的使命，是一種生命的呼喊。我也同樣熱愛我的學生。不過這個體制並沒有提供我所需求的支持或機會，讓我可以像一個平常人一樣的成長茁壯。每件事情都那麼匆忙的進行著，這並不會在一夜之間發生，在我的腦海突然跳出來，那是一個緩慢的、惱人的痛苦歷程。那就像是一個受到感染的發炎，蔓延到整個身體，最後延燒到腦部，強迫你對每一件事情都感到噁心。應該這麼說吧！如果在任何一項工作達到這樣的境界，你應該隨時準備辭職不幹的。不過當那項工作就是你的生命和內心的呼喊時，該怎麼辦才好呢？你該怎麼辦才好呢？在一本叫作《「我不想要從你身上學

習」以及一些創造失調想法》的書中，Kohl說：「特別是老師會有一種道義上的責任，要為年輕人支撐著希望，並且協助他們抗拒放棄希望。」我相信這樣的責任並不僅寄放在老師的手上而已，還有許多人在塑造學生的學習上扮演著合宜的角色。

辭職是否意味著你就需要放棄年輕人嗎？是否有一種方式可以在一個腐敗墮落的體系建立社區和氛圍，來支持和鼓勵老師持續他們這項重要的工作呢？除了辭職不幹以外，是否可以創造其他的選項呢？

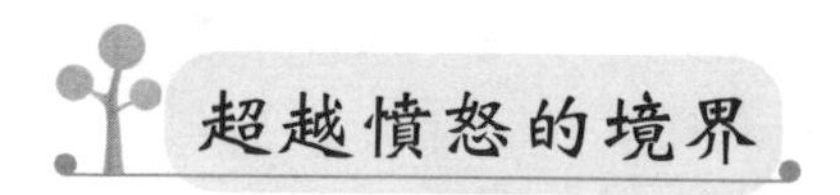

超越憤怒的境界

閱讀這一章，你可能會認為成為一位具有愛心的稱職老師意味著你需要不斷的生氣。真的是這樣的情形嗎？我並不這麼認為。畢竟，當初把這群老師帶進教學這個行業的原始動機是建立在希望、關懷、寬宏大量和一種決心的感覺——相信公立學校教育的保證，對於年輕人的能力和智慧完全的信賴感，以及對於社會正義的熱忱；這些都是正向的力量。然而憤怒看起來是那麼的負面和自我挫敗，特別是當它演變成宋尼所描述的那種極端痛苦的感

受時。

與其滿足於學校的教學情況，參與探究小組的多數老師能夠**超越憤怒的境界**。擔心我們可能花費太多時間在抱怨上，茱蒂這麼說：「發牢騷和呻吟根本就無法改變我的教學實務，而且發牢騷和呻吟也不會幫助我的學生。」此外，探究小組的老師並不會以為學生所面對的貧窮或其他問題可以當作藉口，老師就可以對這樣的學生有比較差的期望。不管學生的生活情況如何，老師都能夠信賴學生具備能力。茱蒂解釋著說她希望我們把討論的焦點集中在學業方面的議題，並且接著說：「我將會排除所有『社會工作』的治療方式，這是老師們一直在做，卻沒有什麼成效的討論。」茱蒂注意到這一點：「我想要嘗試聚焦的是在我的孩子們，也就是我們學生身上。那樣的聚焦讓我可以持續打拚下去。」她還繼續說： 074

> 我也很瞭解其他每一個問題，我每天也需要處理那些問題。與行政人員的問題：我有我的問題，而我願意分享那些問題。不過**如果我把它們帶進我的教室裡，我就無法有效能的在一間教室教學**。所以我選擇不要把問題帶到教室裡，好嗎？所以，我會來到像這樣的會議，然後再好好的討論那些議題，不過我不會到學校去談論政治，並且把所有事情都給搞砸，因為那樣做的話，我根本就沒有時間可以進行教室裡的任何事情了……如果我必須要說一些事情，那麼我就會提到這些事情。如果有哪些事情是我必須要為我的孩子們搏鬥的，那麼我也會勇敢的搏鬥。不過我所講的是我可不想因為政治方面的事情而毀了我的孩子們，我看到許多人都在那樣做，

他們牽扯進政治的議題之後就沒完沒了。

那麼，憤怒、生氣不會一直都是一個負面的情緒，特別是當我們深刻的關心學生所帶來的動機，一種對於未來的期望，一個它應該保有的願景時，它就可以不是一種負面的情緒了。

後續發展

宋尼・菲力克斯仍在教書。

在 4 月份的會議不久，就在她宣布她考慮辭掉教職時，宋尼以前的老師凱倫打電話給她，他們聊了好長的時間。凱倫給宋尼一些建議和支持，認為只有當另一位老師瞭解放棄一個人內心的呼喊時，才可以放棄教職。

當我們剛開始形成探究小組的會議時，我可以看到宋尼眼光裡的不耐煩。她在分享她的挫折時，也不會有害羞的感覺。她會問到，我們將要**做**哪些事情，我們將會看到**具體的結果**嗎？我們只會不斷的**討論**嗎？這不會是在浪費我們的時間嗎？在我們最後一次會議——5 月份我們在一個風景優美的地方開會時，她的語詞改變了很多。宋尼不僅發展出一種渴望，實際上是一種**需求**，想要繼續講下去。在會議結束時，她感謝她的同事所提供給她的協助，並且邀請她參與這項探究小組的研究。她這麼說：

075

我想這些對話對於我持續擔任教職非常重要。我想如果我們省略這些對話，**那便是**為何人們會離開教職的原因，因為這些對話沒有發生在那些離開教職的老師身上。它們不常發生，所以這個探究小組真的具有深刻的洞察力，也給我力量來檢視我自己在做哪樣的工作，並且想要持續做下去。

接下來有一陣短暫的沉默，所以我問她：「所以，你要持續擔任教職嗎？」在同事的掌聲和歡笑中，她立刻回答：「當然囉！」接著她說：「我沒有選擇。」不管她還是要處理那些困難的問題，宋尼決定在第二年回到教學的工作來。從那時開始，她已經又有兩年的教學經驗了，她也開始參與另一個探究小組的會議了。

138
教師生命自傳

第六章

把教學視為知識份子的一項工作

076 （本章採用派蒂・博得和史帝夫・葛登的文章來闡釋）

如果學校是鼓勵初任教師的地點，讓這些初任老師把教學看成是一件有趣又很獨特的行業，那麼學校就必須是老師們可以聚在一起閱讀，針對教學實踐進行反思，也能夠針對當地的特色發展課程，並且相當有意識的發展成為一個學習社群。

Vito Perrone，《寫給老師的一封信：學校教育與教學藝術的反思》（*A Letter to Teachers: Reflections on Schooling and the Art of Teaching*）

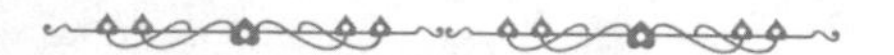

好老師會進行深層的思考，並且經常思考教學的藝術和學習的歷程。他們不僅懂得如何書寫教學計畫書，也會有效率使用協同合作小組的技術人員，雖然這些要求也都是他們所必須執行的工作。最重要的，傑出優秀的老師每天都參與**知識份子**的工作，就是那種需要非常專注和思考的行為。他們投入很大比例的時間和精力在他們的教學上面，經過長時間的投入，他們發展出廣泛的專業知識與技術，並且對於他們每天的所作所為具備充分的信心。Henry Giroux 這樣定義老師是一種知識份子的工作：「為了要以知識份子的方式來運作，老師必須創造他們可以書寫、研究和彼此合作的意識型態和結構所需要的情境，才能夠產生課程和分享的魅力……身為知識份子，他們將需要結合反思和行動，才得以給予他們的學生賦權增能的學習，並讓學生獲得一些必要的知識和技能，以面對社會的不公不義，成為具有批判能力的角色，願意承諾的發展一個沒有壓迫和剝削的世界[1]。」

所有的好老師，不管他們是否是有意識的進行研究，都可以

說是最廣義的研究者。這是因為好的老師同時也是學習者的身分，而且他們也瞭解到自己需要持續的在這份工作上不斷的學習，才得以改善他們的實務工作。他們會深究自己任教的科目，不斷的找尋可以刺激學生產生學習動機的素材；他們也會找尋一些可以同時兼顧嚴格要求與支持學生學習的學習環境的教學法；他們也會和同仁討論教學的困境。他們尤其會珍惜處於教學核心位置的那些需要耗費腦力、智力的工作。

不過老師們耗費智力的工作不見得永遠有解答，而且他們也鮮少會因為自己所知道的事情而太過自信。他們有時候會被教室裡某個特殊的兩難困境所困惑著，或是想要進一步瞭解到底是不是有一種最好的方式可以和學生進行雙向溝通，不過他們想要更深入探究這些議題時，並不會因此而覺得臉上無光。他們在教學時所遭遇到的兩難困境也都會變成他們學習時有利的工具。這樣的老師就是「教師即研究者」的角色，也就像是 Marilyn Cochran-Smith 和 Susan Lytle 所描繪的那種「學習的建築師，以及知識的生產者」的角色[2]。

教師的知識份子身分在許多方面都清晰可見：透過課程發展，可以是獨力發展課程也可以是和其他老師合作發展課程；透過日誌和他們所參與的其他類型的書寫工作，這也可以是獨力完成或與其他老師合作完成；或是在他們自己的班級進行真實的研究專題計畫；或是透過研討會的參與和擔任專業組織團體的積極會員；以及透過老師他們自己所提供的工作坊和其他的報告。在這一章，我們把焦點集中在這些方式當中的兩項。第一項，我們將探索史蒂夫・葛登所謂的「大人之間對話的需求」，我們會透過一些範例來觀察老師們到底是如何「透過對話來進行知識份子的工作」。其次，我們將會檢視派蒂・博得這位國中美勞老師，以及史帝夫

這位高中英文老師的文章，我們透過他們兩人的深度探究來考量到底發展出一些具有生命價值和學術性的課程意味著什麼意思。

大人之間對話的必要性

教學可能是最孤獨的行業了。教學工作每天的重點就是和學生在一起，所以老師每天工作的時間都無法和他們的同仁有所連結，頂多就是那種非常膚淺的打個招呼而已。考慮到老師的教學工作非常忙碌，所以當他們從一個任務轉移到另一個任務，從辦公室轉移到教室，再到走廊去督導學生課堂的行為，再到教師休息室，一整天的工作就像是陀螺一樣，讓他們幾乎沒有時間可以多加考慮自己的行為。唯有當他們回到家，經歷一整天讓人精疲力盡的工作之後，他們或許有機會可以反思那一天到底發生了哪些事情。在這些時刻，安靜的坐下來，或者規劃他們第二天的工作行程，他們可能會針對當天發生的一些事情進行沉思的工作。他們所使用的教學方式當中哪一種可以有效的傳遞他們想要傳遞的概念給學生呢？他們那一天的教學當中，哪一份閱讀資料對他們的學生有所影響呢？怎樣的作為能夠讓某一個教學單元更吸引學生的興趣呢？更進一步來說，他們想要瞭解「為何瑪格麗特在某個課堂上不會更全然的投入參與呢？」或者是「為何泰倫斯的口才那麼犀利，卻拒絕繳交作業呢？」這一類型的問題就是我們渴望已久，卻很少發生在成年人間的「成人間的對話」，也是史帝夫・葛登在我們研究小組的會議當中有一次討論到和教學有關的議題時所提出來的問題，我們那一次想要瞭解老師在走進教室時所遭遇到的問題，或是他們所遭遇到的兩難困境，以及他們又是如何解決那樣的兩難困境。這類型的對話最後就會在老師的群體當中創造一個討論的社群（譯註：這幾年也真的開始認真考慮這些困擾每位老師，卻鮮少有老師願意公開來討論的兩難困境。譯者也正著手把近年來發現的教學現場兩難困境寫成一本書，希望透過翻譯和實際把翻譯內容轉介為可以扭轉國內教育的機會）。

這麼多年來我和老師一起合作的經驗，讓我確信一件事情，那就是該是我們挑戰一個觀點的時機了，我們要挑戰就是那種認為教學是一件靠個人努力就可以達成的任務的觀點。如果老師真的想要改善他們的教學工作，並且從這樣的工作當中獲得更大的滿足感，那麼和他們的同仁建立批判與長久的關係就是必要的任務了。在許多學校裡，教學被視為是一件孤軍奮戰的藝術品，所以他們的教室也就成了每位老師個人品味的作風指標，在這種情況下，那種社區的感覺就全然消逝了。Benjamin Barber 在寫出底下這段話時可能就在仔細的考量這樣的情況：「或許該是我們開始思考社群是教育的開端也是結束的真實意涵的時刻了 ──它那種不可或缺的情況，它的終極宗旨──以及時間，然後就該是我們採取一些行動針對這些項目做些事情的時刻了[3]。」

在這個探究小組的會議進行過程中，即使每位參與的老師都是在完成一整天疲憊不堪的教學任務之後才舉行會議，多數參與的老師在會議最前面一些放鬆的活動之後，就會非常有精神的參與我們的對話。對於探究小組多數的成員來說，針對緊要的教學相關問題所做的討論，其實就是正面的肯定他們的工作。在許多學校裡，這樣的對話很不幸的都不存在；那些學校的會議通常都在討論如何經營一所學校的文件紀錄，或是從「市政府」或是州政府剛傳過來的一些任務指派，而不是認真的討論課程、教學和教育目標的相關重要問題。

不過，成人之間的對話，雖然是一件必要的工作，也可以是一件擾人的事件。單純的對話是無法解決問題的，實際上它還可能帶領出更多的問題，而不是解決問題。真實對話所遭遇到的一個阻礙因子，就是許多老師並不願意把他們自己所瞭解的缺點和其他同仁分享討論。這樣說來，他們和一般人並沒有兩樣；我們當中的多數人在自己準備好暴露自己的缺點之前，需要在同仁之間建立深層的信任關係，然而許多老師並沒有這樣的機會和他們的同仁建立這樣的信任關係。在一篇針對教師學習模式的研究所進行的評論論文上，Suzanne Wilson 和 Jennifer Berne 發現一些不斷循環出現的模式，即使在最有效的專業成長的教師社群裡，這樣的模式所揭露的訊息就是「老師都很享受可以討論他們工作的一些機會，他們知道要用點時間來建立專業的社群，不過老師很少有經驗參與一個專業的對話，一個公開、批判的機會來檢視他們的工作以及他們同仁所進行的工作[4]。」

參與對話的另一個困難點——特別是在都會型的學校，就是存在於學生（主要是「少數」民族的背景）與老師（多數是「多數族群」背景的老師）之間的差異通常都隱藏著，不過卻很難被我們所忽略。種族和社會階層的問題對許多老師來說，是相當難以面對的問題，所以如果在教師的會議上被提出來討論，他們也會傾向於忽略這樣的問題。這樣的困擾在教師學習的文獻上，現在已經比較公開的被拿出來討論了[5]。不過把教育看成一個專業領域，甚至以全國性來分析，我們還不太習慣於在教師之間公開討論種族和其他差異性。所以也難怪這些問題對許多老師來說，仍然是羞於啟口的主題。

079

然而除了在討論、書寫和困惑於持續出現的兩難困境所帶來的複雜情緒以外，這樣的過程可以是一個往上提升的力量，也可以當作轉型的契機。根據他們多年來和教師合作研究的基礎上，Marilyn Cochran-Smith 和 Susan Lytle 所得到的結論認為：「當一群老師有機會像專業的教師研究者一起深入探究教育問題時，他們對於公正、階級和自主的議題越來越斤斤計較，然後就會對許多學校的技術官僚運作模式越來越愛挑剔毛病[6]。」如果老師真的想要發展成為知識份子，那麼就必須參與那種讓他們感受到焦慮的對話，應該是一種必須付出的代價吧！最終，這類型的對話〔就是 Cochran-Smith 所說的「紮實的談話」（hard talk）〕就成了教師發展成知識份子社群，也就是學校迫切需要的專業能力，以及想像老師和他們的學生之間可能存在的差異性所不可或缺的項目了[7]。

書寫個人傳記的呼喚

毫無意外的，我們瞭解到許多老師使用書寫文章的方式作為他們對於自己工作最重要的思考方式[8]。對他們而言，把想法寫下來和思考自己在教室裡的言行舉止並沒有太大的差別；這確實就是參與這個探究小組的某些成員的情況，他們不僅強烈的感受到要把自己在學校裡的言行舉止大聲的**講出來**和我們分享，他們也迫切的感受到要好好的把這樣的感受**寫出來**。在某一次會議當中，史帝夫・葛登描述這種把想法寫下來是怎樣協助他從令人困惑的情境下脫困的。在回應我給他們的一項要求，要求他們以寫作的方式告訴我他們想要探索的問題時，他寄給我的電子郵件用了閱讀評量的範例來說明「書寫個人傳記的呼喊」。

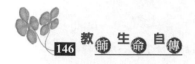

080

透過寫作而獲得理解

史蒂夫・葛登

親愛的Sonia，你好：

謝謝你鼓勵我把想法寫出來。我在這裡想要試著去理解我在過去這三十多年來的所作所為，以及我現在每天的言行舉止，希望這樣的書寫可以讓我的工作與更多人分享。例如，就像上個星期，我必須給那些在9月份被指定為「過渡階段」的學生（這意味著他們需要一些閱讀治療的學習）進行一個年中的閱讀評量，也就是史卡拉司提克閱讀清單（Scholastic Reading Inventory, SRI），這是根據他們在標準化的史丹佛閱讀和數學測試（Stanford reading and math scores）所獲得的分數來歸類的。自從9月份開始，我以兩週為一個循環的方式教導他們。在10月份，市政府強制要求我們給這些學生進行這項SRI的測驗，並且是在10月份年中和學期末年終的最後一次機會。

2月份的第一個禮拜，在「教導」這些學生十到十二個星期，每次兩個星期為一個循環的情況下，我給他們一個測試。有一個禮拜的時間，我根本就不敢去批改這些測驗卷，我就是會害怕這樣的批閱結果會讓自己感受不自在。如果學生測驗的「成績」提升了，對我的教學有哪樣的意義呢？萬一他們的成績沒有提升，反而滑落，是否反應出我的教學有所不足呢？世界上會不會有人對於學生在測驗上的表現有興趣以外，也同樣重視我在教室裡和這群學生間的師生互動呢？是否還有人有興趣評估我的教學決策、我給學生的作業要求和教學活動、我的信念和教學等等，都是因為我對於這個特殊的學生群體的一項承諾，一項根據完備的學理所提出來的承諾呢？還有誰除了瞭解評量的必要以外，還想進一步瞭解這些學生到底是誰呢？也就是說，對於我所教導的學生所使用的語文、經驗、信念和文學的素養、閱讀測驗、學校、教學等等有同樣份量的討論嗎？我在這裡或許有一項錯誤的推理，不過如果以類比的方式來推理，我們可以想像一位醫生在確認他所開的處方箋可能不太有效，那麼他會不會想要給他的病患後續的測試呢？

我的教學經驗顯示，教學並不是依賴一本食譜般的教科書就可以完成的使命，是擔任老師的人可以從食譜中挑選「有用」的食譜來解決班上的問題。這種觀點持續發出的弦外之音，認為老師必須個人肩負起成功的教學任務，就像是說學校所提供的教學食譜已經足夠讓每位老師在一間教室獲得成功的教學經驗，這樣的比喻也把學生比喻為老師手上的蔬菜和肉品，是沒有每個人的個性和歷史，他們在這樣的比喻下也不能夠參與他們自己的「烹飪」任務了。

這個星期我總算勇敢的批閱了SRI的測驗卷，許多學生的成績都進步了；少部分學生的成績沒有進步；還有另外一些學生的成績表現滑落了。那麼我想知道的是

根據這樣的結果，我對於自己的教學又可以獲得哪樣的瞭解呢？這根本就是毒藥。如果不是我推論出自己的教學完美無缺，讚美我那群學生的讀寫能力和他們的發展，就是根本不是那麼一回事。使用這些評量的方式，到底我們想要取悅哪些人呢？這樣的評量測驗又是從哪裡發展出來的呢？這是否代表著這樣的測驗根本就是一個自由企業的社會所不可避免的一個結果，每一個物品都有它的價碼所驅動的測驗呢？讓我們必須比較物品和人們，來確認某些人就是有缺陷的瑕疵品呢？

上面的論點並沒有帶給我任何寫作上的理由。我應該寫的文章是「我計畫自己將要做哪樣的事情」。或許我可以記錄一位具有某種背景、教育和一些遊說能力的老師——也曾經歷都會型學校的教學經驗——如何掙扎，嘗試著透過他的教學工作、他的教學決定，以具體的例子反應、包含、「表達」了他的信仰、信念，與關於認知、學習、識字能力、心理語文學方面的、社會語文學方面的、教學的和政治的「知識」。

081

理想的情況是，我應該每一天針對底下的議題寫些文章：我今天做了哪些事情，這樣的行為有哪樣的原理原則可以支撐，它們又是如何反應了某些知識和信念呢？當我在教室這樣執行教學工作時，到底發生了哪些事情呢？當我反覆的重新閱讀「這樣的要求」時，我發現這樣的要求真的是強人所難。

期望在星期四能夠見到你。

史蒂夫．葛登

老師可以寫作的時間真的太少了；有太多教學以外的要求在他們上班的時間去解決，讓寫作成了一項奢侈的願望，更讓老師們認為他們無法提供這樣的奢侈品。不過寫作的呼喚真的值得我們珍惜，因為寫作是少數幾種方式當中的一項，可以允許他們使用合宜的時間和空間來認真思考自己的教學藝術。書寫自己教學相關的活動，特別是當他們和同儕分享這些寫作時，是他們可以理解和改善教學工作的一個公開方式。因此，透過寫作來探究問題，同樣也能夠滿足許多老師想要和他人溝通分享時的熱忱。

透過寫作來改善課程

對老師而言，寫作有許多方面的用途。它也是一個重新思考自己的教學實務，考慮替代方案來達到某個特定目標，或是改善課程的工具。這些目標都可以透過底下這段由派蒂・博得所寫的文章來闡釋。

派蒂・博得已經有多年的教學經驗，從學齡前到八年級都教過了。目前在一所國中擔任教職，派蒂從她走進學校的第一天就已經是一位研究者。對她來說，課程發展本身是一項藝術；它不是單純遵循某些人的教學計畫，或是依賴其他人的研究結果就可完成的任務。根據派蒂的觀點，美勞課程不應該只是愉悅的課程，讓學生製作一些賞心悅目的物體而已。相對的，藝術——就像學校裡的其他課程一樣——應該要從一個比較寬廣的情境脈絡來看待它。孩童可以學習藝術的唯一方式，就是要在一種既有意義、又具有批判的情境下進行；這也解釋了為何在每一個單元課程之前進行研究對於派蒂來說，是教學的重點部分。她經常在網路上

在一個特定的網址找尋相關的資料，或者針對她的單元課程發展一份 PPT 的簡報形式，或者從一些老舊的藝術雜誌上剪貼一些資料，來裝置到藝術作品的相框上，以及從全世界各地所蒐集的藝術作品。她也嘗試把這些單元課程連結到學生正在學習的其他科目。十分幸運地身為國中教學團隊一員，讓她可以把美勞科連結到語文科、數學、社會科和自然科領域，她有能力從學生的學習延伸、發展出美勞方面的單元課程。

派蒂非常認真的一肩扛起責任，發展出一些課程，這些課程同時兼具著教育的意義，也能夠鼓勵學生投入學習的情境，開展學生的視野，拓展到學生本身特定經驗以外全新的世界。對於派蒂而言，美勞科的學習必然是一個多元文化的學習。在她的教室裡，我們發現來自於每一洲的美勞作品的樣本，還有來自於全世界許多國家和文化的美勞作品樣本。她的學生學著質疑歐洲的藝術作品是否真的優於其他地區的藝術作品，他們也學著去欣賞和尊重許多不同社會所呈現的藝術和公益作品。

底下摘錄的部分說明了教學確實是知識份子工作的優良樣本。在那裡，我們簡單明瞭的看到派蒂在教導一個單元課程之前，一定會進行的精心課程理論與規劃的景象。

在一個社會情境脈絡下的波多黎各藝術

派蒂・博得

「我們可以做那些東西嗎？」我的學生大聲呼喊著，這是當我們在研究錄影帶所呈現的波多黎各狂歡節面具時的情境（vejigante masks，**譯註：這是墨西哥地區的印地安民族或波多黎各地區的狂歡節會用到的面具**）。

「是的，我會給同學足夠的時間來製作這樣的面具」我給了學生肯定的回答。「讓我們一起來想想，狂歡節的面具到底是怎麼來的？那樣就可以協助我們建立自己對於面具的詮釋了」。

針對投影出來的每一張投影片，我問我的學生：「你注意到哪些細節了嗎？你們想要知道哪些事情呢？」

結斯米娜插嘴說道：「我看到那裡有許多的點點，他們用許多點點的方式來作畫的，在每個面具上我都注意到這些了。我好奇的想要知道他們為什麼要這麼做？」

「我看到上面有許多的觸角；我也注意到這些面具都呈現出驚慌的表情」奧蘭多大聲叫出來。

「我看到每個面具都不相同；有些看起來有點相似，不過它們都不相同」瑞棋接著說出他的想法。

「我看到許多毒牙、牙齒、觸角、大嘴巴和呈現喇叭狀的鼻孔」莎拉接著說出她的觀點。「我想知道他們為何在那個面具上做那麼多的牙齒？」

來自波多黎各的狂歡節面具真的獲得學生的真心歡喜，不僅在舉辦嘉年華會的小島上，在麻州的安城地區——在我國中的美勞科課堂上也獲得學生的衷心歡喜。我的許多學生對於波多黎各的藝術，或是透過許多藝術作品所呈現出來的波多黎各歷史相關的社會政治情境並沒有多少瞭解。針對狂歡節的面具，進一步深入探索影響面具的歷史、傳統習俗和跨文化的其他影響力，都提供學生對迦勒比海地區早期的泰諾人（**譯註：西印度群島一個已經絕種的印地安族**）、歐洲人和非洲文化交叉影響的一個理想情境。在這種情境下，進行藝術作品的創作會讓學生對於波多黎各的藝術、文化和歷史有更完整的理解。底下所摘錄的片段說明了過去好多年來我在藝術課程方面，希望逐漸演變的過程，剛開始我採用了一個善意的企圖，卻相當表面的多元文化焦點的作法，然後持續演化、發展成一個具備精心規劃教學目標的課程，教導學生在一個更寬廣的情境下體驗波多黎各的種種。

083

許多年前，我開始針對狂歡節的面具發展一套課程，不過當我越來越投入這套課程時，我也越來越質疑我的學生對於波多黎各所內化的印象。不管我是在一年級或是七年級，當我在教完這單元的下一堂課，詢問我的學生關於波多黎各的一些事情時，許多學生會這麼說：「喔！那是一個製作狂歡節面具的小島！」是的，那確實是正確的理解，不過他們會不會天真的認為在那小島上，所有的人都只會設計和穿戴這樣的狂歡節面具呢？他們是否理解這樣的民俗風情特色其實和某種傳統、區域和事件有所關聯呢？更貼近的說，我的學生會不會假設那樣的「民俗藝術」在這個小島上，和先前所學習的歷史情境脈絡沒有任何關聯呢？我會不會因為這

樣的教學反而詆毀了這個美好的傳統，將它貶低到一個單純的「觀光客的課程」，也就是把這個習俗當中引人注意的色彩和特色抽離原來的情境脈絡呢？學生是否理解在這個惹人愛的狂歡節面具背後，其實隱藏著西班牙和非洲文化之間的交流呢？

我堅決的認為民俗藝術需要在一個現代藝術和精細藝術的情境下學習：我想要瞭解我的學生是否能夠掌握那些代表波多黎各當代藝術，而且陳列在大專院校和藝術中心的學院派藝術作品，以及在波多黎各境內的許多博物館和藝廊積極展示作品的藝術家呢？他們是否能夠看得到存在於紐約市和全國各地的波多黎各藝術家和小島上的藝術家之間的關聯性呢？我是否提供機會讓學生走入藝術家的作品世界，來挖掘那種茁壯的社區和波多黎各的文化呢？

我也聽到許多非波多黎各的學生經常這麼說著：「波多黎各是一個度假的勝地。」雖然這或許是對的，不過如果這是他們對於波多黎各的瞭解，那麼他們就會遺漏許多重要的相關訊息。學生是否瞭解這座小島的生態與它的景觀和政治現況之間的關聯性呢？他們是否理解一些工業化計畫，像是在 1950 年代所推動的「長統靴計畫」，或者是還駐紮在波多黎各當地的美軍的重要性呢？我的學生是否會獲得美國和波多黎各關係間的那些知識，以及這個小島長久以來一直想要脫離殖民地身分的努力呢？我希望每個學生對於波多黎各文化都能夠有正向的印象，也讓那些具有拉丁美洲血統的學生對於他們自己的身分認同有正向的肯定機會。因此我開始瞭解到還有許多成長空間等待我去創新和嘗試。

在檢視我的課程時，我瞭解到一個事實，那就是一件藝術作品的形式永遠都無法圓滿的教導學生認識一個種族的全部文化。因此，我相當戒慎恐懼的擔心單純使用一個例子——像是狂歡節的面具——就可以代表所有波多黎各的民俗藝術。我不想讓我的教學因為限制學生與寬廣且具有深度藝術的接觸，而讓一種藝術的型態變成了單純的異國風味（**譯註：這裡也給國內許多號稱異國風情的店面，透過國人不熟悉他國民俗藝術的展現，就讓國人單純的把那樣的店面和那個國家或文化之間劃上等號的作為帶來足夠的警訊**）。美國在波多黎各這座小島有悠久而且混亂不堪的歷史。身為一個美勞老師，我不想將任何藝術作品或文化當作一種殖民文化的方式呈現給學生認識，這將會是一項錯綜複雜的嘗試吧！

如果有人認為每位波多黎各人都認同他們在狂歡節面具的傳統，或者甚至可以說他們是否知道這個傳統都值得探究。在美國境內長久居住的波多黎各學生，和那些剛從小島來的學生具備了不同的生活經驗。每個社區都有他們獨特的經驗，而且每個家庭也都根據那些經驗發展出他們自己的觀點。

在我所有的質疑和批判反思下，我相當堅持一些我熟知可以在課堂上進行的相當有效率的課程。我沒有把那份多采多姿的狂歡節面具的單元課程給拋棄；相對的，我試著擴展這個教案，並且在原先的課程單元上建立更紮實的課程。當我在研究所求學時，和許多波多黎各的家庭對話之後，逐漸提升我意識到波多黎各人在一個更寬廣的教育情境下的理解，開始在每一個藝術的課程單元裡包含一個社會政治的情境觀點。在我教導波多黎各藝術的單元時，現在會使用狂歡節的面具作為引起動機的部分，當作第一堂課，開始引導學生探索波多黎各人的生活和藝術的許多觀點。我在三個主要的類別下發展了許多的資源和單元課程：早期的波多黎各藝術家泰諾人；非洲人、泰諾人、西班牙人和其他歐洲人混在一起後對於民俗藝術的影響；以及當代的波多黎各藝術家（包含島上的藝術家和美國境內的藝術家）。

當我開始朝著這個方向規劃單元課程時，我的學生當中有些人提醒我：「那不是我所瞭解的波多黎各。」我就這樣回應著：「是的，在波多黎各有許多不同的社區和經驗！告訴我你對於波多黎各的理解，讓我們針對那項主題學習更多的知識和技能吧。」那是為何我們有必要使用學生的知識和經驗在教學活動裡。當我們使用一種特定的藝術型態時，就有必要把它擺放在一個定位，以及它的歷史背景裡，並且強調這個島嶼的多元化和它所產生的各種藝術作品的型態。我會竭盡所能的主張沒有任何文化可以單獨存在，而且沒有單一的藝術作品或型態可以具有足夠的資格代表一整個文化。特別是我不是一個波多黎各人，我這麼告訴我的學生：「我正處於學習、研究和探索的歷程當中，我需要你的協助讓我能夠更加勝任這項任務的挑戰。」這樣的坦白讓我可以和每個學生開誠布公的討論，不管他們是不是波多黎各人，我們也會把彼此視為學習的資源，以及盡量運用學生和他們的家庭可以為我們的學習、研究和探索所帶來的各項專業。

當我們討論到這個島嶼上的種族和多元化時，我們指出波多黎各社區那種色彩鮮明、充滿精力的傳統世襲，我們也同時看得到這個島嶼被美國大陸逐漸忽略、邊緣化處理的冷酷真相。美國企業界對於波多黎各的投資興趣，傳統上幾乎就是把這座島嶼視為銷售產品的一個市場罷了，在整個二十世紀到目前為止，對於這座島嶼的環境品質、語文以及許多波多黎各人的生計造成嚴重的破壞。雖然在麻州的安城地區，我的學生在我的美勞教室中正在忙碌的製作時尚的面具，我大聲的朗讀最近的新聞頭版新聞，關於波多黎各的港口和圍繞著當地美國駐軍的辯論。對於狂歡節的面具有了更深層的理解之後，提供了一個理解政治的辯論，以及圍繞著這些辯論的許多波多黎各人的各種觀點。

在這間教室的情境脈絡裡，當我的學生在許多年前聽到新聞報導提到波多黎各發生了一個毀滅性的颶風時，他們就自動自發的發起烤餅乾義賣活動來籌募救援基金。當他們聽到在波多黎各的美軍駐軍和當地民眾之間的糾纏時，他們也是好奇的想要進一步瞭解更多的訊息。我只是在我的美勞課程單純使用狂歡節的面具製作來激發學生對於波多黎各文化的興趣，並且提高他們對於波多黎各歷史上相關政治的覺醒程度。在我盡心盡力想要把這項美勞科的教學活動帶出學習情境時，我發現每個年級、任何背景文化的學生都渴望要學習更多的知識和技能。學生的家長、監護人和社區成員也都熱心的想要和我們分享他們的手工作品、故事和各式各樣的知識。只要我的教師生涯還持續成長下去，這個單元就會持續成長。

我將永遠記得我有一個叫阿珍多的二年級學生，抬起頭來看著我問道：「博得老師，妳是拉丁美洲的人，還是波多黎各人呢？」我笑著回答：「不是的，阿珍多，我是愛爾蘭籍的美國人。」他就繼續追問著：「那妳為何那麼喜愛拉丁美洲的藝術？」「因為我可以從它那裡學到好多東西，所以我喜歡它，而且也因為世界上有太多藝術的形式值得我們學習。我喜歡好多好多類型的藝術，不過你可以確定的一點，就是我確實相當喜愛拉丁美洲的藝術，特別是波多黎各的藝術。」因為我是一個愛爾蘭籍的美國老師，在我的教室裡面有許多不同背景的年輕學生，所以我戒慎恐懼的實踐文化方面適合這群學生的教學法。不過從少數幾個簡單的美勞科教學單元逐步擴展課程的努力，也就是擴展學校的文化，當然不是在一夜之間發生的事件。這項努力還沒有完成任務，我現在把它看成是一項持續發展的歷程，非常類似我的學生的成長和教育的歷程[9]。

除了考慮和書寫課程方面的努力，老師的工作被視為知識份子的生活還有另一項事關重大的事情，那就是他們到底是如何發展專業的。也就是說，針對教學的藝術，以及關於他們的學生和他們所教導的學科內容，老師們是如何學習，他們如何持續不斷的學習？根據一項從國家教學與美國未來任務編組的委員會所提出來的研究結果，老師**知道**哪些知識，而且這樣的能力**將會**直接影響學生的學習。此外，鼓勵老師持續學習的工作環境也是老師學習可能發生的必要因素[10]。

這樣的推論是否意味著有效能的老師對於教學藝術的每一個細節都知道的很清楚呢？它是否代表說當他們走進教室時，對自己很有把握，對於每一天的教學任務都有信心可以勝任呢？肯定的，這是一位剛剛進入這個專業的老師可能會期許的，而且在許多方面，老師的求學、人生經驗，以及在這行業的投入時間都對老師的專業有所貢獻。教學絕對不僅僅是一個技術性的活動罷了。雖然在某種關鍵上，教學是根據一個人的技能和知識，不過教學還會受到一個人的教師信念、態度、價值、直覺和一些不確定因素所影響。

信任他們能夠勝任老師工作的能力並不意味著老師就會過度自信或沾沾自喜，多數老師並不是如此的。許多老師擔心下一個單元教學，關心他們是不是已經全力以赴，也關懷他們所做的決定和他們對於學生是否有重大的影響力。史帝夫・葛登直爽的承認他是**一廂情願的**對教學**著迷**，而且這樣的觀點在我們探究小組會議上，以及他的寫作上都可以看得出來。底下的部分是在我們一次會議後，我收到史帝夫的電子郵件的部分內容：

教學是理性的工作嗎？

史帝夫·葛登

教學是理性的工作嗎？它有可能是理性的嗎？教學時的決定、行為舉止和信念是根據誠實的、有知識的表述，以一種可以用文字表達的方式呈現出來的嗎？這種觀點迫使我和每一位老師成了都會地區，在讀寫能力和政治方面早就被剝奪，經常是那些貧窮的非白種人子弟，非英語為母語的孩童的老師／或監護的成人。我並不是在找尋擔任老師的處方，我也不是在找尋窄化過的「銀彈」般的專案計畫，使用某種半科學的原理來述說老師的行為舉止（譯註：史帝夫老師顯然對於政府機構不斷透過專案計畫，希望透過經費補助來提升老師在某些方面的能力感到挫折。一般的教育補助就是透過銀彈攻勢，企圖透過經費補助來吸引老師邁向政府機構努力推動的創新計畫。這在國內也有類似的企圖，已經在這些創新教學的學校產生一種「創新教學倦怠症」，也就是這些學校的許多老師對於創新教學已經抱持一種書面資料，而不是真實教學情境的改變心態，這一點值得關心教育的夥伴深入探討）。教學到底是一門藝術或是一門科學的問題，我不認為那是一個是非題。我想要找尋一些方法來進行我的教學任務，還可以具體實現我認為真實和優良的理念和信念，我想要找尋一個真相和知識，讓我可以安心的教導都會地區的學童，讓他們有學習的成果。對於那些嚴重滲透到我們教育機構的社會不公不義與種族歧視，我所能做的改變幾乎微乎其微。

我想要創造一些教學法讓我可以感受到自己確實已經盡力而為了。一個最近發生的範例相當接近我所讚賞的教學法，我和另外一位叫羅賓森的老師共同教導語文發展緩慢的學生（很可惜她擔任學校的籃球教練工作，讓她無法參與我們這個探究小組的會議）。上個星期，在嘗試制訂一個文學循環討論的教學法，那是一個教導學生辨認和提出一個「討論問題」的討論教學法，我們做了決定。所以退一步檢視如何讓學生提出問題，以及有哪些不同類型的問題是值得我們的學生學習提出來的重要問題。透過閱讀，我們決定在「當下」的問題和 Taffy Raphael 所倡導的「推論性問題」之間做一個區隔[11]。

我們給學生的指定閱讀是摘錄自 Geoffrey Canada 所寫的《拳頭棍子刀子槍》（*Fist Stick Knife Gun*），我們先培訓已經成形的小組組長教導他們小組同學認識「當下」的問題[12]。然後再由各小組向全班同學提出他們的問題，我們規定回答問題的關鍵句子／段落必須從教科書某個地方的「當下」找得到。對我來說，這項教學方法讓我感受到教學的驕傲，因為這樣的教學目標和歷程在後設認知和社會認知教學方面，都符合我的信念。學生彼此使用一種方法來教導對方，也讓班上學生對於教科書越來越積極主動的閱讀，而不是看到教科書就麻木

不仁。我相信許多學生對於學術性的討論有一種格格不入的感受，就好像教科書的句子並沒有適當的描繪他們所生存的世界一樣（**譯註：如果美國的教科書有這樣的缺陷，國內的教科書在這方面也不會好到哪裡去。國內在九年一貫的教科書編審制度上真的需要重新檢討，就像國內在教師實習制度上也需要重新檢討一樣。否則未來我們就等著其他國家用知識來侵犯我們國家**）。

我想要讓學生對於教科書所呈現的說明和描述盡量有機會去接觸、練習和把他們的想法用適當的語文表達出來，也能夠和其他人做合宜的辯解。不過我該如何進行教學的工作才能夠把學生腦海裡的想法、他們的生活真相透過適當的語文，以認知的歷程呈現出來呢？

這是困難的挑戰。我所反抗的是窄化的那種「有研究為基礎」的教學模式，完全忽略了學生在課堂上使用的語文和認知與討論的教學模式，那是在這個小小的社會裡，人類發展的過程中每天都會發生的內涵；我比較支持學校本位那種有連續性、過度分科並且事先規劃的單元課程。這些單元課程不是在我們對於可以激發學生學習的文化、心智、語文等方面有深入理解之後所產生的。我也不是說這些由大專院校開發的課程計畫全部都是錯誤的；相對的，它們讓學習時失去了當下的情境脈絡，因此，它們無法滿足我理想中的那種「合理事物」的要求。

在我的課堂上，我應該怎麼教學，以及我應該如何執行它，才會讓我的教學是一種合理的事情呢？我該如何教學，才能夠從我所尊敬的知識，以及我生命中的價值觀，還有我想要對學生和這個教學社群有所貢獻的方式引發出足夠的能量，並且產生足夠的共鳴呢？

就誠如史帝夫這麼清晰的說明，教學並不是一個單純關於知識和技能的問題，而是如何把我們所學習到的知識和技能有意義的在千百種不同的情境下漂亮的執行，以及考量我們在一個與眾不同的具體情境下，連結個別學科內容和某個學生，才能夠讓那個特定的學生學到他或她應該學習的知識和技能。保羅・佛萊雷在一封寫給老師們的信件提到這個議題：「一個為學習、研究做好準備的個體，在任何事件發生前，都是重新創造的一個關鍵性活動[13]。」我們每個人都認識一些老師，他們都在三十多年的教學中使用相同的教學單元而不自知。那些相同的學習單，目前已經因為年代久遠而泛黃，而且這樣的學習單不僅因為年代久遠而失去它原先的色彩，也喪失了它的生命力和意義。擔任老師意味著每一天都**不斷的更新**，每天不斷重新創造自己與他們工作的那些老師，才是願意嚴肅面對教學挑戰的老師。那是一種讓人累垮的挑戰呢！

當我們再度在探究小組的會議上碰面時，史帝夫讀了一篇論文，和他稍早前閱讀的主題有所連結，都是關於他為何那麼著迷於小心謹慎的教學。他以一個範例的方式說明他的反思教學，而

且提到他是在星期天晚上嘗試推敲在星期一該教導哪樣的課程時浮現出來的構想。他接著說道：「所以是一個個人的觀點，在那個觀點裡，我的內心對於教學所伴隨的現象充滿混亂的觀點。我在想是否真的有一種方式可以克服這樣的混亂思緒，產生新觀點，讓我在完成這項使命時，可以找到一個教學的新觀點來支撐我的構想。我想要瞭解在我達成這項使命時，是否能夠讓我對於教學產生一個新的假說呢？」 088

在這個關於「小心謹慎」的教學範例中，史帝夫・葛登提醒我們優質的教學意味著我們要拋棄那些老舊的學習單，或者至少需要重新思考它的使用價值。教學對於史帝夫而言，絕對不是一件生疏的工作。不過對他而言，教學仍然是每天的一項重大挑戰，一件我們需要去違抗那些能言善道的解答或是容易獲得的解決方案。針對 Edgar Allen Poe 的《會說故事的心》（*The Tell-Tale Heart*，譯註：找了國內翻譯，就是找不到，看到淡江大學有教授用到這本書，不過譯者還是無法掌握這本書的精髓，請國內朋友多多指教）進行仿作時，他試著將書本的內容反應教學當下的情境，當作在一個星期天夜晚為準備第二天課程時的一種深度情緒感受。

對於小心謹慎教學的著迷

史帝夫·葛登

> 真的！我一直以來都生氣，非常、非常恐慌的生氣；不過為何你會說我發瘋了。三十年的教學早就已經把我的感覺變得相當銳利，這段教學經歷並沒有毀壞我的感覺，也沒有讓我的感覺遲鈍。我最關心的是不公不義和混亂的對立現象……這樣你可以說我發瘋了嗎？請注意聽！仔細觀察我冷靜告訴你的故事。

我剛剛完成《拳頭棍子刀子槍》的第十七章到第二十五章的閱讀和教學。除了第二十二章和二十四章以外，其他章節都是Geoffrey Canada協助紐約哈林區孩童的事情。我期望我的學生做哪些事情呢？當我想到這裡的時候，一陣恐懼感席捲我全身。我為何挑選這本書呢？我為何要教導這群九年級的學生去閱讀這種不確定和恐懼的書籍呢？為何我會覺得這本書很難理解，伴隨這種感覺而來的就是值得閱讀的書籍一定要這麼難以理解嗎？為何和他們相處一個小時是這麼困難的事情呢？到底是什麼原因讓我產生這樣的焦慮呢？是的，那是一種挑戰。是的，我認為我應該做這樣的事情。實際上，那是我經過挑選以後的行業，我決定和學生與老師做這

樣的事情。不過當我試著決定該做哪些事情時，我會考慮學校的同事，像是塔西亞或克里士多或者湯姆，可能不會同意我的決定，我會想到茱恩、蓋爾和丹尼司等同仁，就像是說我要有能力向他們證明我這樣做就是好老師的代表；或是我可以找到一些方法讓我的學生可以賦權增能的找到學習的方向，讓我變成學生喜愛的老師，讓我可以協助他們的學習，為他們提供各種學習的選擇等等，這些內心的掙扎都讓教學顯得更加困難，更加不確定，更伴隨著強大的焦慮……這些事情都困惑著我。我不再是盲目為學生決定哪樣的學習對他們是最佳的選擇了……我被我自己的精神和靈魂所限制住，要求我要盡力做到正確的事情，不過我可不想孤軍奮戰，因為孤軍奮戰的做對的事情是非常困難的，也帶有強烈的情緒。我想要某些確定性、某些平和的感覺、一個我不能沒有的感受。

我是否要在焦慮的過程中度過一生呢？我是不是要成為一個負責的成人，為著我所信仰的真理而奮鬥，要求學生做這、做那；甚至當我找尋方式讓他們參與，根據他們的興趣發展課程出來，讓教室的學習是他們自主的模式學習，他們在活動當中逐漸發展出識字的讀寫能力，讓他們的這些能力能夠被他們自己所珍惜，也呼應我最深層的價值和信念呢？

這段文字的描述讓我屏息以待。這個探究小組的許多成員對於史帝夫的氣餒也有同樣的驚奇，畢竟，這是一位經驗豐富、有自信的老師——而且從認識他或者與他共事的人的觀點來判斷，他是一位非常具有天分的老師。他那種極端痛苦的考量對我們而言，既感人肺腑也讓我們深表驚訝。史帝夫對於教學的評論給我們帶來哪些啟示，對於像他這樣的老師都還深感自己的能力不足，是否也說明教學工作和不可能的任務之間的關聯性呢？這也是說，星期一早上我該怎麼進行教學工作呢？一個令人頭大的問題。我們看到它不僅是一個技術的問題，也是一個關於方法、價值、信念、信仰甚至熱忱的問題。「星期一早上我該怎麼進行教學呢？」如果使用史帝夫討論的方式，就成了「我是值得別人尊敬的人嗎？我知道的夠多到可以進行教學的工作嗎？我做得夠好了嗎？」的問題。

雖然史帝夫・葛登的文章確實反應了恐慌、懷疑和不確定性，不過它也說明了教學——優質的教學——是永遠不可能被我們掌握在手心的工作。教學是一個不斷改變的工作，而且總是一件既有趣，也具有十足挑戰性的工作。那是一個人可以被教學感動到類似史帝夫所描述的焦慮情況，對我們來說，這也說明了在教育現場存在著一個偉大而且英勇的行業。

史帝夫・葛登的論文促使探究小組進入一個最豐收的對話因子，因此也成了我們持續學習的因子。或許這是因為教學那種不確定性和茫然困惑，在他所寫的文章中是那麼清楚明白的呈現出來。那是一種排山倒海的強烈感受，所以探究小組因此質疑是否有可能讓一位老師持續不斷的進行教學工作，每一天不斷的教學而不會犯錯。「我做錯了，」史帝夫插嘴說道：「而且犯錯的頻率還相當頻繁。」他接著說：「我今天又犯錯了。」茱蒂・貝克

補充說著：「或許你可以瞭解到為何許多老師不肯承認錯誤，這是一件非常**痛苦**的感受。」

最後，史帝夫・葛登的文章讓探究小組的每個人感覺我們越來越像是完整的人，對於教學和我們自己也比較充滿著期望，至少和探究小組的會議還沒開始之前相比較，每個人都有這樣的感受。這裡有一位具有多年教學經驗的老師，仍然宣稱他自己還不怎麼確定，也擔心害怕接下來的日子該怎麼進行教學的心聲（「形成小組——我對於這類型的學習模式沒有多少瞭解。」他補充說著），不過這位老師選擇和這種不確定感終身為伍。

支持教學的社群

090

準老師對於教學的藝術抱持著怎樣的印象呢？受到大眾媒體的影響，他們當中有許多人可能把學校看成是個別老師「變戲法」的地方（這是凱倫用來描述最棒的老師的一個用語）。不過戲法有時也有出錯的時候；有些時候即使最棒的教室也會變成老師嘗試做正確的事，卻完全失敗的場所。變戲法和其他崇高的教育目的不僅需要個別老師的熱忱和努力，還需要建立一個支持的學習社群。把老師視為一個知識份子的社群代表著我們瞭解到教學不僅會因為個別老師的傑出表現而相得益彰，更會因為團隊合作的努力而開花結果。

不過這不是多數初任教師在師資培訓時被教導的教學觀點。師資培訓正在改變當中，不過多數師資培育機構仍然以平穩的課程教導準老師一些無可爭辯的事實，教導他們一些「最佳教學實務工作」，以及各種教學法和刻板的例行性工作，期望這樣的培訓能夠協助他們在個別教室裡可以發揮，就好像教學法本身就是公立學校目前所面對的各種疑難雜症的神奇解藥[14]。當多數人對於教學抱持這樣的印象時，我們該如何鼓勵老師採取另類的思考模式呢？當老師在個別的私領域空間必須承擔知識份子的重責大任時，有誰可以支撐這類型責任所需要的能量呢？我們在教育這個領域該如何重新出發，才能夠提升教師在社會上的身分地位，才能夠讓我們可以把史帝夫・葛登、茱蒂・貝克、朱尼亞・葉爾武德和派蒂・博得這些優秀的老師的努力，公諸於世，也才能夠讓我們可以打破社會大眾持續認為教學只是一個孤軍奮戰的行業呢？

參與探究小組的老師，像是史帝夫・葛登和其他老師，都對社會對於老師那種孤軍奮戰，經常單獨一個人把頑固的學生神秘的轉化為成功、渴望學習的學生的那種刻板印象進行公然的挑戰。就像這些老師所發現的，想要有效率，老師就需要和其他人聚在一起成為一個社群來進行持續的學習。這意味著老師在學校就要找尋一些同事討論、爭辯他們對於教學的觀點，讓他們可以創造、發明和編織自己的教學模式；這也說明了當我們要把教學視為一種知識份子的工作時所代表的意義了。

第七章

把教學視為一種民主的實踐

091

（本章採用史蒂夫・葛登和瑪麗・柯蕙的文章）

當我們提到要把世界，我們這個世界，改變成一個比較好的生存環境時，那麼我們就沒有必要在適度的行動與過度的行動之間做區分。任何事情只要以一種具有競爭力、忠誠度、清澈想法與堅忍不拔的毅力進行，任何事情只要能夠強化我們與冷漠、自私自利和邪惡權勢之間的對抗，都是一樣的重要。

Paulo Freire，《把老師視為文化工作者：寫給那些膽敢教學的人》

（*Teachers as Cultural Workers: Letters to Those Who Dare Teach*）

老師們會走入教學這個行業可能有千百個理由，不過在那些理由中，通常不是因為名利吸引他們，也不是因為有豪華的工作環境吸引他們。相對的，就像我在過去這麼多年來和老師合作的經驗發現，對他們當中許多人來說，社會公義在他們選擇擔任教職的動機上，絕對是相當凸顯的一個因素。對於那些剛開始擔任教職的人來說，當中有許多人是想要對其他人的生活有所幫助，他們承諾要達到民主社會、公平競爭和機會均等的那種理想境界，都非常的強烈。不過悲哀的是，當他們逐漸瞭解教學工作的真相後，這樣的衝動有時候相當短命。許多老師一開始充滿願景的期望成為充滿魅力、英雄般的老師，類似好萊塢電影那種羅曼蒂克般的教師時尚風潮。那些都是既不真實、終究也是自欺欺人的願景，最後都被教育現場的種種給打垮，也對教育感到失望透頂。

其他因素可能可以解釋那些長久以來持續擔任教職的老師，他們仍然保持自己早期的承諾，或許他們和剛擔任教職時相比較已經不再天真浪漫。個人歷史，就像是我們在第二章所看到的，

通常是他們堅忍不拔，持續教學的根源。對某些老師而言，他們對於教育的信念是因為多年以來在其他公平公正的議題磨練而成的。一些老師正逐漸瞭解到他們學生的家庭和社區所遭遇到的不平等待遇，所以承諾要提供學生公平正義的教育環境。他們開始瞭解受到排擠的意識型態，不管是在校園內外，都很不公平的攻擊一些學生；所以他們開始針對第四章所提到的一位叫安妮塔・蓓瑞爾的老師所宣稱的「打擊我們孩童」的社會問題產生憤怒感。 092

最會挑釁某些老師憤怒的不公不義主要有兩個類型：貧窮和伴隨而來的疾病；以及社會上和校園內所顯露出來的種族歧視。例如，參與探究小組的老師反覆的提到他們的校園欠缺資源，也會提到他們的學生生活充滿困頓。和貧窮有所關聯、校園和社會對於種族歧視頑固不靈，以及我們這個國家也不願意去討論這項議題，是這些老師憤怒的另一個原因；和我一起合作的許多老師也都具有這樣的憤怒感受。

在這一章，我先描述美國境內教育方面不公不義的情境脈絡，並且把焦點集中在貧窮和種族歧視這兩個雙胞胎。史帝夫・葛登——我們探究小組的一位成員，以及瑪麗・柯蕙——一位在麻州西部地區服務的一年級老師，提供充滿說服力的證詞，讓我們瞭解那些老師和這些不公不義的奮力抗爭，也讓我們瞭解優質的教學在概念上就是要更加民主化的進行每天的生活。

為教育均等而奮鬥

老師有時候會抱怨一個社會所帶來的不公平待遇，讓人一眼就可以看出誰是「優勝者」，誰又是「失敗者」，當然參與探究小組的老師不可能例外。儘管有許多完美的辭令可以修飾，不過對於我們這個國家的學童而言，卻沒有可以躲藏的地點。多年以前，Jonathan Kozol 開創性的把都會型學校與郊區學校之間的差距公告周知之後，這樣的現象清晰明白的見諸於世，這些學校在地理位置上可能彼此緊鄰，不過在經費贊助和眾人的關懷方面，它們之間存在的差異就像是白天與黑夜一樣的相隔千萬里[1]。自從 Kozol 發行那本重要的書籍之後，情況並沒有顯著的改變。在我們的國家，貧窮情況仍然持續飆高：在美國境內有 20%的學童處於貧窮的指標範圍內，遠遠超過其他工業化國家的標準。偏偏貧窮學童卻也不相稱的呈現在我們這個國家的都會型學校裡面。

都會型學校學童所面臨的問題千奇百怪，不過非常不幸的就是在探討這些困難的諸多討論當中，所有的責任都被推回到這些學童和他們的家庭，好像說這些問題，千錯萬錯，都是他們生錯家庭。然而與其將責任推卸到這些學童沒有意願認真求學，或是他們沒有完善的道德修養，都會型學校所面臨的主要障礙其實就是欠缺他們迫切需要的資源；任何在都會型學校體制工作過的老師都可以證明這句話的真實性。雖然單靠經費是無法解決都會型學校所面臨的諸多疑難雜症，不過就長期的角度來分析，它可以讓貧窮學童和擁有富裕經費的學校學童之間的教育機會趨於平等。這是因為學校的經費預算和學生的學期成就有所關聯，這可以從一篇研究報告的結果發現，在學校的預算水準與學童的貧窮比例之間，以八年級學童的數學學習成就分析，存在著一個強烈的相關性[2]。因此，在不同社會階層提供給學童的不一致經費，幾乎一定和他們的社會階層有所關聯。種族和族群也牽扯在這項討論當中，主要是因為黑人、拉丁美洲後裔和美洲原住民的孩童比白種人的小孩更有可能屬於貧窮的孩童；相反的，白種學童比較有可

093

能偏向中產階層的家庭，和有色人種的孩童相比，他們會在經費預算比較高的學校就讀。

在我們的國家裡，我們比較會嘲笑一些不平等的範例，因為它們挑戰我們這個國家的深層靈魂所寄託的公平正義的理想。拒絕接受這個不平等的真相，我們才會淪落到一個菁英教育的制度，指出某個特殊的公眾數據來說明確實有些人做到這樣的水準；通常我們逃避責難的方式就是指出這些範例來支持我們的所作所為。不過當討論的焦點集中在個人和家庭的階層時，縱然在面對那種看起來不可能可以克服的成功可能性時，我們會傾向於把焦點集中在極端優秀的個人所達到的成就上，無可厚非的，這些成就是值得我們尊重的成就，甚至應該算得上是英雄事蹟。雖然這類型的成就可能可以讓我們在個人的階層有比較好的感受，以整個國家來說也能夠有滿足感，不過強化「任何人只要願意認真學習，就可以做到有為者亦若是」的想法，把討論的重點集中在個人的成就時，對於那些在都會型學校求學的學童並沒有具備起死回生的作用。

不過，如果我們把著重的焦點集中在**制度**和**結構**的基礎上來看待貧窮學童被迫要接受的可怕境遇，就會理解我們有一個迫切的需要，需要一個全國性的承諾來改變那些情況。沒有任何孩童應該去克服生活在貧窮邊緣的年輕學子所面臨的挑戰（譯註：作者強烈為貧困學生叫屈。所以認為生活在貧困生活必須面對許多挑戰，是那些孩童無法面對的）。單純的個人個性或意願絕對無法創造出那樣的差異。讓我用 Kathryn Anderson-Levitt 的話來說吧：「不管有多少個人抗拒環境影響的策略，以及有成千上萬的成功案例，我們可以相當精確的預測，從某種規則來分析，哪一種族群和哪一種族群很不相稱的涵蓋了在這個體制尚無法成功的學生類別。所以如果我們還無法看清楚這一點基本概念，我想我們應該是瞎了眼吧[3]！」

在我們這個國家，能夠獲得均等、高品質的教育，長久以來就被視為每一個學童與生俱來的權利，不管他們的出身與身分地位，這都應該是天賦人權，不過儘管面對這個值得珍惜的理想，我們在教育界長久以來的歷史卻充滿著非常多案例，充分說明這種不公平的教育機會和學生的學習成就。這樣的不一致多半和學生的種族／族群、社會階層、性別和其他差異有所關聯。Francesco Cordasco 在超越四分之一個世紀之前所寫的文章，這樣說明了美國境內學校所呈現的不均等教育：「在一個多元種族、族群多樣化的社會裡，美國的經驗（很確定的發生在它的學校裡）就是一個文化方面具有攻擊性的經驗，對於許多學童來說，學校教育所提供的是悍然拒絕許多學童的受教機會，然後我們所面對的就是持續這種對於央格魯撒克遜族、新教徒、中產階層貴族菁英的社會和經濟方面的優勢[4]。」一旦開始認真推動民權運動，公立教育就是這個議題的主要核心焦點所在。不過這樣的努力奮鬥絕不輕鬆，因為公立學校的教育所代表的就是高度理想化的教育均等，以及挑戰那些高度理想境界的少數既得利益團體；這樣的結果導致一個緊繃的張力，長久以來就很明顯的存在於種族之間的差異。根據教育史學家 David Tyack 的論點：「想要保留白人至上的優勢，以及想要達成種族之間的公平公正，已經為一百多年來的教育政策爭論加油添醋許久了[5]。」

然而，即使是近年來的教育改革也沒有明顯的改變這樣的情境。有一個專題研究包含了全國十六所學校，是透過大規模的「轉捩點創新計畫」（Turning Points initiative）來瞭解國中進行改革時所可能遭遇的困境，研究者發現教育改革在打斷「這個國家的歷史、裂縫、不均等，以及它的霸權和種族歧視的路線上」毫無起色的功能[6]。在過去這些年當中，美國已經不再是一個提供教育均等機會的完美楷模，相對的，美國境內的學校在經費運作、課程提供和教學品質方面在世界各個工業化國家當中已經是排名最末的一個國家了[7]。同樣的，我們的學校運作並沒有脫離這個社會運作的常軌，雖然我們期望這個國家能夠呈現出公平競爭和平等競賽，讓不同的人可以參與。所以雖然我們這個社會對於教育均等充滿了熱情的意識型態，不過以一個國家來說，我們還有漫長的旅途才能夠到達那樣的境界。

美國境內公立學校的教育因此呈現了一個錯綜複雜和充滿矛盾的圖像，在這圖像裡對於某些人來說提供了非常特別的機會，不過對於其他人來說只能夠獲得非常有限的接觸機會。雖然在我們的社會，教育一向被視為脫離貧窮的一個主要管道，而且它也稱職的為某些人提供令人讚美的功能，不過對於絕大多數處於經濟不利或是文化和種族上與「主流社會」不相同，或兩者都具備的年輕學子而言，學業成就卻是一個難以理解的可能性。在許多年前，當 Ted Sizer 遍訪了全國各地的高中之後，他在一個穿透人心的陳述中這樣說明我們的學校和社會：「就是那個樣子，所以我有正當的理由可以這麼告訴高中的校長：『告訴我你學生的家庭收入情況，我就可以為你說明你學校的情況。』[8]」顯然有些事情一定錯得離譜。

學校和社會上的種族歧視

種族歧視在社會上處處可見，也找到進入校園的方式。通常我們會把種族歧視簡單的想成是呼叫姓名、破壞公物或暴力行為的舉動，不過它不僅透過種族歧視的污衊嘲笑，讓我們明顯的看得到種族歧視的存在。因為整個社會對於這類型的行為採取一個強硬的抗拒立場，不過即使我們這個社會的多數學校早已經歷過漫長的旅程，不過種族歧視和其他的偏見涵蓋的遠遠超過這類型明顯的行為而已（譯註：在二十世紀初期，美國的黑人還沒有享有公民的權益，即使他們早已脫離黑奴的命運。美國整個社會對於「非主流」人口還是有一種白人至上的優越感，這一點是作者的原意）。所以雖然種族歧視可能會透過個人心胸狹窄的氣度顯現出來，例如部分老師對於某些學童會比較偏心，不過在不知不覺當中比個人在盲從或狹隘心胸還更有破壞性的應該就是**體制上的種族歧視**（institutional racism）了。透過特定的政策和實務工作，某些人具有某種特定的種族淵源，所以透過特定的政策和實務工作而獲得某些既得的利益，這種現象就非常明顯的展現出體制上的種族歧視了。

095

體制上的種族歧視通常包含在學校的政策和實務工作內，所以外表上看起來是那麼的自然和平常。這樣的情況包含了能力分班，在這制度底下，多數族群的學童幾乎毫無例外的被分配到 A 段班，而 B 段班則是其他族群學生的落點，這樣的現象特別在自然科學與數學兩門課顯得更特別清楚；還有在課程部分，有效的將主流人種以外的種族排擠或否定他們在學校的歷史、藝術和其他領域課程裡（譯註：多數課程通常顯現出主流種族的優勢，這也可以從中國的歷史發展看出端倪：我們目前所學的歷史就是一部王宮貴族的歷史，至於少數民族通常被視為「番邦」、「蠻夷」……）；或者甚至在寫給學生家長的公開信件因為內容是以英文呈現的，讓一些看不懂英文的家長不是根本不會講英文，就是看

不懂英文而無法參與學校的運作。這樣的實務工作看起來可能相當公平，或者「沒有膚色上的偏見和歧視」，因為畢竟他們都以相同方式對待所有學童。不過就誠如一位逐漸體認到體制上的種族歧視的白種人老師伊芙琳・海珊在說明體制上的種族歧視在學校是如何顯露出來時所說的：「我們必須瞭解的就是體制上的種族歧視通常不會很噁心，通常它們不是透過種族歧視的污衊呈現出來，相對的，它經常被傳統、公平公正和高標準的宣布所隱藏起來。所以體制上的種族歧視絕對不是罕見的個案，相對的，長久以來它早已經走入我們這個充滿種族主義的社會裡[9]。」

參與探究小組的安卜瑞茲・麗瑪——一位雙語的老師，經常思考種族歧視和族群的疏離問題，就提出一個體制上種族歧視的個案範例。她解釋著說到自己想要變成一位老師的主要原因就是想要保護來自西非維德角的學生，以免他們重蹈她早年身為一個移民子女時所遭受到的不公平待遇。她的學生所遭遇到的**個人**攻擊已經夠她傷腦筋，不過她更關心的是學校在**體制上**的安排，這些體制上的安排會強化社會對於特定學生族群的偏見和歧視。在雙語的環境下，這包含了將雙語的學生和學校裡其他學生隔離開來，學校還以一種微妙不可捉摸、不過卻非常明確的障礙拒絕他們參與校園裡雙語以外的其他校園活動。

安卜瑞茲以感人肺腑的文筆書寫了她來到美國時被學校安排到一個雙語教學環境時的個人經驗。在一本和雙語教學有關的書籍中，她負責一個章節的內容，她說明了雙語課程活動就像是在一個疏離體制下的綠洲一樣。她一邊反思，一邊告訴我們在一個大環境底下，身為一個新移民時，學校如何剝奪她的語文和文化：「在新的學校裡，我內心的一部分已經死了。如果不是我變成了啞巴，就是我身邊的人變成聾子了。我變成隱形人一樣的被漠視

著，也可以說人們根本就視而不見的把我當成空氣[10]。」

096

安卜瑞茲在班上看到那些來自於維德角的學生也發生類似的事件。他們抗拒維德角的母語或葡萄牙語（他們當中有些人會這兩種語文，譯註：維德角的官方語文主要是葡萄牙語），他們也因為自己的身分感到可恥。她很清晰的瞭解到這類型的行為舉止是因為老師們對於學生的觀點所衍生出來的，即使是意圖善良的老師也可能讓這些學生因為自己的種族淵源而感到羞恥。在一次探究會議上，她這麼說著：「我認為最主要的差異在於學生剛剛抵達這學校時老師對於學生的態度吧！我們會認為他們是擁有某些文化背景的人，我們是否把那樣的文化背景視為有價值的事情，然後從那個學生所攜帶的文化背景發展一些學習的活動來教導其他同學，或者我們可以把那樣的文化背景塗抹掉，然後要求那個學生好好的把英文單字背誦下來就好了。」

老師們走進教學這個行業時可能並沒有這樣的心理準備，不過在他們每天的教學任務當中，在都會型學校教學的老師無可避免的必須和種族歧視與其他不公不義的事件奮力一搏，這樣奮力一搏的過程並沒有任何藍圖可以參考依據。不管是透過他們所發展、設計的教學單元，或是他們精挑細選的策略，或者在教師朝會提出建議，或者建議學校政策做些修正等等，老師的工作通常和教育正義有關聯。

把教學視為教育正義的工作

在探究小組快要結案之前，我建議探究小組的成員閱讀和討論保羅‧佛萊雷所寫的《把老師視為文化工作者：寫給那些膽敢

教學的人》[11]。這本書是在佛萊雷往生之後，為巴西的老師而出版的，包含了十封寫給老師的信件，焦點集中在教學這個行業，以及更廣泛的討論教育的目的。在這本書裡，佛萊雷也提到和教學法、語文、文化，以及識讀能力的特定議題。

我認為要求探究小組的老師閱讀和討論佛萊雷的想法將會是一件對他們有所幫助的事情。雖然佛萊雷給老師的信件所提到的教育情境和美國地區都會型學校的情境差異很大，不過我們倒是發現許多重要的洞見，甚至在這兩個截然不同的國家還有相平行的情況發生著。我們針對這本書進行非常豐碩和刺激思考的討論，而且這本書似乎攪動了我們內心的思考，更深層的思考教學這個行業以及老師所需要扮演的角色。當然，我就因此要求他們以佛萊雷書上給老師信件的模式，另外寫一封信給新進這個行業的初任教師，信件的書寫也參考了 Vito Perrone 所寫的《給老師的一封信：學校教育和教學藝術的反思》（*A Letter to Teachers: Reflections on Schooling and the Art of Teaching*），這也是探究小組許多成員都熟悉的另一本書[12]。瞭解他們豐富的教學經驗和特殊的洞見，我非常好奇想要瞭解他們會怎樣告誡初任教師。

在他們所寫的信件當中，許多老師表達了他們對於這項工作深深的感到驕傲，當然也表達了對於他們所遭遇到的待遇會有的氣餒。他們和初任教師分享自己一路上所學習到的各種教訓，他們針對在現在這種都會型學校擔任老師有什麼真實的意義等等。許多老師都提到教學應該是一項教育公義的展現。史帝夫・葛登的信件就是一個不賴的範例。

寫給初任教師的一封信

史帝夫．葛登

親愛的同事，你好：

你已經下定決心了。幾乎要和你的親朋好友撕破臉，他們苦心勸你不要走入這個行業，不過你卻決定這是你的選擇。當然我很確定，你不是因為起薪是否足夠，或是社會大眾對於這個行業的觀點，讓你的內心不斷的呼喊，叫你走入這個行業，所以我相信你應該相當清楚瞭解在我們這個自由社會，強調財富遠勝於社會正義的情境下，從事這個行業的人所獲得的尊敬和感恩幾乎是微乎其微的少。

你已經找到結論，想要成為一個為了孩童的教育扛起責任來的那個成年人，這樣的呼聲也就是你內心的渴望吧。為何會有這樣的渴望呢？身為一位老師，你期望給予學生什麼知識和技能呢？你又期望從這行業裡獲得什麼回饋呢？當你看到自己在教室和別人的子弟在一起學習時，你將會看到自己做了哪些，說了哪些事情，是你認為對於師生都是有必要的呢？你為何想要擔任教職呢？為何挑選這所學校呢？為何和這群特定的孩童呢？我建議你現在就好好的回答這些問題；並且和那些關心你幸福的人共同檢視和討論你的回答。我希望你的回答可以激發和支持你持續在這行業執教鞭，並且為你的學生做些不一樣的事情，讓他們的學習因此而有重大的轉變。我期望這樣的回答可以提供你足夠的勇氣和鼓舞，以及持續在這行業打拚下去所需的堅忍不拔精神，並且獲得最後的成就，當然我也希望你能夠在這行業找到志同道合的夥伴和你一起合作。

我歡迎你走入我也挑選的行業。從你執教鞭的第一天開始，或許從來都不會離開過你，你將會發現焦慮和自我懷疑可能會伴隨著你的身影，一直跟隨著你；至少我是這樣的情況。我曾經感到孤軍奮戰的辛苦，有時候也會覺得教學無效，甚至會認為學校的同事和行政人員都已經放棄我了。我看得到、也感受得到學生的真實面，他們的需求和渴望，我認為自己可能沒有好好的帶領他們，所以他們沒有獲得該有的學習成就，至少我認為自己沒有做到正確的事情，或者說我做得還不夠。有時候我也會非常生氣、憤怒，然後將學生失敗的原因歸咎於種族歧視和經濟方面的不公義。

我學著去接受、甚至歡迎這個令人恐慌的罪惡和憤怒。我相信這些情緒讓我繼續當一個有誠信的人，督促我理解自己必須要做的份內工作，也當作我擋開愚蠢、容易做的那些稱為解決方案的事情，對我來說，這些輕鬆解決的方案反覆的在教育界浮現出來，在這文化的醬缸裡，幾乎就是抗拒去承認教育這個錯綜複雜的議題，也想要逃避社會不公不義的種種現象。與其給你建議，讓我和你分享，在波士頓地區的高中執教鞭三十年之久，我到底是如何努力才能保持自己對於我的學生、同事和一般學生的承諾。

當我對於學生的期望和他們目前的學習成就之間有著顯著的差異時，我學會了去承認我也會生氣、憤怒，當然也學著去表達我的憤怒和生氣。我將這樣的差距歸因於我們的教育體制無法為每一個學生提供均等的教育正義機會。我曾經親眼看到一些學生原先充滿動力和意願想要學習，卻因為體制的關係而逐漸萎縮，我也看過沒有學習動機和自律能力的學生，當然他們就無法擁有傑出的表現，我也看過一些學生被這個體制所制約了。我在詮釋這些學生的學習態度和行為時，認為這些偏差的態度和行為都導因於低落的期望、偏差的教學法，還有那些幾可亂真、整個體制所採取的「解決方案」——當然包含了目前最流行的標準和一些相伴隨而來、影響深遠的標準化測驗運動。不過不管外面怎麼改，我持續堅持我的每一個學生都要為他們自我的表現負起責任來。

不管在情緒上是如何具有誘惑力和滿足感，我會有意識的找尋方式，以免將當下的情境做一般性的廣泛推論和指控，來減緩我的失望感受，因為這樣可能會傷害我的學生——他們的語文、父母親和種族和文化。我會承認自己遭遇到的挫折感，也不會壓抑自己的憤怒感受。當我表達我的憤怒時，我強迫自己檢視學生的學習需求和我的教學實務。這樣做下來，我肯定教育還有希望，也樂意為學生的成功而肩負起重責大任。

我試著在學生面前表達我的期望和失望感受，告訴他們我對於他們的期望和要求。我相信我把期望表達出來將會協助他們為自己的教育負起更多的責任，所以他們就不會只是單純的順從或抗拒我的要求和期望。我經常要求他們評量我在教導他們的內容和方法是否具備了教育的正當性。他們必須參與他們自己的教育——在他們個人的個別認知和語文發展方面，以及學校在學業方面的要求之間必須找到一個值得我們共同遵守的切合點。我還沒有成功的創造一個教室的社群可以抵銷學校文化長久以來所累積的負面影響力，不過我將會持續嘗試去找尋這樣的教室社群。對我來說這將會是一件不簡單的工作，因為我還不太知道該如何在學生群體當中引起足夠的自律和自我決定，或許你可以在這方面幫忙我，我還有許多值得學習的項目呢！

一方面求生存，一方面還要繼續成長，我也發現一些同仁和我一樣，對於我們的學生和教學抱持同樣的憤怒、期望、信念和假設。當我和這些關懷教育的同仁討論我的教學時，我會明確的讓他們瞭解真正困擾我的問題是什麼；我更要和一個恐懼感相對抗，那個恐懼感認為教學上有問題代表做錯了某些事情。我們明確的說出個別教室裡真實發生的事件，那些阻礙他們成功教學和威脅他們自我形象的範例、個案，我試著協助我的同事在教學專業上更容易受傷。當我的同事尋求我給他們建議時，我盡量避免去解決同事所提出來的問題；相對的，透過詢問和質疑，我試著為他們找尋出一條路，讓他們瞭解到底真正困擾他們的事情和起因。分享教學上的困境真相和相關的情緒反應成了我個人和專業成長上的必需品。幸運的，我是許多「教師即研究者」和探究小組的一員，他們都支持我用這種誠實的態度面對教學的困境，也協助我檢視和改善我的教學。

099

然而，這些真相和情緒如果要讓老師能夠忍受教育的煎熬，只是必要條件，還稱不上充分的條件。我學會了將困擾我的那些問題轉化為一個值得探究的問題，剛開始做這樣的轉化還真的不簡單，因為我針對自己的教學實務工作建立一個探究的立場才得以完成這樣的使命。我學著去研究困擾我的問題，找尋和閱讀我的教師夥伴和研究者針對那樣的問題已經有哪樣的發現。例如，身為一個英文老師，我參與了全國英文教師委員會和國際閱讀學會，我會閱讀它們發行的專業期刊。我也想要在我的學校創造一個知識份子的社群，讓老師可以分享和討論教育相關的文章和書籍。我會成為一個老師就是因為我相信人類智慧方面的發展，我就必須照顧好自己在智慧上的發展。我找到了一些激勵人心、支持性很高、具有洞見的作者，他們都教導我許多事情，也肯定我的觀點是朝著正確的方向邁進的。當我想到這些作者，我會想到保羅・佛萊雷、Lev Vygotsky、Lisa Delpit 和 James Gee。而且如果沒有 Sonia Nieto 的要求，我也不會寫這封信。

我很高興自己發現了一個專業，可以結合我對於社會正義的信念與我對於知識份子卓越表現的熱忱，我的職業選擇意味著許多的焦慮、憤怒和失望，不過這項工

作也帶給我深遠的喜悅。我將我一輩子的時間投入一個正義的目標：波士頓地區高中學生的教育。歡迎來到我們這個高尚的行業，以及我們長久以來的目標。

帶著期望和信念的史帝夫・葛登

為民主而教學

在美國，我們因為生活在一個民主社會而感到驕傲，然而對年輕的學子來說，我們幾乎沒有提供任何機會讓他們可以為未來的民主社會做準備。每一個選舉的日子裡，我們常常因為投票率少於 50%而嘆息。不過為何這樣的現象會讓我們感到驚訝呢？在學生即將出社會成為民主社會的一員方面，我們只有提供口惠而已，我們很少提供機會讓學生可以在校園裡體會民主社會的運作，因為我們的教學和課程通常和這項使命相衝突。例如，學校裡的課程對於這個國家過去的歷史當中那種不民主、排他性的醜陋面向鮮少有任何內容呈現，不過我們瞭解到那種醜陋的一面和我們國家具有民主、包容和高尚的面向都具有同樣的功能。不僅是民主化的過程在校園裡極度的欠缺，同樣欠缺的就是民主社會中非常關鍵的項目：讓每一個學生都可以體驗民主化過程的矛盾情節。在許多校園裡，我們發現民主化的實踐只有在教科書裡面呈現，偏偏這樣的內容通常也只局限在美國革命那段時期，相當具有理想主義的討論罷了。在求學過程當中，多數學生幾乎沒有機會去嘗試每一天的民主過程，也就是那種雜亂無章的衝突現象的體驗。學生在他們自己的生活上可以清晰的看到這些矛盾衝突，所以在校園裡完全忽略這些矛盾衝突所傳遞給學生的訊息就是學校只教導一半的真實面向而已。這些問題影響我們每一個人，不單純只限於老師和學生身上。

100

為民主而教學可能代表許多事情。它可能意味著我們要教導學生一個更完整、比較複雜的歷史；它也可能意味著說我們在校園裡要更加包容，確認在對話當中也包含了寂靜的聲音（譯註：silenced voices 是 Lisa Delpit 著名的文章，指出在校園裡經常因為少數民族不熟悉多數民族的語文和文化，所以他們的聲音經常被多數族群所消音）；它也可以意味著建立一個民主的學習環境；它也可以意味著我們要質疑刻板印象和標籤現象；它還可以意味著教導學童，即使是最幼稚的學童，要他們質疑自己正在學習的知識和技能。畢竟，文明會進步並不是因為那些既得利益者的配合，而是透過那些挑戰規則的人——不管我們教導的是美國革命時期或是民權運動的階段[13]。有位老師在這些方面都善盡職責的完成使命，那就是瑪麗・柯蕙——一位極端優秀的教師，也曾經是我的學生。

就在我完成這本書的草稿時，我想要問問瑪麗是否願意分享她為何還會在這個行業打拚下去的原因。她很快就回覆我的問題。她寫給我的電子郵件強調民主的教學以及教育的公義，對於個別的學生，也是為了學習如何在一個社區生活而必須要教導這兩個重點。

瑪麗是一位有愛心、非常投入的老師。畢竟，她想要讓那些她所教導的學生（今年是一年級學生，不過她過去教導過一年級和二年級學生）學會批判思考，並且有合乎道德的觀點來行動，也想要讓她的學生變成創意思考和嚴肅思考的人，更要學生瞭解他們以個人或群體的力量可以改變世界的權力。就像你即將在底下看到的，她每天在教室的生活就是一項冒險，不管你什麼時候問她，瑪麗都會有一些激勵人心的故事來分享那天發生在學生身上的事情。瑪麗想要讓學生挑戰權威，甚至是她的權威；她教導他們一定要問：「證據在哪裡？」所以每一次她教導他們某些新的知識或技能時，她的學生會問：「證據在哪裡？！」

瑪麗・柯蕙喜歡教學。她比多數老師都要晚進入教育的工作職場，她在三十多歲才進入這行業。她有好多年擔任社區組織者的工作，主要是和非洲後裔美國人與拉丁社區在一起工作，並且順道學習西班牙語。然後她決定要轉業。我好奇地想要知道為何她會做這樣的決定，以及她為何還持續擔任教職。雖然她並不是在一個都會型學校教書，不過她擔任教職的小城市在社會階層、種族、淵源、母語和家庭結構方面確實有非常多樣性的差異，而且她也會遭遇到那些在都會型學校會面臨的相同挑戰和問題所帶來的困擾。她給我的回函是相當完整，而且針對教學民主化提供深思熟慮的證據，是我在其他地方曾經看過最棒的一封信。

101

活在這個世界上的一種方式

瑪麗．柯蕙

親愛的 Sonia，你好：

很高興聽到你的訊息。我很高興你的書即將問世，也很高興你有一個機會可以在這個月把重心集中在這本書的寫作，我很樂意為你的書本提供一些素材。我很抱歉每次你邀請或者給我一些建議時，我都慢吞吞的回函，所以這一次我不會再把妳的邀約寫在一張清單上面（**譯註：寫在清單上面通常會遺忘該寫的文章，所以瑪麗乾脆直接寫信回函**），我趕緊寫這封信給你。因為我不知道該如何在一封電子郵件上面儲存檔案，所以我這回必須一次完成，並且在瑪瑞德睡完午覺之前完成這封信。

教學是生活在這個世界的一種方式，我就是沒有辦法看到自己不是以一種做對事情的方式生活著。大小和效能對我來說沒有多大意義，如果我可以栽培一棵植物或是一座大花園，如果我可以好好的協助一個人，如果我可以每年和二十個學生與他們的家庭有所接觸，或者好幾千人，重要的是我做了，而且做得很好，我必須用心的做我認為該做的事情。教學、組織結構、關懷照顧，以及教養的歷程，我相信它會讓我變成更好的人。我並不是比我的鄰居好，我是說我比昨天的我還要好。

很明顯的，比較好的部分是可以爭論的。不管好壞，它讓我成為一個人，讓我成為一個人類，讓我想、讓我學、讓我繼續活下去。

我並不是一直都和人們相處在一起。你知道的，有一段時間我根本就像一隻寄居蟹一樣的躲起來。我住在森林裡的一個小帳棚，吃的都是米飯和豆類食品，還有一些燕麥捲、野生的草莓等等。我在那段時間學會很多事情，關於森林、也關於我自己。當然，在那時候我有在學習，不過那時候的我並沒有在教學。我把生存看成是一件必要的事情，不過我現在捫心自問，我怎麼度過生活的呢？或許在我年輕的時光，我認為安靜、溫柔的生活著，盡可能不要擁有太多，也不要用太多物資就夠了。慢慢的我瞭解到生活並不單純只是一個人擁有或使用多少物資（雖然我不認為那是一個壞的構想，我仍然盡可能過著儉樸的生活），生活的重點應該是我們給予什麼才對。我可不是在講一些偉大的作為，或是得獎的成就，只是從人類的連結所得到的那種施捨和關懷，住在社區裡，當人們需要我們的時候，轉向那些需要我們幫忙的人，而不是轉身就走；我想那應該就是一種慷慨的心靈吧！

我在組織運作上工作了十四年之久，因為我想要改變這個世界。我為著一些人被驅走、不公平的解僱、斷水斷電和譴責而搏鬥，我為人們的食物券（**譯註：美國政府發給貧民的食物券，可以用來兌換食物**）、也為了讓人們可以到毒品康復中心而奮力搏鬥；我教導英

102

文、勞工史和勞工權力；我組織糾察隊，也舉辦會議，並且發表演講、寫文章和宣傳單；我組織了好幾貨櫃的食物、衣服、毛毯和木材。我不斷的奮力搏鬥，我也認真工作到差點就掛了。當我的靈魂差不多用盡，當我發現內心已經乾枯時，當我感覺自己已經不是一個人類時，我停頓下來。

當我開始教學時，我擁抱了保羅・佛萊雷的理念，也就是認為教學基本上就是政治傾向的。我會深呼吸，並且告訴自己如果我能夠在一年內影響十八個孩子和他們的家庭，那就可以稍微改變這個世界。如果我可以讓一個孩子不要失去希望，那也可以稍微協助這個世界。如果學生離開我的課堂時，抱持比較開放的心胸，比較沒有偏見，會批判思考，即使只用到他們閱讀文章、寫作和數學的技能當中的一小部分經驗當作工具，為正義和社會改革、療傷或協助盡一點力量，那也可以某種程度的改變世界。

我運用兒童文學來教導一年級的學生認識行動主義的基礎，然後直接跳進人權運動的歷史，協助他們在同心協力、抗議示威、要求、協商、罷工和杯葛等方面發展一個概要的輪廓。我只是朗讀這本《喀哩，喀啦，哞：會打字的牛》（*Click, Clack, Moo: Cows That Type*），書中提到在農場找到一台老舊打字機的牛，就打字寫信給農夫，要求電毯[14]。當農夫拒絕牠們的要求時，牠們進行罷工，並且拒絕供應牛奶。接著牠們再打字寫信告訴農夫說母雞也要求要有電毯。當農夫拒絕牠們所有的

要求時，母雞也參加罷工的行列，並且拒絕生蛋。在我朗讀之後的討論時間，我告訴我那位剛來的實習老師，當你要把這類型的構想介紹給學生時要特別小心謹慎。

稍後，我在點心時間和一整桌的男孩一起坐下。在我坐下來之後，我瞭解到他們正興奮的討論學生為了遊戲的權益，不上學讀書而進行罷工。大偉——一個大嗓門、開朗的男孩問我：「那有用嗎？孩子可以罷工嗎？」我想了一下，然後告訴他們一件關於南非索威拖的學生在種族隔離的政策下進行全面性的罷工，他們罷工的訴求是拒絕上學，他們抗議的是政府要求他們學習南非荷蘭語——一種壓迫他們的白種人語文。

柯帝士仔細檢視我們在南非地區許多學校的筆友相片之後，告訴大偉：「我想我們的筆友應該會認為我們發瘋了，他們需要付錢去一所幾乎沒有任何書籍和廁所的學校，而我們卻可以免費上學。」約翰說：「我想在阿富汗的孩了真的也很想上學，不過他們根本沒有學校可以上。」還有一個男孩同意他們的觀點，大偉接著說，比較多的遊戲時間好像不是學生罷工的一個好理由。亞倫——一個害羞、思考縝密的男孩，在這段活生生的意見交換時間非常安靜的坐在一旁，當他說話時，聲音大小幾乎就像是對著他的餅乾講些悄悄話似的：「我們可以為戰爭而罷工。」大偉大聲的對他說：「你說什麼，終止戰爭嗎？」很細聲溫柔，不過還是沒有眼光的接觸下，亞倫說：「或許我們這群孩子可以為了終止阿富汗的戰爭而罷工。」

103

有時候，他們真的會讓我屏息以待的想要更進一步瞭解他們的觀點。

我不見得知道每天教學中的哪些事情有用。有時候，我一定要等到事情發生一段時間之後，才學會教訓。有一天，我打電話給一個小搗蛋的媽媽，讓她知道她的孩子在閱讀方面表現得多麼亮麗。她相當安靜的聽著，接著她說：「妳知道嗎？妳是打電話給我，告訴我說我的孩子有良好表現的第一個人。」

我還在思考妳的計畫名稱／構想，也就是到底是什麼事情讓老師願意持續打拚下去。當我寫到這裡，一個想法跑進我的腦海裡，那就是我們和家長、學生家庭的關係（當我提到家長時，我是說用愛心照顧他們的大人和監護人）。孩子是那麼謎樣的人物，難以讓我們真實瞭解的人物。我是一個家長，也是一個老師；家長不見得會看到他們的子女在學校的表現，而老師則不見得看得到學生在家裡的表現。我知道我在學校看到學生的表現，只是他們所理解和學習的一部分。同樣的，一年給三份成績單，並且舉行兩次親師懇談，也只能夠讓家長看到他們的子女在學校的更少部分。從每一年的開始，即使在校門打開之前，我努力建立我和學生家庭之間的關係。不管是到學生家庭的拜訪，或者安排學生的家庭到學校來和我進行不會太匆忙的對話，那樣的基礎是非常重要的。每個星期寫一封信給學生家長，讓他們知道我們在學校的所作所為，以及我們即將做的一些事情，都會讓他們的家庭對於孩童的作業、問題和觀察有一個

可以理解的情境。它為我們的工作建立熱忱，也可以在學生的家庭強化這樣的熱忱。我喜歡在學生家長接送學生時和他們聊天，我真心誠意的關懷這些家庭。

還有哪些事情會讓我持續打拚下去呢？我的校長。我有一位全世界最棒的校長，我可不想要用世界上的任何一樣東西來換取她的工作，不過我感謝上帝（和她）每一天為這所學校所貢獻的心力，她在我們學校創造一個氛圍讓我可以用自己的方式來教學和成長。她珍愛學校裡的每一個孩子，對於我所關懷的和平、平等、全球的文化和許多其他事情都有熱情，每當我們邀請她的時候，她都樂意加入我們的分享行列。其他老師也都讓我願意繼續打拚下去，像是我的先生比爾；像是隔壁班的金；像是走廊盡頭我在輔導的一年級老師；還有我上學期的一位實習老師；還有去年暑假我在聯合國針對種族歧視在南非舉辦的全球會議所遇到的那些老師，都讓我願意持續打拚下去。不過當其他老師遭遇到和我不一樣的困擾時，我會學著去聆聽他們的觀點，仔細觀察，並且試著去幫助他們。我再一次說明，是這樣的歷程讓我持續打拚下去，是我們分享這種我們稱為教學的熱忱。在那樣的過程當中有一種同志間的友愛持續發酵吧！

知識份子的工作，當然，教學當中絕對有知識份子的智慧。有時候，我希望只要有片刻時間或一小時的時間可以停下來不要思考，或者至少不要再去思考新的事情。如果真的那樣，我想我會死掉。雖然我經常因為想得太多而抓狂，不過它倒是讓我持續打拚下去的原因之

104

一。新的構想、新的問題來找尋新的答案，找尋新的夥伴來提問新的問題，嘗試解決新的問題，使用新的角度來看事情，或者是為那些我以前沒有熱忱的事情找到學習的動機。這裡有一個小小的例子，我曾經想過，為何要教導一年級的學生認識磁鐵，或者教導二年級的學生認識簡單的機械，除了說這是州政府規劃的課程架構以外，還有哪些能說服我的想法呢？真的，在那些接受大學教育的專家或商人（不是電工）中有多少人真的知道磁鐵呢？我是說磁鐵有兩極，這兩極具有同性相斥、異性相吸的特質，及磁性與羅盤和電流的運作有些關係等等的知識。真的，我們多數人不會太在意是否瞭解這些事情。為何一個六歲的孩子需要去瞭解這些東西呢？我應該只給他們磁鐵去玩，把它稱作「自然科學中心」的學習角落，或者說我已經「趕完磁鐵的課程進度」，接著趕下一個課程進度呢？讓我傷腦筋的就是我認為應該有某個原因是我錯過的。

去年，我決定選修一門物理的課程，它是一門好課，不過也是一個可怕的經驗。首先，我覺得自己像是一個學習外語的學生。這位教授聲稱這門課不必有數學或自然科學的背景，教導的課程內容屬於高中的物理老師所具備的知識和技能。我是所有學生當中唯一的小學老師；我不知道為何那些高中老師會選修這門課，我想他們早就知道物理了。我非常的生氣，也感受到嚴重的挫折感，以至於我在上課的第一天就哭了起來。我不知道其他人所使用的一些字和符號，我非常的生氣，為了

要向我這一小組的其他自然科老師證明我的觀點，我脫下鞋子，把鞋子掛在天平來讓他們看到我的觀點。在整個學期當中，我使用自己的方式學習，並且告訴自己：「我並不笨！」我用力的學習，以一種完全非正統的方式學習這門課程，通常是使用最原始的方式，有時候有用，經常也在正確的方向。在那之後，當我在教導一個二年級的自然科課程，一個簡單的機械單元時（另一個我原本不瞭解的課程），我簡直變成學生最崇拜的老師了！我使用《原來如此——世界運轉的秘密》（*The Way Things Work*）進行這單元的課程教學，然後好奇的想要知道為何那些愚蠢的教授不會使用這本書[15]？我很興奮的運用這些知識份子該有的能力，孩子們也感受到我的熱忱。在我們年終的野餐聚會裡，我可以聽到孩子們在遊戲場玩樂的聲音。「我將會從這斜面滑下去！」「想要和我在槓桿的同一邊嗎？史考特，因為你的人比較大，靠近支點一些！」當我學得比較多的時候，我可以讓學生的學習更有效。

孩子。我教導我的學生就像是我在教導自己的子女一樣，我想要給他們挑戰和關懷。當我看到我自己的子女和其他孩子的時候，不管是在我的學校，或在一所南非的校園裡，他們都讓我想要持續打拚下去。他們需要優質的教學，最棒的教學，他們讓我持續有動力。

好老師。我經常在想一些老師會真實熱愛他們的學科，或是真的熱愛我，或者願意聆聽我的觀點，或鼓勵我，或認真的聽取我的想法，或督促我把分內工作做到最棒的程度。妳是我的生命當中那群老師裡的一位——麗塔・瑞波特，我七年級的英文老師，每次閱讀我的日誌就會寫回饋的意見給我。我的九年級老師泰瑞・羅文，認真的閱讀我寫的詩，並且邀請我參與他的詩詞工作坊。他們讓我願意持續打拚下去，即使我好像永遠都不會再看到他們也一樣。我覺得我虧欠他們。在他們給我的那些作品和熱愛之後，我有義務變成好老師。我有必要把這份認真傳遞下去。

好的，Sonia，羅布森和比爾從圖書館回來了。火爐上的材火應該只剩下灰燼了。二十分鐘之後就有朋友會來我們家用餐，而我還沒有開始做菜呢！瑪拉雅德在嬰兒床唸一個小時的故事書給她的洋娃娃聽了，我真糟糕。不過我享受寫這封信的感覺，感覺上像是直接和妳聊天一樣。書寫，就像是聊天一樣，協助我思考、反省。我希望我所寫的這些資料對妳有一點點的幫助，只要妳喜歡，可以以任何方式使用這裡的文章段落。

和平

瑪麗

找尋平衡點

把教學視為教育正義所呈現出來的是機會和兩難困境。老師，特別是那些在都會型學校服務的老師，非常瞭解今日的教學和一百年前、或五十年前、甚至二十年前的教學簡直是天南地北的差異。他們瞭解到他們必須關注以往認為不可思議的許多問題，一些和貧窮、絕望、不公不義的相關問題。他們無法忽略這些問題，不過他們同時也無法獨自解決這些問題。即使他們有能力做得到，那也不是老師的角色。

老師不是奇蹟的製造者。他們也不是社會工作者或是傳教士，把教學視為教育上的社會正義，有時候會在教師群裡產生一種傳教士的精神，這樣的精神對學生、家長或學生社區的成員都是沒有幫助的，他們還可能對於這樣的幫助產生憤怒的感受呢！變成教室裡的 Holden Caulfield（譯註：*Catcher in the Rye* 的作者，不過通常被轉譯為「玩世不恭的青少年」的代名詞），把學生從困境當中解救出來，既是不可能的事情，也不是他們那些問題的解答。老師需要瞭解他們的角色不單純只是關注到學生腦海的東西；也要培育學生的心智和靈魂，不過這樣做卻沒有關注到不公不義的世界是一個很難處理的工作。

麗瑪、史蒂夫和瑪麗都瞭解這樣的壓力。對我來說，他們的教學實務代表著我們邁向正確平衡點的英勇方式——非常難以達到的一個平衡點。即使在一群樂意奉獻犧牲的老師當中——那些持續工作多年，有時候在最艱辛的工作場合進行教學的老師，教學也是一項非凡的嘗試；不過他們仍然持續打拚。他們的「秘密」 106

是什麼呢？身為一位有效能老師的秘密——有勇氣教學下去，是這個探究小組討論反覆出現的主題。那是我們在接下來的章節要討論的主題。

第八章

教學當作塑造學生未來的工作

107（本章有朱尼亞・葉爾武德與凱倫・格尼金斯所提供的觀點）

如果你不瞭解一個學生，你就沒有機會可以影響他。如果你不瞭解他的背景，那麼你就沒有機會和他隨時保持聯繫的狀況。如果你不知道他曾經去過的地點，那麼你也就沒有機會可以影響他了。

Manuel Gomes

出現在 Sonia Nieto，《聲援多元化：

多元文化教育的社會政治情境》

（*Affirming Diversity:*

The Sociopolitical Context of Multicultural Education）

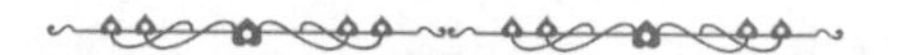

Manuel Gomes 所說的這些話，聽起來印象特別深刻，這是 Carol Shea 在幾年前為了我要寫一本關於多元背景學生的書籍時訪問的一個學生。這個學生並沒有感受到有多少老師曾經嘗試想要瞭解「他到底去過哪些地方」，頂多只是敷衍的瞭解他曾經去過的地方和一些體驗罷了。最後，倒是學校所舉辦的一個戲劇工作坊開導他，協助他面對日常生活中的一些議題：這些議題主要是因為他是一個剛來到這個國家的新移民，也是學校裡的新面孔，所以他需要調適自己來適應一個新的社會，也需要學習一種新的語言、為了他自己的自我認同而不斷的掙扎著、「融入美國這個大熔爐」、他的父親患了威脅生命的疾病，以及生活在貧困當中等等議題，這些議題都同時迎面挑戰一個剛來到這個國家的新移民。嘗試去認識他們的學生是我在探究小組老師群體當中的工作核心，不過很明顯的就是這樣的關懷並不是每一位老師都具備的基本素養。

雖然多數老師也都盡可能真心誠意的去接觸每一個學生，不過有些老師從來都沒有這麼努力過。實際上，許多老師對於他們所教導的學生並沒有太多的瞭解，當然這樣的現象是許多原因造成的，當中一個原因就是老師個人的經驗和自我認同通常和他們所教導學生的經驗和自我認同有很大的差異。當我們再進一步瞭解到學校裡的學生人口學變因正在快速改變中，這樣的差異將會是有史以來最明顯的時刻：黑人、亞洲人、美國印地安人、拉丁美洲後裔學生，現在在美國公立學校所占有的學生人口比例已經近乎39%了，偏偏老師幾乎一面倒的是白種人（幾乎90%）[1]。在他們所接受過的師資養成教育過程中，多數老師很少有機會瞭解怎樣去教導那些和他們非常不同類型的學生。所以雖然許多教育學院和在職教師專業成長的課程也都不斷的演變來反應這個國家不斷變化的人口組成，不過更常發現的是老師在面對那些和他們在種族／族群、文化、社會階層和母語不怎麼相同的學生時，會有一種不知所措的茫然感受。

108

然而，人口學變因的改變本身，並不是學校老師和他們的學生認為難以溝通的唯一原因。學校的那種結構讓溝通和關係的建立顯得困難重重，而這樣的現象在都會型的高中更加真實、貼切。許多高中基本上就是混亂的場所，而且學校規模越大，混亂的場面越可怕；也因為多數都會型的高中都是大型學校，所以學生在這樣的學校體驗到的可能是不友善的態度和遙遠的師生或同儕之間的距離。在許多高中裡面，老師和學生幾乎都在每一堂課下課時間、會議與會議之間、危機與危機的處理過程當中，忙、盲、茫的度過他們在學校的寶貴時間。大型的學校也通常傾向於是那種沒有人情味的地方。老師可能每一天要教導一百五十個學生，當然這樣的課程安排會讓這些老師真的沒有機會可以真實的理解

他們的學生。在這樣的情境下，渴望創造小規模的學校就成了可以理解的訴求。小型的學校或許可以減緩大型學校的某些問題，不過學校的規模也不是唯一的問題[2]。相對的，許多混雜的原因集結在一起，才有可能說明為何在學校裡，老師和學生都很難真實的理解彼此的需求（譯註：國內的國中幾乎都是大型的國中，人數經常超過三千人，當然就會有作者所提到的現象）。

在探究小組的討論過程中，很清楚的發現建立關係對於學生的學習成就**和**老師是否還會繼續在教育界打拚是非常重要的因素。如果用凱倫在這一章的話來說，**就是老師永遠的改變了我的生命**。當老師們瞭解他們對於學生生命可能產生的影響之後，那麼老師們或許就會更加謹言慎行了。不過考慮到他們每一天忙碌的工作腳步，老師很少有時間可以和一些作家或者大學教授一樣精確的挑選他們所使用的每一個字眼。不過老師所使用的字眼或許遠比其他任何行業的從事人員，或是班上其他學生對於課堂上某些學生的生命可以產生更大的影響後果。在一篇關於加州移民學生的研究報告中，幾乎每個接受訪問的學生提到他們不止一次和同學爭吵、或者受到同學欺騙、或是被同學嘲笑，就只因為他們的種族或者腔調，或者因為他們的穿著和同學不相同等原因就遭受到這些歧視。多數的移民學生也都提到他們曾經遭受處罰，或是公開的羞辱，或是**他們的老師**會因為他們不很恰當的使用英文而取笑他們[3]。

老師的行為舉止將會停留在他們所教導的學生腦海裡一輩子的時間（譯註：這是我經常告訴學生的一個觀點：我們或許是學生一個學年或兩學年的評量者；不過他們卻是我們一輩子的評量者。把評量者身分地位的角色更換之後，會讓我在教學時更加謹言慎行）。那也是這一章所要傳遞的主要訊息，也包含朱尼亞以

及凱倫所寫的觀點；前者教導的科目是英文和非洲裔美國人的歷史，後者也在同一所學校教導數學課程。

在考量她在這個探究小組所想要探索的主要議題時，朱尼亞選擇的題目是「老師的言語對於學生生命的影響」。朱尼亞早就對這個議題想過千百遍了，這一點你或許可以從她的小論文最前面的一段話看出來。她要求學生幫助她針對這個問題提供適當的協助。透過她的研究發現，非常顯著的說明了老師所使用的語文（以及使用語文背後的態度）所具備的無比力量；有時老師的語文可以啟發學生對於學校和求學的熱忱，當然也有可能會讓學生對於學校和求學的熱忱完全喪失。

他們所使用的語言的力量

朱尼亞·葉爾武德

我的祖母當年說我會一輩子苦命，這句話深深的烙印在我的腦海裡。當我活到了四十多歲時，這些鮮活的記憶還是會不由自主的湧現出來。每當我的腦海浮現這些話時，總是伴隨著一個劇烈的、負面的生理和情緒反應，那是我在祖母第一次這麼告訴我這句話時的強烈體驗，它們不斷的在我腦海裡叫囂著，指引我的人生方向：也在那樣的情況下，我的身體會畏縮起來，我的心靈也會退卻許多。我真的很痛恨那樣的字眼！

在 Edith Fraser 所寫的〈會殺人的字眼〉（Words That Kill）那篇文章當中，精確的描繪我的個人體驗：

「每一天有成千上萬的學子被殘酷的嘲笑和諷刺的語文所槌打，他們的心智並不是被香菸所烙印，而是被不堪回憶的痛苦文字——如永不停息的錄音帶——在他們腦海不斷的播放一樣，那捲錄音帶會不斷的倒帶，然後重播、再重播的浮現在腦海裡[4]。」情感上的虐待是她所想要強調的主題。當我們使用一些貶低人格的語言來對待學子的時候，我們其實是在奚落、貶損他們的生命，而這就是一種情感上的虐待例子。我開始懷疑在我教學的生涯當中，我到底曾經不小心的對我的學生做了多少次這樣情感性的虐待行為呢？而且有多少次我曾經在自己任教的學校走廊上親眼看過學生遭受這類型的情感性虐待不斷的蹂躪那些無辜的學子呢？我應該這麼說吧，或許太多次了，也太常發生，讓我根本無法計數到底在校園裡曾經發生過多少次的情感性虐待行為。

這樣的啟示成了我在這個探究小組探索主題的原動力。我們對學生到底說了哪些話語呢？我們所使用的語文又是怎樣的影響他們朝著正面或負面的方向邁進呢？我們的姿態和行為舉止又告訴他們哪樣的訊息呢？我們在課堂上的言行舉止對於學生的學習表現和他們對於自我的感受又有怎樣的影響力呢？和我在同一所高中服務、也參與這個探究小組的成員毫無異議的認為我這個問題的回答應該可以在我們的學生身上找尋到適當的解答，而且最能夠發掘真相的方法就是透過一項學生的調查研究。透過同仁的協助，我最後發展了一份問卷，希望透過這份問卷的填寫能夠讓我找到一些解惑的機會，

或者針對我那個焦慮的問題找出適當的解答。

會殺人的文字

從這個問卷調查所得到的一項重要訊息就是學生會聆聽我們所講的話語。他們不僅會專注的聆聽，還會記得我們所講過的話語，特別是在過了許多年之後，他們仍然能喚回那些文字和感受。我那些九年級的學生到目前為止還能夠回憶他們在一年級、甚至幼稚園時所經歷的文字力量，或者那些他們親眼目睹的事件。我永遠都無法忘記一個十二年級的學生在回想起他在五年級，認為一位老師不公平的對待他而發生的一個事件時，臉上所浮現出來那種強烈而明顯可見的憤怒。在回應問卷當中的一個問題時，另外一個早已畢業，目前在大學二年級唸書的學生這麼寫著：「太難以啟口了。」

110

我們的學生仔細的觀察和監控我們所使用的語文、姿態、臉部的表情和行為舉止。我們從來都沒有想過自己可能正在創造許多學生的記憶——一些羞愧和難堪的記憶，或是一些讓學生感到驕傲、希望和認同的回憶等等。這就像是一位叫羅伯塔·羅根的同仁，一位資深的社會科老師這麼明智的指出：「我們的學生或許無法閱讀教科書的內容，不過我確定他們可以閱讀你這樣的一位老師。」到目前為止，我都還不曾閱讀過一篇自傳，裡面沒有提到任何一位特定的老師因為他或她的言行舉止而對作者的生命產生正面的影響力，或者因為讓作者感到羞辱、憤怒或痛苦而發憤圖強的歷程（**譯註：如果**

譯者未來可以寫一本自傳，那麼國中英文老師以及高中國文老師對於譯者的羞辱應該是那種羞辱、憤怒的結合；國小高年級的導師以及高中化學老師的啟發則是那種產生正面影響的老師）。

沒有哪個學童會這麼說：「我在家裡面從來都不曾瞭解什麼叫作憎恨或羞愧的，我必須上學去學習這兩樣重要的能力。當我獲得人生當中第一個重大的教訓是發生在我七歲的那一年。」Dick Gregory 在他的自傳《黑鬼》（*Nigger*）一書當中，所提到的這些不詳的語文，就是在同學面前被他的老師用口頭責罰的方式摧毀了他的信心和人格[5]。類似這種使用語文和情緒方式來羞辱和毀謗學生的例子在我所調查的學生當中，絕對不是偶發事件般的突然間發生在某間教室裡的狀況，在許多個案中，這樣的事件簡直就變成了正常的教室動態。由我的學生所提供的這種降低人格的經驗，幾乎在我的調查研究當中有豐富的資料庫可供調查。他們說，老師會用底下這樣的字眼來稱呼他們：笨蛋、拖泥帶水、不學無術的人、死胖子、啞巴、同性戀等，當然還有更多的語彙也是老師會用來稱呼他們的方式。他們說老師會給他們這樣的評語：「我看你這輩子做不了什麼大事！」「閉嘴！」「你天生就注定是一個不及格的學生。」「就算你認真讀書，你終究還是會失敗的。」「連白癡的答案都比你的還要聰明一些。」以及「你是我教過最爛的學生吧！」有個學生在考完試之後發現考試成績不及格時，他的老師居然說：「我一點都不覺得奇怪。」

另一個學生自動的提到他的四年級老師這麼對他說：「我早就該把你丟回幼稚園去，那裡才是你該上學的地點。」還有一個學生提到他的一個老師曾經這麼告訴他，在幾年之內，如果這個學生不是死了，就一定是被關在監獄裡面。

我們的學生有時候確實會相當粗魯、沒有禮貌，而且他們會想盡辦法來考驗我們忍受的極限。他們是一群專家，專門觀察和鑑定我們缺點的專家，並且還會在我們憤怒的按鈕上給它重重的壓下去，讓我們感到憤怒！不管如何，我們那些挫折感、憤怒的感受，還有在某些時候的絕望感覺都不該成為我們失控、使用各種語文和行為舉止來責難學生的藉口。當我們並沒有完全依據醫生所開給我們的處方服用藥物，或者我們身體復原的進展並沒有他或她所預期的快速時，他們也不會因為挫折感而當面失控的責難我們，或者公然的瞧不起我們，否則相信我們也無法容忍醫生用這樣的態度對待我們。當我們坐在牙醫診所的座椅上，套上噴嘴的時候，如果我們的牙醫發現我們並沒有遵照他們的指令而對我們咆哮，或者以冷嘲熱諷的方式來嘲笑我們去診所的態度時，相信我們也會非常的憤怒而不願意去那間牙醫診所。我們期望醫生、牙醫、律師和其他所有的專業要有那樣的表現，才能夠成為專業人士。所以我們也要要求自己成為專業的老師；我們的行業是一個崇高的行業，所以我們的學生也期望我們要有專業的表現，他們也會因為我們對於學科知識的精通、熟練的技能，而尊重我們的專業需求，並且因而獲得學習的效益。自我的修養是關鍵。身為老師，我們必須不斷的練習自己努力傳授給學生的那些項目，不僅包含學業方面的技能和知識，同樣也包含能夠精確而明智的挑選我們面對他們時所使用的語文（**譯註：許多和語文科無關的老師通常認為他們教導學生的重點在於那些學科知識的獲取，而不是精確而明智的選擇適當的語彙來表達他們學科領域的知識和技能，當然就不會認為他們需要教導學生精確的使用文字來表達他們的學習，或許這也告訴我們為人師表的一些工作態度**）。

拓展人生的文字

在他的那本書《邊緣生活》（*Lives on the Boundary*）中，Mike Rose把教學描述成「有點兒羅曼蒂克的感覺」[6]。教學有點兒羅曼蒂克，老師當成追求者的身分：在學生身上輕輕一拍，或者想辦法聊天等等（**譯註：譯者經常提醒準老師或在職老師，只要讓我們的學生和我們所教導的科目產生戀情，那麼我們就不需要隨時督促他們在這一科目上投入的學習時間了！這樣的比喻和Mike 的書籍所表達的前後呼應**）。規劃我們可以做的一些創新想法，熱愛我們的學生是自己熱愛自己的鮮活教學的一個主要推動力。我們如何展示自己的熱愛，以及我們的學生到底如何回應這樣的展示，其實就是我們教學效能的中樞核心了。

在我的調查研究裡，我要求學生說明老師的哪些言

行舉止讓他們相信自己是聰明的人。學生寫著老師會微笑看著他們，和他們聊天，在他們背上輕輕的拍打，為他們的表現而感到驕傲，或者「把我拉到一旁，然後小聲的告訴我，我做得很棒」。當我問學生如何瞭解老師對於他們的想法或信念會影響他們對於自己的感受時，學生提出底下這些理由：

「是的，因為如果他或她親口告訴我，我是聰明的人，我將會覺得很快樂，然後開始做我該做的作業。」

「如果一位老師信任你，那麼他給學生的是一種信心，相信他或她自己是有能力的那種信心。」

「我認為如果一位老師不相信我，我就不會想要為她或他而完成任何事情。」

Mike Rose 對於寫作的熱忱是因為他想要被人喜愛所帶來的推動力，而馬雅・安傑魯打破她自己強加在自身上的寂寞，並且開始了她對於詩歌的陶醉，如果用她的話來說，就是因為「我被人喜歡了，那真的改變了一切……我沒有質疑為何芙絡爾斯老師（她鄰近班級的老師，一位非正規的「老師」）要單獨把我挑選出來特別關懷。我所在乎的是她做了一些餅乾給我吃，並且閱讀她喜歡的書籍給我聽[7]。」

一句話、信念和行動：有些時候，老師並沒有瞭解到他們的影響力有多大。朱尼亞的學生對於問卷的反應確實指出這一個現象。不過可能會超越單純的傷害或恭維的問候，老師的一句話和信念也有可能可以塑造學生的未來。

凱倫非常認真的思考這件事情。她在 2000 年開學不久，也就是探究小組最後一次會議之後的四個月，寄給我她的寫作。對於最後那一次會議，我們在波士頓外圍一個風景優美、與世隔絕的度假中心進行最後一次的討論，那可是一處田園般的地點，和我們這群參與探究小組的老師平常上班的那種吵雜、擁擠的都會型學校真的有十萬八千里的差別。在她去參與會議的路上，凱倫挑選了兩張卡片，一張給我，一張給瑟羅尼・桃莉，也就是那位協助我們每個月會議進行的夥伴。卡片上簡單的文字寫著：「老師永遠的改變了我的一生。」

112

我們花了一整天的時間陶醉在一起，我們彼此講話、寫東西、享受食物、甚至流了一些眼淚。那是我們這個專案計畫「**什麼事情讓老師持續教學的熱忱？**」最後一次會議的時間，雖然我們還沒有找到這個問題的「解答、祕密」，不過我們知道正朝著某個方向前進中。在會議結束時，我要求老師把他們所寫的參與心得寄給我。我知道自己想要和許多人分享我們的努力；因為這樣的努力太有價值了，不應該只局限在波士頓來的少數幾位參與計畫老師的腦海，或者只在他們內心蕩漾。凱倫一直到 8 月中旬都還沒有把她的參與心得傳給我。她的整個腦海被學校的事情、學生的學習、評分指標、標竿與「最佳實務工作」所填滿了，所以無法找出時間來寫她的參與心得。不過當她在 8 月 11 日終於找到時間來寫參與心得時，那也是暑修班結業的時候，她的文章就突然間有如滔滔大海一般的流露出長久以來占據她腦海的那些與教學相關的動機、挫折和喜悅。在那封信裡，她廣泛的提出一些撕裂她心靈的關於她的學生，以及關於宋尼・菲力克斯的各種問題。宋尼是她以前的一個學生，目前在波士頓的一所公立學校任教，也正在經歷教學方面的一個危機。底下只是她所寫給我的信件當中的一部分。

老師永遠的改變我的一生

凱倫

親愛的 Sonia，妳好：

暑修班總算在昨天結束了。對我和我的許多學生而言，這是我們有生以來第一次在暑假期間需要到學校暑修課程（這是我痛恨在紙張上面書寫的原因吧……當我看到小小的詞，像是「曾經」，我的腦海就會不斷的打轉。我不見得一定要這樣做，是我自願選擇這個方向的。不過因為這群孩童就像是我的小孩一樣，所以我也就沒有真正的選擇權了。今年我們學校提供一個特殊的過渡暑修班級，把那些在「過渡階段」的學生集合在一起——主要是因為他們在州政府舉辦的測驗表現不佳吧。如果妳也在這樣的暑修班教導學生，那麼妳在暑假期間教導的學生可能就是妳去年剛剛教過的學生。如果連我都不肯教導他們，那麼還有誰願意在酷熱的暑假期間來教導他們呢？我們學校也從其他學校聘用兼任老師來擔任暑修班的課程，說得更實際一點，擔任暑修班老師的人也不見得就是那個學科領域的老師啦）。

妳應該可以看出我為何不喜歡寫信了吧！我同時也生活在另一個情況下，那就是我還沒有寄信給妳。不過，請相信我，寫信給妳一事從來都沒有從我的腦海中離開過。

113

我們在豪宅的最後一次探究小組會議真的是一個特別的日子。那一晚，我的腦海充滿了各式各樣的思緒，我甚至還可以感受到有些解答從我的腦海飄過。這就對了。我知道自己可以在即將來臨的週末安靜的坐下來寫信給妳。不過，我想得越多，我的腦海就浮現越來越多的問題和思緒……好啦！現在已經是 8 月 11 日了。

不過我真的想要讓妳知道，這一年聚在一起和探究小組成員相處的時間對我來說是多麼的重要（就在我剛寫完最後這幾句話時，我想要讓妳知道我的眼淚不爭氣的流出來了。或許這是我為何不喜歡寫信的原因吧）！

如果和我一起擔任教職的夥伴，以及我所認識的一些優良教師提到他們無法看到自己在接下來的十年、十五年期間會做出哪樣的教學工作，就會讓我完全無法理解。一直到幾年前，我總是認為自己可能就是到了七十歲還會持續回來擔任教職的那些女人當中的一個。不過在過去幾年裡，我感受到我自己本身的一些變化了，我也知道那不是因為我們的學生〔再一次，我感受到眼淚不爭氣的要流下來了，不過妳也要知道每當我觀賞《綠野仙蹤》，當桃樂斯問著：「多多呢？也一樣嗎？」的時候，而那位好心的巫婆回答：「對，多多

(Toto，譯註：故事中和桃樂斯經歷整個過程的小狗)也一樣！」時，我仍然會哭出來的。〕不，絕對不是我們的學生。他們有能力讓我抓狂嗎？當然！不過絕對不是這些學生。那麼是不是我的身體有哪些改變呢？我可不這麼想呢！因為我最開懷的時光就是和我的學生在教室一起學習的時光。那應該就是其他事項的大雜燴了：就是這二十七年來不斷提到的改變吧。

不過對我和我的學生而言，沒有哪樣真實重要的事情曾經改變：教學計畫書根本就沒有誰曾經看過，我也好奇想要瞭解為何別人要看我的教學計畫書呢？我的單元會依據我和學童之間的雙向互動而隨時做修正。不過這可不是說我的腦海沒有一個完整的教學目標，或者說我不知道自己將如何帶領學生朝向學習的方向進行，不過那些都在我的腦海裡，隨時觀察學生的學習情況而做適當的修正；我也經常在想我們的教學工作和外科醫生有哪些相像的地方呢？他們通常先知道手術之後將會有哪樣的結果，不過他們無法預先預期什麼事情一定會發生，或者是他們將會從外科手術的過程中發現哪些新的發現。身為一個外科醫生，你就是要在手術房現場，或許手術到了某個特定的時間，並沒有像原先預期的情況般乾脆俐落，不過那是可以接受的情況。同樣的，教學也有類似的狀況。如果他們信任你，如果他們認為你知道自己將帶領他們到哪裡去，學生就會和你在一起。這些關於一個完美的單元活動該有細微、整齊的想法，而且這樣的單元來自於精彩的教學，因為某些不知名的原

因，早就已經不存在於任何一間真實的教室裡了。是的，教學絕對不是一件乾淨俐落的工作。更常見的，就是教學其實相當混亂。當你介紹一些事情給學生瞭解時，你的學童因為認知的衝突而有必要重新檢視他們原有的想法，他們必須想辦法讓新的想法找到合適的地方存放記憶。有時候，你認為「啊哈！我做到了！」不過其他的時候，你可能遭遇更多的混淆和雜亂。整體來說，那是可以接受的，那就是他們最能夠發揮思考的時候，也是最能夠讓雙手萬能的功用發揮極限的時候，更是他們把許多事情搞得服服貼貼的時候。

那就是過去那段時間我的所作所為。我曾經試著要讓事情容易理解，也嘗試為我熱愛的這個行業找出意義來。我也遭遇到一些功效強大的構想，不過這樣的過程並沒有在我們繳交信件的截止日期之前完成書信的寫作，就在我輸入這些資料時，我總算瞭解到，我唯一能做的事情就是從今天開始，就從暑修班結束的這一天開始我另一個教學的生涯。

114

昨天，當我還在校園等候我的先生到學校接我回家時，傑瑞米（參與暑修班的學生當中我曾經教導過的一個學生）坐在學校外面，也和我一起等候。他讓我知道他已經錯過三班公車而沒有上車。我告訴他最好趕緊回家去工作了，不過每次當我要求他趕緊回家，他就明確的告訴我：「不急，慢慢來，我有的是時間！」

傑瑞米在我所教導的暑修課程及格了。他在暑修期間選修的英文課也及格了，不過很不幸的，他在閱讀方

面沒有達到標準，所以英文閱讀這一部分不及格。對於學生和他們的家長來說，這是一個全新而有趣的概念，他們必須想辦法瞭解這項新的規定：是的，你及格了，不過你還是不及格。這樣的觀念就好像知道我們可以教導一個九年級的學生怎樣閱讀，不過在暑修期間的五個星期，星期一到星期四，每天兩個小時的英文課，你根本就沒有學習任何單字一樣（可不要忘了，英文還不是你使用的母語）……不過我們在暑修期間確實認真的教導學生呢！

現在，因為傑瑞米並沒有達到及格的分數，所以他還要重來一次九年級的課程，這樣的作法讓我們遺忘了他在其他學科方面都及格了。不過新的升級制度規定如果有一門主科不及格，你就得在來年繼續當一個九年級的學生。

傑瑞米告訴我，臉上浮現一絲笑容（再一次，我已經淚眼盈眶了），這已經是他第三次當個九年級的學生了，「沒有關係啦！老師。」他提到唯一不怎麼好的事情，就是他即將和他的妹妹在同一個班級（他妹妹即將成為九年級的學生）。我告訴他說他們不會被分到同一個班級（很快的，我就想到「了不起喔！一個小孩剛剛才告訴妳說他已經留級三次了，而妳居然告訴他說他不會和他的妹妹分到同一個班級就讀，妳是怎麼搞的，就只想要讓他稍微寬心一下下嘛！」）

他告訴我：「不過我想要繼續在妳的課堂上學習數學。」

我再次告訴他，我的數學課應該不會有他，因為他已經修過這門課了。他告訴我：「妳等著瞧好了，我還是要想辦法選修妳的課程。」這一點倒是讓我感覺舒適不少（現在我的眼淚就像是忘了關水龍頭的老天一樣的下起傾盆大雨了。好像我的年紀越大，我就越不會對自己的行為舉止感到舒服，或許因為我早就對自己的教學感覺不賴了）。我並不需要別人來告訴我一些我已經知道的事情。不過我不太清楚這樣的結果是否正確：我不是說自己是完美無缺的老師，已經不再需要從視導學習教學的方法等等，不過到了比賽的這個階段，**我知道可以從誰的身上學到東西**，因為我需要有人指引著我。當傑瑞米告訴我他還會選修我的數學課時，我會感覺愉悅嗎？妳不會知道那樣的告知對我有什麼意義的，對我來說，它代表**一切事物**，就因為他告訴我他從我的課堂上學到知識和技能，也讓我知道**他是很重要的一個人**。所以啦，Sonia，這就是所謂的**祕密**了，就是宋尼還在到處找尋的祕密了。

當我打電話給宋尼時，她告訴我她不想要再回到探究小組來。她解釋著說，她會持續參與探究小組的會議，部分在期望這個探究小組當中，某些資深老師會在某個時間幫他們打開這個**祕密**，並且為他們的疑惑提供解答……就像宋尼一樣，我也在找尋祕密，我這麼猜想自己的原始動機。當宋尼在電話裡提到**祕密**的這個觀點時，我並不記得自己真正在電話裡怎麼告訴她的。當她提到**祕密**時，還真的是單純的說明吧！我剛開始也是這

115

麼單純的想著：「如果它真的那麼容易瞭解的話。」我想我瞭解她早就知道這個秘密的解答不會……

當我掛掉宋尼的電話後，我依稀記得在廚房的布告欄張貼一些漂亮的引述（那是我從報紙、雜誌，以及我自己到處想要找尋「祕密」所蒐集到成千上萬片的小紙條）：「生命的祕密，就是要有一個任務，就是那種你把整個生命全身投入的任務，就是那種會將每一件事情整合在一起的任務……而最重要的事情就是，它必須是你不可能做得到的事情！」（Henry Moore）。

上帝知道 Henry Moore 是誰？也知道他曾經是怎樣的人，不過在此同時，我感覺這就是我會告訴宋尼的祕密。針對她的尋尋覓覓（以及我的尋尋覓覓），這將會是我所能找得到的最佳解答了。現在我再回想這件事情，我才發現這不就是一位年輕老師在思考艱辛的教學工作時所想聽到的標準解答嗎？把你整個生命投入某些你不可能做得到的事情！棒啊！

我把這張寫有引述的便條紙帶去探究小組的期末會議。那是一個完美的日子，我還要再說一次，那真的是一個完美的日子。我還要再一次寫著那是一個完美的日子，天氣是那麼的美好，地點也那麼的吸引人，我們一起拍照。

我提早到達會場。我也把自己最關懷的問題有關的事情帶去會議地點（對我來說，我最關懷的問題仍然是當初把我拐進探究小組的問題，也就是 Sonia 所提出來的問題：「什麼事情讓老師持續往前邁進呢？」）。當我們離開那間房子時，我順道抓了幾張小卡片（這是我從春假時所挑選的一個便條卡的盒子中隨手抓取的，就因為我想要給學生寫幾張感謝卡才會購買這個便條卡的盒子），我那時在想我們每個人都可以在上面簽名，送給瑟羅尼和 Sonia。為了最後這一次的會議，我可是有備而來的。在等待每個人到達會場時，我還坐在那裡寫了幾張卡片。當然，我也針對自己被許多花叢圍繞而寫了一些自責的話語等等，妳知道的，我的學生所處的校園是那種窗戶無法打開的學校，而我們卻在這個完美的五月天，在這麼一個美好的地點開會。

瑟羅尼是第二個來到會場的人。當然，我們有幾分鐘的時間討論「這個開會的地點」；我把我的罪惡感告訴她，不過她卻明白的告訴我應該好好享受今天的美好，不要去想學校裡那群學生。這是那天的禮物當中的一項：這個體制內的某些人（例如部分行政人員）告訴老師說：「今天妳就不要去想那些孩子，只要把所有的思緒集中在妳自己身上就好了。」當然，每當我們在想自己以及我們的教學實踐時，我們也會想到我們的學童。那條區分師生的線真的很微妙。

那一天發生的事情還真不少：佛萊雷那本書簡潔扼要，影響卻相當深遠；許多的祕密——我們長久以來深藏在內心的祕密——根本就不是什麼了不起的祕密；我們每個人都分享的恐懼和害怕；原來我們這群在教學時非常有信心的一群老師也都會感到害怕（他們的學生是否會懷疑他們在教學的當下是多麼的擔心、害怕嗎？）。

我們永遠的改變了他們一輩子的生活。在開車回家的路程中，回想起一整天的活動，在便條紙上面的詩詞震撼了我，我買下這些便條紙，我帶著它們去參加會議。我再看一次上面的詩詞：我們永遠的改變了他們一輩子的生活。

這是怎樣的一種力量！

當然，我們都知道。不過我們到底多久會真的想到這個構想呢？或許在潛意識裡，會比我們願意承認的次數還要多吧！它們會不會在我們批改成堆的作業時給遺忘了呢？會不會在我們給每一份作業成績／等第的時候遺忘了呢？生命。傑瑞米的生命，宋尼的生命。

這是我們這一小組給我的另外一份禮物（現在已經熱淚盈眶……）。

我知道當我們在會議期間我書寫一些感想時，一定會寫到一些和宋尼有關聯的事。我不很清楚到底關於宋尼的什麼事情，不過我還是請求她允許我寫些關於她的事情。

當宋尼還是一個九年級的學生，在我的班級，我把她送到暫時停止學習區的次數遠比我在波士頓地區教學二十七年所面對的任何一個學生還要多。因為她還沒有社會化嗎？不見得！因為她經常打斷我的教學順暢程度嗎？和一般老師平常認為搗蛋學生的那種感覺又不太一樣。那麼，我幹嘛沒事把她送到學習暫停區呢？當回想起那個時候的情形時，我也和她討論過這件事情，唯一讓我想起來的，就是她在班上的行為舉止像是一個「人來瘋」的樣子，不過我真的不記得她到底是怎樣的人來瘋了。我還依稀記得的就是我無法容忍她留在教室裡做出各種瘋狂的行為舉止，我擔心其他學童誤以為她就是那樣的人，我瞭解她是非常聰明的學生，只是愛在教室裡面作怪吧（在最近幾年裡，我也經常認真的想這個問題，因為我們學校已經不再使用暫時停止學習區的處罰方式了，如果我現在遇到這樣的學生將會有哪種情況發生呢？頂多就是被行政人員抓去「好好的聊一聊」就可以回到教室來了）！我也記得她在放學之後通常留在學校裡，接受學校的課後輔導，因為我和另一位老師擔任課後輔導的工作，所以我們有時在課輔之後還要把學生送到巴士站牌去等候公車。有時候，宋尼會是課輔班的一個學生。在放學以後，我們會討論不同的事情。我記得宋尼告訴我們她獲得了一整組臥房套組的禮物（應該還有床罩吧？）。我依稀記得她那種「哈囉！老師妳好！」的表情，在她的眼睛出現了火花的瞬間。她不是一大早會到學校來到處找妳的那種學生，也不是那種會用眼神要求妳要更深一層瞭解她內心世界的學生。在學校舉辦籃球賽時，她是會滿場追著我兒子跑，讓他開懷大笑，戲弄他，讓他哭的那種學生。她總會問我的兒子：「小彼得怎樣了呢？」她目前還會這樣做，我也還可以從她的眼神看到那小小的亮光，就像我們把時光機器倒轉了十三、十四年一樣。

當宋尼離開九年級這個族群時，她也不是那種經常會回來找老師分享，讓妳知道在她的生命又發生哪些事

情，以及她想要怎樣規劃人生的學生。我們通常在走廊上遇見彼此，然後會詢問對方的健康情況。她還是會問：「小彼得最近怎麼樣呢？」有一年（應該是高二還是高三那一年！）她送給我一本她為英文專題所寫的書籍：《為何貓會痛恨水》，封面用了一片花邊點綴過的紅色法蘭絨。現在我再把這本書拿出來閱讀，就是那麼直接平述的故事，簡單大方。我把它當寶貝一樣的珍藏起來。現在我倒是很想瞭解身為老師的宋尼看到這本書會怎麼想呢？根據評分指標，這樣的作品是及格的作品嗎？她會給自己早年的作品及不及格的分數嗎？而這樣的一個專題計畫是否也暗示著她所規劃的人生道路呢？

我還記得高三那一年的宋尼，她和一群朋友組成了一個讀書會，認真研讀一些黑人女性作家的作品。他們是那麼的認真研讀，讓我在想起這件事情時，仍然會有淚水流出來。

在那之後，我可能會在球賽的時間看到宋尼，不過不是那麼的頻繁了。進入大學求學以後，她偶爾會走進校園裡，不過也不太常看到她在校園出現了。我們沒有彼此寫信、打電話的習慣。就是這樣，我是她九年級的數學老師，而她就是我的一個學生。

接著知道的就是她已經變成一位老師。宋尼變成一位老師了（可能是我沒有特別注意過，不過她從很早以前就是一位老師的身分了）！不僅宋尼變成了一位老師，而且她的第一份教學任務就是和我們這一群當年擔任她九年級老師的老師在一起。她是那麼的優秀！我們彼此交談她還是學生身分的那個時代，以及一些我們從來都不知道，但是卻深遠影響她成為一位老師的言行舉止。當我們聊到一些曾經是我們學生身分時的朋友過世的情形時，我們會彼此抱著痛哭一番；我們也聊到一些最能夠激勵子女學習的家長，有些是她班級學生的家長，有些是我班級裡的學生家長。我也才瞭解到我們改變了她的生命，就像是我的老師們也曾經改變了我的生命一樣。

在我所寫的教學自傳當中，我提到自己是家中八個子女的大姊，我也瞭解到學校裡的修女曾經改變了我的人生觀。因為我相當聰明伶俐，所以我獲得他們的特殊關照；和宋尼不一樣的是，我總是會依據修女的要求，認真的做好份內的工作！對於那些在課堂上不會說：「好的，老師我會盡力而為」的學生，我總會對他們肅然起敬；在他們的眼眶中總是有一道光芒，是我不想要澆熄的光芒。我知道在我的兄弟姊妹中，也有一些沒有受到修女同等的關注（讓我公平一點的說，當年每個修女的班級有三十八個學生）。那樣的學習環境對他們的生命又有哪樣的改變呢？是不是有人曾經把他們學習的光芒給澆熄了呢？或者更糟糕的，就是忽略了這些閃耀的光芒呢？

我從很早以前就認識一些改變學生一輩子的老師，確實他們會有深遠的影響力，所以我總是以最嚴肅的態度面對我的教學責任，不過我會用底下這樣的字眼來提醒自己：「**老師會改變學生一輩子的命運**，永遠的永遠

……」長時間用這種方式來思考是一件令人害怕的事情。那是一種非常的力量，如果每一天都這樣來看待自己的工作的話……

在我們的探究小組裡，討論我們的教學實踐，我們會讓一些不同的語句走入我們聊天的話題，並且塑造我們討論的話題，也讓我們對於每天的工作有重新認識的機會，這就是小組可以發揮的力量吧！

使用不同的文字語言來討論我們在過去二十多年教學，日復一日的工作經驗可能造成的影響，例如朱尼亞提到的「演化觀點」，史帝夫則提到開學前一晚神經過敏的情況，茱蒂在她的班級和年輕學子面對面而對自己產生的質疑，克勞蒂雅與她的學生產生新的對話焦點，最後還有安卜瑞茲的教學是那種在一個文化裡的另一種文化的教學觀……

118

在宋尼宣讀了她所寫的自傳以後，我完成了探究小組最後一次會議，回到家以後，整個人崩潰的在椅子上不斷的啜泣。我告訴我先生，我已經下定決心。我可以現在就退休，也深深瞭解我已經做到自己該做的份內工作了（凱倫，不要太戲劇化了！）。我聆聽了宋尼的故事，那也是我的故事。我回想起我以前的那些老師，他們看到我們這群都會區「弱勢團體的學生」的某些不利條件，不過卻給我們足夠的希望讓我們可以為所欲為的發揮所長，更重要的是，我們可以在不放棄自我認同的條件下盡情發揮能力，我們沒有必要轉移到郊區的學校才可以成就學業成績。當我回想起我們附近的牧師有一天把我們求學的高中稱為「鄰近海邊的聖奧古斯汀女子學院」時，就會笑出來。如果妳曾經看過我們以前那所學校，就會知道這樣的稱呼和真相相差十萬八千里遠！我只記得他只講過幾次，不過即使到了今天，我們當年那群女孩子聚在一起時，總是會記得他講過的這句話，讓我們這群當年的女孩「感覺很特殊」的一句鼓勵話。我們還是可以處在一個都會型學校，在街上閒聊，不過我還是想起我們那群夥伴中有些人並沒有獲得特殊的關注，所以在茫茫的人海當中走失了。這也讓我想起了傑瑞米，在他的生命歷程中被留級而得重讀九年級三次。不過他居然還可以笑笑的說：「還好啦！」一點都不好。我們需要使用不同的句子來討論我們的教學工作。標準、評分指標、標竿、九年級都是重要的文字，這是不可否認的事情。不過……這些文字無法具體的說明我們那群孩童完整的故事；也無法說明我們所做的完整故事。**我們永遠的改變了學生一輩子的命運**。

不管好壞，我們要以某種方式來改變學生一輩子的命運。當我們在小組會議討論到自己的憤怒時，那就是這一切故事的來源了。當我們討論到自己的挫折時，那也是故事的起源。當我們提到離開這個行業時，這也是故事的發源地。我們永遠的改變了一切。我們是否做到可以做的每一件事情了呢？小一點的班級規模、獲取最新的科技（就讓我們忘掉最新的——如果有**任何**科技可以使用）。我們的學校目前還是使用十年前連線的電腦網路線，我們從來都沒有電腦設備，不過這個暑假，我

們學校的電腦網路重新鋪設，讓我們可以使用更快速的電腦連線。不過我的教室裡面仍然沒有電腦，對於那些暑修的學生而言，也沒有電腦教室可以滿足個別學生的優缺點，學校就因為他們不可能達到標準而遺忘了他們嗎？

所以即使每一件事情都在妨礙我們的教學，為何我們當中還是有些人會留下來繼續擔任教職呢？是不是因為我們的生命也因為學生的存在而永遠的改變了我們自己的生命價值呢？如果我的生命當中沒有出現過宋尼，或者沒有傑瑞米出現過，那會是怎樣的一個生命呢？那不是一種妥協，那是一個循環，就像是學習並不是第一個步驟，然後接著下個步驟一樣按部就班的準備就緒。在多數的情況下，應該是學習、回顧、再接續著重新修訂的過程才是真實的學習。是因為我們眼眶有些光芒而反射在他們的眼眶，或者是倒過來的情形呢？教學真的是一件會讓人上癮的事情。一旦你的生命曾經被別人改變過，你就會瞭解那種力量的。

我在學年結束前遇見過宋尼，我告訴她說我努力的查詢了一位曾經改變我一輩子的老師，永遠改變我的人生價值的那位老師，她目前搬到阿拉巴馬州的伯明翰，到現在還在教書。我告訴我以前這位老師我去年一整年參與這個探究小組，也提到宋尼——一位也參與這個小組但曾經是我學生身分的老師，我告訴老師她對我的意義有多大。當我們在電話裡閒聊時，讓她想起好多年以前，當我還是七年級學生時的師生對話。對話的內容和自然科學無關——那是她教導我的課程，也和我在自然科課堂的學生身分沒有任何關聯。她還記得我非常小心翼翼的提到我們家剛出生的小妹妹（就像我還記得宋尼提到她的寢室床具一樣）。我感謝她提到這一點（就像我謝謝宋尼幫助我找尋教學方面的祕密一樣）。

Sonia，我不想要再重新閱讀這一篇文章，我準備立刻把它寄出去了。請原諒我打字錯誤之類的小插曲，我知道自己就是那樣不斷的想到就寫出來。不過現在我腦海裡的東西都寫出來了，我的心靈已經空虛了。我滿懷希望的事情就是在開學之前有機會可以「度假」，而不要讓這些林林總總的思緒在我腦海不斷的浮現出來。在未來的某一個時刻，我可能會重新閱讀我所寫出來的東西，那時候我可能會說，天啊！我到底在說些什麼呢？我知道現在早就遠離 7 月 12 日，不過我想要讓妳知道參與這個探究小組對我有多大的意義。這個會議持續改變我們的一輩子（老師和學生的命運）。感謝您！

P.S. 我永遠會記得在最後那次會議坐在房間裡面享受餅乾的快樂。妳那時候正提到妳擔任某個令妳尊重的研討會的某個評審小組的任務，我可以在妳的眼光中看到那道閃亮的光芒，就在那時刻，我問妳是否會想起那個來自波多黎各紐約地區的小女孩。我們的學生需要聽到我們親口告訴他們，我們仍然是像那個小女孩一樣充滿純潔的念頭。

老師永遠的改變了我們的生命

對我來說，凱倫的信件以這種方式結束是相當有趣的，它協助我去瞭解那些改變我一輩子生活的老師們。我還記得有一位四年級的老師，當我提到我想要到大學去求學時（誰知道我從哪裡獲得那樣的想法？我們全家人甚至連半個高中畢業生都沒有）鼓勵我，甚至在一個沒有多少小孩知道到底大學是什麼東西的社區，都還這樣的鼓勵我繼續往自己的理想邁進。不過她也以同樣的口吻告訴我，我們這個社區仍然需要「有人來幫忙大家把廁所清掃乾淨」，這種非常殘酷的說明讓我知道人生最好和最壞的可能性。我相當確定的是，她並沒有故意要那麼殘酷的指出現實狀況，我認為她是在告訴我們，如果不是每個人都唸到大學也是可以接受的事實。不過我們可以這麼來推論，當她這麼說時，多數學生又是怎樣的詮釋呢？

120

還有我在九年級所遇到的一位自然科學老師，他叫史絡金先生，他想盡辦法讓自然科學變得讓人著迷和興奮（不過在所有科目當中，我就是從來都沒有在自然科學有過傑出的表現）。還有傅來德夫妻——兩位都是我那所高中的法文老師，他們都給了我十足的肯定和支持，也培育出我一輩子對於語文的熱愛。那是我有生以來第一次，在他們的教室裡，讓我知道講西班牙語絕對不是一件丟人現眼的事情，實際上，它甚至還是一項資產（或許當我看到我的大女兒現在擔任法文和西班牙語的老師時，才不會讓我吃驚）。還有那些親口告訴我說：「妳和其他波多黎各學生不一樣」的老師，就好像他們為我做了一件事情一樣，還有一些老師在發現我很聰明時感到非常驚訝的表情；所以我認為老師真的會在每天的教學活動改變學生的命運。

第九章

最後的一些想法：到底是什麼力量讓老師面對那些莫名其妙的干擾還願意持續教學呢？

121 *在美國高中老師的教學生涯建立學習的社群，基本上是一個專業的文化再建的問題，把教學從一個孤軍奮鬥的個人主義轉變為協同合作的精神特質，從一個保守主義轉型為一個創新的境界。*

Milbrey McLaughlin 和 Joan Talbert，
《專業社群與高中教師的工作》
(*Communities and the Work of High School Teachers*)

一項由 Milbrey McLaughlin 和 Joan Talbert 執行的研究，針對美國境內高中教育所做多年的研究結果，就誠如上面的引言所提到的，多數高中欠缺強而有力的實踐社群（這種欠缺的現象當然不會只局限在高中階段）[1]。參與我們所推動的探究小組的老師，還有過去幾年當中我曾經一起合作過的許多老師，可能都會同意如果校園有這樣的一個社群，將會是讓他們持續往前衝的一個正向誘因吧！這應該不是一個全新的關懷項目，早在 1975 年的時候，Dan Lortie 就指出發展一個專業的社群不僅會讓參與的個別老師獲益良多，還會對整個教學專業有幫助[2]。問題是到底我們該如何在一個組織再造與標準化測驗的情境下，發起這樣的社群，在那樣的情境下幾乎完全沒有考量老師的學習和支援的策略。那就是最後這個反思的主題。

在參與這個探究小組之後，我決定詢問曾經合作過的其他老師，到底是什麼力量讓他們持續堅持在這個崗位上。他們當中多數人所告訴我，以及當中少數人接著以書面寄給我的資料，都確認一件事情，那就是他們同意我們透過這個探究小組計畫所挖掘出來的研究成果。自從我們那個專題計畫結案之後，我在全國各

地和許多老師分享我們的洞見，他們多數都同意我們的研究發現，而且他們也很熱忱的投入這項工作。因此，我逐漸相信我們所得到的結果所反應的應該是許多老師的經驗，而不是只有麻州波士頓地區的一小撮老師的經驗。在這個探究小組的研究過程中，一整年期間的每個月定期討論關於老師彈性疲乏、學生學習的各種重大問題，實際上就是在討論美國境內公立教育的未來發展。

我也學到討論這個熱騰騰的問題，也就是到底何種力量讓老師在這個專業領域持續打拚，真的是一個相當情緒性的事情。當我遇見其他老師，並且告訴他們我們這個探究小組的研究成果，或者分享老師所寫的心得感想時，有許多老師受到鼓舞，主動與我們分享他們自己教學方面的故事，其中還有許多老師感動到淚流滿面。在此同時，我要聲明的一個重點，就是並不是全國各地每一所學校的每位老師都同意我在這本書所提到的每一件事。老師是那麼的多元化，他們所處的教學環境也變化多端，所以我不敢就此蓋棺定論。然而，我確實相信，我們已經挖掘出真相的核心，這是所有老師——應該說這整個教學專業的老師考量在內——都可以獲益良多的研究結果。

122

從老師這個行業所得到的教訓

在我開始這項專題計畫之前，我相當確定的就是從我以往的經驗知道老師走入這個行業，並且持續留在這個行業工作的一些原因：當然有個原因就是那群寶貝學生，渴望成為學生有意義學習和值得肯定的努力過程的一部分；以及一種可能影響學生未來的潛能。這項觀點也與其他老師的觀點吻合，證明它的正確性。

不過和探究小組的老師一起工作的經驗給了我一些更具體說明某些教學觀點的文筆，那些觀點在我推動這個專題計畫之前只是隱約浮現在我的潛意識底下。當然，裡面有些觀點讓我感到驚訝，例如欣喜和期望可以是憤怒和絕望的相反詞，而且這些情緒居然都是這群高度承諾教育熱忱的老師在他們教學生涯過程不同點都曾經體驗過的經驗，有時候甚至會在一天裡不同的時間點經驗許多不同的情緒感受。也有一些事情與其說是讓我感到驚訝，倒不如說給了我相當的啟示，例如，在教學方面具有高度的理智行為所需要包含的投入是非常人所能忍受的。其他的想法強化了我作為師資培育者的實踐，特別是關於教學的想法當中最重要的就是老師與學生和同仁間的關係培養。

包含在這本書的老師，都是非比尋常的投入、傑出的一群老師；不過並不是所有老師都和他們一樣的投入、專業，也不是說所有老師都需要模仿這個小組老師那種全心投入、精力充沛的精神。但是，每一位老師都可以從我們所學到的教訓得到一些學習，我在接下來的段落逐一說明我們所學到的這些教訓。

逐漸發展一個立場讓社會大眾瞭解到教學是一項智慧的結晶，一個我們需要持續培養和專注的項目，是我們所得到的第一個教訓。透過博得與史帝夫的反思，清楚的表達這個重點，不過其他老師的書面資料也都可以明顯看到這個影子。決定如何教導哪些課程內容就已經是一個困難的工作，有時候還會是一個令人苦悶的事情。與自己所教導的學科內容隨時保持最新的發展就要花費許多時間，它也可能是一個讓老師精疲力盡的事情，就誠如我們看到 Mary Cowhey 在描述她選修物理課的情境一樣。不過最後，逐漸變聰明，並且保持聰明的狀態是這個專業結構中的一部分。如果每一位老師都這麼看待他們的工作，那麼我們可以期望他們，

123

當然包含他們所教導的學生所能夠達到的成就就沒有極限。

可以讓所有老師都獲益良多的另一個教訓就是**教學其實是關於、也為了民主而存在**。對於這本書裡的老師們，教學其實就是為我們的文明進行民主素養的基石。當朱尼亞・葉爾武德教導學生在一個民主社會行使他們的權利和義務才得以當個稱職的公民時，她所進行的課程遠遠超越單純重複背誦歷史教科書所呈現的高貴原理原則。例如，她的學生寫給報社編輯的信件不再只是一項課業上的練習罷了。雖然這項學習活動無疑的會強化學生書寫一封說服信件的能力，讓學生可以避免不必要的文法和拼音方面的錯誤，不過它也伴隨著更加重要的其他事情。它教導學生書寫文字的力量，也強調了在學習過程**實踐**民主的必要性，而不是單純紙上談兵的閱讀而已。這本書所提到的許多故事強調一件相同的事情，那就是獻身教育的傑出老師在他們的課程與教學過程中，會找尋許多方式來強調公平、公正與民主的必要性。

在一個相關的脈絡當中，理解到**教學必然牽涉到熱愛和尊重**，是這群重視承諾的老師逐漸浮現出來的一個重要主題。與其畏縮的避開教學所牽涉到的這個要素，他們把它視為理所當然的要素。不過他們對於學生的學習倒不會因為熱愛學生而縱容學生，讓學生獲得營養學分；相對的，成功的老師抱持全然相反的態度：也就是說他們對學生更急迫的寄予厚望，抱持高標準的要求，特別是針對一些其他老師不會抱持希望的學生。

自傳是教學的一部分，這一點也清晰的呈現在我們這個探究小組的研究結果。不管這樣的理念來自於他們自己本身的瞭解，或是他們還是學生時的體驗，或者甚至是他們稍後的理解，這樣的理念在讓老師持續在這個行業保有力氣上，扮演了相當重要的角色。不過，自傳本身不是上天注定的命運，也就是說，身為某個特殊團體的一分子，或是在特殊價值觀的情況下長大，既不會限制、也不會保證一個人成就的可能性。毫無疑問的，朱尼亞在一個奴隸的世襲環境下成長，影響了她決定要成為一位老師的決心，而且這個事實也強化了她決心要繼續在教育界打拚，為波士頓地區的年輕學子服務的定心丸。另一方面，史帝夫・葛登在一個珍惜公平、公正與公平競爭的家庭成長，也毫無疑問的影響他成為一位老師的決心。不過，並不是說我們一定要在這樣的環境成長才能夠成為一個全心投入的老師，對於某些老師來說，文化方面的認同對於他們變成老師幾乎沒有絲毫影響力。有些人則是在偶然的情況下，意外的走入教學這個行業。例如，克勞蒂雅・貝爾雖然不是西班牙後裔的身分，卻因為她曾和一群渴望獲得教育的西班牙後裔移民工作，而獲得一個正向的經驗，並成為一位雙語的老師。

124

參與探究小組老師的工作也支持一個觀點，那就是交談本身是學習的一種模式，可以帶領人們改變他們原有的思考模式和行為舉止。這意味著說**如果老師們還想持續與他們的專業、他們的學生，以及他們彼此間保持某種聯繫，就有必要在老師的群體當中創造一個學習的社群**。這句話的真實性在這個探究小組一整年的聚會都可以看到清晰的證據，不過在我們最後一次會議中特別看得到它的真實意涵。這小組的許多老師提到在這一整年當中可以打電話給他們的同仁，對他們有多麼深遠的影響。雖然教學仍然是一個孤軍奮戰的專業，老師們不再認為當他們走進教室時是獨自和學生奮戰了。當他們在同儕之間感受到一個親密的友誼關係時，老師通常會覺得當自己走進教室時，就像是他們的同仁也一起走進那間教室——至少他們的同仁所提供的智慧和洞見會伴隨他們一同走進那間原本孤伶伶的教室。創造這種探究的社群所

產生的威力是我們在那一年當中所學到最重要的一堂課。

因為這樣的理解讓他們瞭解到自己可以從那些仍然在這行業持續奮鬥的傑出老師學習，所以這些課堂的教訓對於所有老師都有後續的影響力。實際上，我們每個人，不管是老師、師資培育者、家長，或是社會大眾，都可以從這本書所報導老師的知識和能力獲得一些學習。在接下來的部分，我只考慮從教師的思緒和對話中挑選出兩個運用的可能性。

重新思考教師的專業發展

重新思考教師的專業發展意味著我們要優先考慮改變師資培育的整體架構，並且設法改變他們在這個行業持續學習的情境；換句話說，它意味著師資培育上一個重大的轉折點。雖然學校和教育學院在過去幾十年當中改變了他們的教學實踐，把許多新的研究和教學法融入教育現場，也更切題的進行一些角色定位上的變革，不過更常發生的事件是許多初任老師進入這個專業時，卻對這個專業沒有絲毫的見識[3]。當然，不可否認的，師資培育不可能一肩挑起所有的重責大任，我們也不敢預期有哪樣的課程或者教育實習的安排，可以讓初任教師體驗到真實走進一間教室擔任老師的那種真實感受。不過師資培育機構真的可以再做一點改變。

當中的一項就是師資培育機構需要轉移它的訓練焦點，從原先探討的**知識**和**方法**，同時也要考慮到**原因**和問題的探究。也就是說，多數師資培育機構強調策略和技法，這樣的作為在準老師的培訓方面，無法讓他們瞭解到自己也只是教育這整個大環境下的一小部分而已。確實，有必要讓學生學習許多方法，並且嘗試

這些新的方法，才能夠讓一位準老師感受到他或她可以靈活運用
125 這些策略和技法。不過教學不只是這些特定的程序而已；它是一種思考學習的方法，也是思考自己學習的一種方法，更要思考哪樣的作為對學生最有幫助。史蒂夫在探究小組的一次會議生動的帶出這一個概念，他被目前流行的「最佳教學實務」的概念所激怒，他認為這樣的觀點就好像說我們可以找得到「最佳」的教學模式在所有可能的情況下協助每一個學生的學習，因此他這麼問著：「到底該如何實踐教學的**熱忱**呢？」這問題對我們每個人都具有相當的意涵。

每一位老師，不管他們是初任教師或是資深教師，都有必要多瞭解自己所教導的學生。在我們那些都會型的公立學校裡，有越來越多的學生的生活和經驗與他們的老師截然不同；這群老師幾乎都是白種人、中產階級、只會講英文。不管是從直接的體驗或是訓練，多數老師不怎麼瞭解他們所教導學生的多元性。如果這就是真實發生的事情，那麼他們可能會越來越挫折，越來越沒有耐心，接著他們所能做的就是渴望一個理想的往日情懷，在那種理想的教學情境下，每一個學生都是乖乖聽話，專心上課，也都和他們有相類似的背景。除非我們在培訓準老師的過程中，讓他們在遭遇到都會型學校多樣化學生時，同時具備希望和應付多元學生的能力，否則這樣的教學情境將會持續下去的。

傑出的老師並不是在畢業那一瞬間就完整的充分發展了；他們也不是那種「天生注定就是要當老師的人」。相對的，老師應該處於一種「變成老師」的狀態。當我們瞭解到教學的動態變化時，他們需要持續的重新發現自己的能力，以及當他們在和同儕對話和協同合作時，瞭解到自己的主張和角色；透過持續不斷、始終如一的研究，以及透過他們教學的藝術進行深層的反思，他

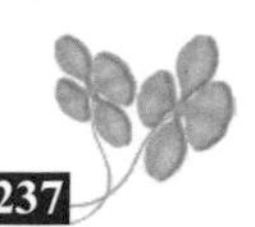

們才有這種能力。他們也需要瞭解工作的本質，也要瞭解到他們的工作對於學生可能有攸關生死的致命潛在影響力。他們需要理解教學不僅是一項傳教士的工作（雖然它也可能是一項使命），它也不是另一項工作而已（譯註：這裡提到師資培育機構課程架構的變革，真的一針見血的說出國內師資培育的致命傷。國中小師資培育機構，不管是傳統的師範院校，或是附屬於一般大學的教育學程，竟然還隸屬於教育部的中等教育司。由於中等教育司的屬性，讓師資培育機構在面對瞬息萬變的社會變遷時，根本無法跟得上時代腳步的需求）。

此外，各級學校和教育學院，以及學校學區和州政府教育廳（這些機構都投入越來越多的時間在師資培育方面），需要先招募一群更具多樣化的教學陣容。老師與學生之間文化方面的一致性，雖然不能夠保證學生將會學得更棒或更有效率，不過擁有一個代表社會大眾的教學團隊確實有所幫助。就像近年來的研究指出，不只是那群有色膚種的學生可以從一個更多樣化的教學團隊獲益良多，其實每一個學生都可以因此而獲益良多[4]。

另一個可以讓老師學習的必要情境——不過越來越少——就是**時間**了。以我長年與老師的合作情況來分析，這是幾乎每一位老師都同意的一個議題——他們就是沒有足夠的時間來處理每天應該處理的事情。除了典型的責任需要規劃課程和批改作業外，越來越多的老師瞭解到他們有必要和同儕合作，參與知識份子般的探究，並且對於最新的研究和趨勢要有心胸去體會和理解。不過多數學校在這一方面做得很少，無法協助這些情形發生在校園裡。在多數情況下，專業發展的定義就是把專家帶入學校來進行一趟工作坊或研習活動。有時候，學校學區把老師送去參加研討會，不過這並不常見，學校為老師支付參與研討會的費用更是少

126

見。少見的就是提供老師機會一起規劃，或者參與閱讀或探究小組的討論。如果師資培育的文化真的想要改變，一個方式就是開始促進教師成為知識份子的這個模式，這代表著為老師提供**時間和支柱**，讓他們可以開會並且一起合作。

學校的組織再造

專案計畫的第二個意涵和第一個建議彼此相關聯：如果我們想要把學校轉變為老師可以找到社群，並且以知識份子的方式參與工作的地方，那麼他們就需要提供環境來協助老師做這些事情。這想法並不新鮮或震撼人心；研究早就發現改變學校的組織架構來提升老師的專業發展，也可以促進學生的學習[5]。這並不是說知識份子的工作很簡單就可以完成，或是說這樣的觀點一直受到老師的歡迎。就像是參與探究小組的許多老師提到的，有時候那樣的參與相當痛苦和艱辛，不過它同時也是教學的一個必要與重要的部分。如果老師無法在學校裡實踐知識份子的工作，他們就會退回到陳腔濫調或嘗試錯誤的教學實務，很可能並不適合他們學生的需求。凱倫這麼解釋這個狀況：「很容易做的事情就是只要過著教學的生活而不去反思。我們也很容易避開反思，因為我們一直都有某些事情可以做；教學任務的袋子永遠都不會是空空的。即使在期末，當你正完成期末成績的關鍵時候，伴隨新學期的工作已經堆積如山了，而你早就遠遠落後即將開始的學期。」

就像學校需要進行組織再造的工程來提倡老師以知識份子的方式來參與校務運作，他們也需要這麼做才能夠預防我們即將面臨的嚴重教師缺額。例如有一項近年來的研究發現，徵召老師的

相關計畫對於即將來臨的教師荒不會有太大的幫助，除非他們也同時強調學校的組織架構，因為他們是老師離開學校的首要原因之一。這些架構不是關於「改革」的文件，那是說，在標準化測驗或教育卷之類的改革。相對的，他們包含簡單的策略，像是提供老師機會來影響學校的決策過程，以及提升老師的薪資待遇等等[6]。不過就一個國家來說，我們持續依賴大型的、綜合的改革計畫直接套用到學校體制上，卻很少去考慮那些改革在那樣的情境下可以如何發揮功能。這些大型改革計畫頂多告訴我們一些混雜的結果罷了[7]!?

127

創造一個讓真實學習的社群可以生根的環境絕對不是一件簡單的任務。多數學校的架構並不是用來支撐夥伴關係的。多半情況下，不管是有意的或是巧合的情況，許多學校的組織結構其實只是用來鼓勵競爭和個人的傑出表現而已。它們有時就像是個人的控制領域一樣：老師統領他們的教室，上面還有一個統領一切的君主在學校裡發號司令，以及一個「市鎮中心」可以決定在學校學區應該發生哪些事情，還有一個地方或州政府的教育委員會為裡面的每個人來制訂政策。那樣的結構基本上是和學習社群的結構相互抵觸的，讓事情變得比較容易退回到個人的領域空間去發揮而已。

此外，作為知識份子的教學任務需要經常接受培育和引導，那不是一種一旦學會就可以擺到一邊去的活動。作為知識份子的教學任務代表的是老師要採用協同合作、批判的方式仔細的檢視學生的作品，並且討論哪樣的策略有用，哪樣的策略不管用：它也意味著與其他老師共同發展課程，並且有機會討論刺激思考的書籍和想法。以這種方式看待教學是知識份子一項艱鉅的工作，一種讓教學成為一個令人興奮的行業，一個「美麗新世界」就像史帝夫在我們一次會議所描述的一樣。

支持專業發展也必須挑戰老師的觀點和偏見，在一種沒有道德勸說或責難的情況下進行。一個獨立的工作坊根本無法完成這樣的使命，參與一次研討會或者每年選修一門大學的課程也無法完成這項使命。老師需要持續的關注他們的教室和學校發生的問題和可能性，這意味著我們需要提供老師金錢、時間、書籍和其他資源。同樣重要的，老師需要為他們自己的學習設定議程。單純提供老師沒有發表意見的工作坊、研討會或是其他專業發展的機會，不管在時間上是如何精心規劃，或是出於多棒的善意，注定就是要失敗的。

這個探究小組在每次會議上都可以清楚看到我們為老師們帶來智力方面具有促進興奮作用的工作。不管我們開會開到很晚，或是官僚體系所帶來的挫折感，以及那天晚上更晚的時候還有多少教學計畫書要寫，以及有作業要批改，多數參與者都因為我們的討論感到興奮。許多老師都提到他們感受到急迫的需要進行更多這類型的對話，而且他們想要分享自己的洞見，以及他們與新老師的掙扎。新老師可以從這些老師身上學到許多。從一堆老師身上學習——他們可能擁有極度的天分——還是無法改變教育版圖裡面正在公立學校求學成千上萬學子的命運。不過這需要持續的努力，一個堅強的意志力，以及龐大的資源才能夠改善公立學校的教育，我們年輕的學子也才能夠因此而獲益良多。展開這項艱辛任務的一個方式就是創造情境，讓他們可以自由自在的全力以赴。

把教學視為國家政策的一項優先考量

128

到現在為止，這應該已經是一個不爭的事實，那就是教學這個專業，雖然對於許多民眾的生活而言有深遠的影響力，不過長久以來卻被錯誤的低估了它的重要性，也沒有獲得合理的薪資，更被民眾視為不受到尊重的一群專業。我們到處都看得到這樣的符號：老師在下班之後到便利商店當櫃台收銀員，或在暑假擔任整理房間的清潔工來補貼家用；他們每一年自掏腰包的為自己教室添購各種材料；他們甚至花了更多金錢在他們的在職教育，通常都沒有獲得學校學區的任何補貼（譯註：這一點和國內的現象非常不同。美國老師的薪資在全國行業的排行相當落後，也需要繳納稅金。國內的教師不僅在薪資方面已經屬於中階水準，還可以享受免稅的優惠。這一點需要提醒讀者兩國對於教師的差別待遇）。不過，目前在州政府和國家階層的政治氛圍對老師這個專業卻不斷滲透著一種不尊重的態度，特別是那些在都會型學校服務的老師，以及他們所教導的學生（譯註：這一點倒是和國內非常相像。十多年前，如果在親師生間有任何磨擦，該道歉的幾乎都是家長或學生；相對的，近年來各媒體報導親師生之間的摩擦幾乎毫無例外的，都把指責的矛頭指向老師的專業不足。這現象值得教育界的夥伴深思表象背後的問題，才得以提升教師在整個社會的地位）。例如，多數從政者雖然經常把教育掛在嘴上，卻很少踏進學校一步。他們幾乎只想強調學校辦學的績效，而且當他們提到老師時的語調有時也相當詆毀和無情。不過沒有任何第一年的簽約金、教師測驗和任何影響深遠的測驗可以取代一個真

實、持久的尊重對老師更有意義。實際上，因為這樣的誘因質疑老師的智慧、能力和承諾，所以他們通常會阻礙我們想要留住優秀教師的作為。

我們從探究小組的專題計畫所學到的一件事情，就是我們相當確認底下這件事情：**沒有任何去脈絡化的「最佳實務」可以持續老師的投入和承諾**。現在有許多人針對教育改革的討論把重點集中在發展一些「最佳實踐工作」，來當作老師蠟燭兩頭燒和學生低成就的萬靈丹。我們的研究結果和這樣的立場幾乎就是天南地北的差別吧！我們所得到的結論是只有當我們把老師視為具有專業能力和擁有聰明智慧的人，是一群深深關心學生以及教學藝術的專業人士時，我們才有辦法誘拐他們持續在這個專業打拚，也唯有如此才有可能吸引更多的初任教師投入這個領域。我們希望我們的研究成果說明一件事情，那就是與其把焦點集中在一個沒有人性的「最佳實踐工作」，我們需要把焦點集中在學生身上，以及那些最適合擔任他們教師職責的人身上（譯註：我們國內近年來也不斷的舉辦各種教案設計比賽，企圖找尋一些「放諸四海皆通」的教學法。不過教學充滿太多變因，要找尋那些教案，根本就要看評審到底抱持哪樣的評審哲學觀。希望作者這樣的看法也可以給國內教育主管單位一項良心的建議）。

面對各種挑戰和質疑仍然持續在教育領域打拚的那群老師知道教學絕對不是單純的一項工作而已。朱尼亞・葉爾武德對於教學的看法或許相當貼切的反應了這個想法：

> 在過去這二十多年，我在教育這個領域持續保持樂趣和熱情，或許可以歸因到許多原因，當中有兩項分別是我熱愛我的學生和我從學生身上獲得的尊重，以及我

個人想要持續以一種有智慧的方式生活下去。不過，我持續熱力四射、並且充滿期望的走進教室還有一個最主要的原因，那就是我如何看待自己的工作。教學不僅是我的職業，它也是我內心的呼喊，它更是我的終身使命。

129

像朱尼亞這樣的老師需要有師資培育者、行政人員、學校的各種委員會、從政人員以及關懷教育的公民全力支持，他們要用文字、行為和金錢來支援學校在我們這樣的社會所扮演的功能。如果我們真的熱衷於擴展那些在都會型學校求學的學生所能夠接觸的機會，而不是把他們侷限在那些影響深遠的各項測驗，我們就應該把辦學重點集中在高標準、高期望，並且提高教育預算的編列。

這是擺在我們眼前的一項挑戰。如果我們就像自己所說的那樣關懷教育，那麼我們就有需要做更多事情來改變老師所面臨的工作環境，特別是那些在經費嚴重不足的都會型學校、幾乎被宣判放棄學校工作的老師。我們需要支持那些關心學生的老師，他們會找尋創意的方式來教導學生，他們在困難的環境下做這樣的努力。我們也要為一些因為他們自己的學習就像他們看到學生學習產生時而感到興奮的老師而慶祝；我們也需要擁護那些珍惜學生家庭，並且找尋恭敬的方式來和學生家庭互動的老師。最重要的，我們需要期望每一位老師都做這些事情，那些在我們公立學校求學的學生就應該得到這樣的待遇。

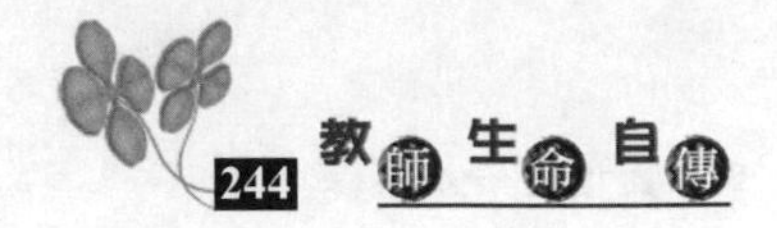

註解

序論

131

1. P. H. B. Shin, (2001, June 19), "Teachers Are Key to Success: It's Sink or Swim for Class Rookies," 原文出現在《紐約時報》（*New York Daily News*, http: //www.nydailynews.com/City_Beat/a-115421.asp）。
2. The Public Education Network and *Education Week* (2001, April), *Action for All: The Public's Responsibility for Public Education* (Washington, DC: Authors).
3. M. W. McLaughlin & J. E. Talbert (2001), *Professional Communities and the Work of High School Teaching* (Chicago: University of Chicago Press).
4. Jane David 和 Patrick Shields 指出許多老師擔任的課程「並不在他們專業訓練範圍內」（out of field），特別是那些在貧窮子弟就讀的學校擔任教職的老師〔J. L. David & P. M. Shields (2001), *When Theory Hits Reality: Standards-Based Reform in Urban Districts, Final Narrative Report*. (Menlo Park, CA: SRI International)〕。例如，在加州，不合格的老師人數從 1997 年的 34,000 人，提升到 2001 年的 42,000 人，占了教師總人口的 14%，當然也嚴重損害加州推動類似小班教學精神的各種教育改革的訴

求〔D. Helfand (2001, December 12), "Lack of Qualified Teachers Undermines State Reforms"《洛杉磯時報》（線上資訊），請參閱 www.latimes.com/news/local/ la-0000986.50decl2.story? coll=la %2Dcalifornia〕。讀者如果想要瞭解全國的情況，請參考 L. Darling-Hammond (1998), "Teachers and Teaching: Testing Policy Hypotheses From a National Commission Report," *Educational Researcher, 27*(1), 5-15。

5. 在1996年的報告裡，例如在全國教學與美國未來的委員會（National Commission on Teaching and America's Future）開始這樣的假設「老師所知道的知識以及老師的作為是影響學生學習最重要的因素」。請參考全國教學與美國未來的委員會（1996）的報告 *What Matters Most: Teaching for America's Future* (New York: Author)。此外，Linda Darling-Hammond 與 Beverly Falk 在檢視1990年代後期十多篇針對老師願意留在教育界的研究時，得到的建議認為除非學校重視學生是否能夠和高品質老師相互接觸之前，其他變革對於學生的學習成就幾乎毫無影響力〔L. Darling-Hammond & B. Falk (1997), "Using Standards and Assessments to Support Student Learning," *Phi Delta Kappan, 79* (3), 190-199〕。最後，最近由Judith Langer所執行的一項研究發現，國中和高中學生在閱讀、寫作和英文的學習成就與他們的老師所擁有的技能有所關聯。令人印象最深刻的是發現在某些學校的學生展示出遠比和他們具有相同人口學變項的同儕在語文素養方面有比較好的表現。Langer 在一段為期兩年的期間檢視了來自於佛羅里達州、紐約州、加州和德州的八十八個班級的資料。

132

請參考 J. Langer (2002), "Beating the Odds: Teaching Middle and High School Students to Read and Write Well," *American Educa-*

tional Research Journal, 38 (4), 837-880。

6. K. Haycock (1998), "Good Teaching Matters," *Thinking K-16, 3*(2), 1-2.

7. A. Hargreaves, L. Earl, & J. Ryan (1996), *Schooling for Change* (New York: Falmer Press).

8. N. Noddings (1992), *The Challenge to Care in Schools: An Alternative Approach to Education* (New York: Teachers College Press), p. 2.

9. National Center for Education Statistics (2000), *Editorial Projects in Education, 1998* (Washington, DC: Author).

10. 請參考 R. R. Henke, S. P. Choy, X. Chen, S. Geis, & M. N. Alt (1997), *America's Teachers: Profile of a Profession, 1993-94, NCES 97-460* (Washington, DC: United States Department of Education)。從 1961 年到 1996 年對於老師所具備的種族／血緣的比較，則請參考 T. D. Snyder & C. M. Hoffman (2002), *Digest of Education Statistics, 2001* (Washington, DC: National Center for Education Statistics)。要看未來幾年我們對於教師的資料預估，參考 United States Bureau of the Census (2000), *Statistical Abstract of the United States*，網站 http:// www.census.gov/prod/www/statistical-abstract-us.html。此外，近來一項研究探究民眾轉變成老師管道的研究，研究者發現創造一個種族和血緣多樣化的教師陣容所面臨的主要挑戰，關鍵不在於影響研究所就讀的有色膚種學生的生涯規劃，而是提升高中生畢業率，然後才是多樣性背景的學生到學院的就讀和畢業，請參考 E. Vegas, R. J. Murname, & J. B. Willett (2001), "From High School to Teaching: Many Steps, Who Makes It?" *Teachers College Record, 103* (3), 427-449。

11. 相關範例請參考 T. S. Dee (2000), *Teachers, Race, and Student*

Achievement in a Randomized Experiment (Cambridge, MA: National Bureau of Economic Research)；以及 B. C. Clewell, M. Puma, & S. A. McKay (2001), *Does It Matter If My Teacher Looks Like Me? The Impact of Teacher Race and Ethnicity on Student Academic Achievement* (New York: Ford Foundation)。

12. 近年來的一項研究，針對德州境內三百五十個最大規模的多元文化學校學區進行檢視，研究者發現一個存在於有色人種老師的人數，以及有色人種學生的學習成就之間的相關。讓研究者更加意外的發現，則是存在於有色人種老師人數與正統白種人學生的學習成就之間的關係更加正相關〔K. J. Meier, R. D. Wrinkle, & J. L. Polinard (1999), "Representative Bureaucracy and Distributional Equity: Addressing the Hard Question," *Journal of Politics, 61*, 1025-1039〕。

13. 這個與其他稍早的研究包含在一個由 Phi Delta Kappan 與 National Education Association's National Commission on Teacher Education and Professional Standards 的全國性研討會〔T. M. Stinnett (ed.) (1970), *The Teacher Dropout* (Bloomington, IN: Phi Delta Kappan〕。也請參考 R. R. Henke, X. Chen, & S. Geis (2000), *Progress Through the Teacher Pipeline: 1992-1992 College Graduates and Elementary/Secondary School Teaching as of 1997* (Washington, DC: National Center for Education Statistics)。

14. 例如，從 1987 到 1989 年，幾乎有 12%的老師離開教育界的時候，只有少於一年的教學年資，不過從 1993 到 1995 年之間，這個比例提升到 22%。從 1987 到 1989 年之間，那些擁有三年教學年資才離開教師陣容的老師人數比例大約是 9%，不過在 1993 年到 1995 年之間這比例提升到 12%。更近的資料，從 1993

133

年開始教書的老師當中，大約有 20%在 1997 年離開教育界。更讓人驚訝的是底下的發現：在四十年之間，從 1960 年代到 1990 年代，當老師被問到他們是否還有意願持續擔任教職下去，給予正面答覆的比例從 1961 年的 75%，降到 1996 年的 62%〔National Center for Education Statistics (2000), *Digest of Education Statistics, 1999* (Washington, DC: Author), p. 82〕。

15. M. Haberman (1995), "Selecting 'Star' Teachers for Children and Youth in Urban Poverty," *Phi Delta Kappan, 76* (10), 777-781. 此外，近年來的研究也確認老師離開教育這個專業，轉型到其他行業。請看 Education Commission of the States (2000), *In Pursuit of Quality Teaching: Five Key Strategies or Policymakers* (Denver, CO: Education Commission of the States)。對於老師離開貧困地區的比率方面，請參考 K. Haycock (1998), "No More Settling for Less," *Thinking K-16, 4* (1), 3-12。
16. Richard Ingersoll 指稱那些志願或超額原因而從一所學校調到另一所學校的老師所形成的現象為「遷徙」。請看 R. M. Ingersoll (2001), *A Different Approach to Solving the Teacher Shortage Problem*, policy Brief no. 3 (Seattle, WA: Center for the Study of Teaching and Policy, University of Washington)。
17. 依據這裡所做的假設，到 2009 年全國需要為公立學校新聘的老師人數為一百七十萬到兩百七十萬人之間。請看 W. J. Hussar (1999), *Predicting the Need for Newly Hired Teachers in the United States to 2008-2009* (Washington, DC: National Center for Education Statistics)。
18. 請參考 D. Wadsworth (2001), "Why New Teachers Choose to Teach," *Educational Leadership*, *58* (8), 24-28。

19. 公立學校老師的平均薪資在 1990 年代，緩慢達到 1998 到 1999 年之間的 40,582 美元。在考慮到通貨膨脹的調整之後，這項薪資調整代表在 1988 年到 1999 年之間的薪資提升為 1%。請看 http://nces.ed.gov/pubs2001/digest/ch2.html。

20. 這是一項由 Scholastic 公司的子公司 Quality Education Data 研究機構委託《時代》雜誌所做的研究報告。請看 http://www.time.com/time/magazine/notebook0,9484,11010,20224,00.html。

21. S. M. Johnson (1990), *Teachers at Work: Achieving Success in Our Schools* (New York: Basic Books), p. 34. 同時，由公共議程（Public Agenda）針對在公立學校與私立學校服務的大約九百位老師的一項研究結果發現，當中有八百六十五位老師認為只有那些有「真實的內在呼喊」的人才應該來當老師，雖然當中有 72% 的老師提到教學最重要的就是協助他人，以及對社會的貢獻。請看 S. Farkas, J. Johnson, & T. Foleno (2000), *A Sense of Calling: Who Teaches and Why* (New York: Public Agenda)。

22. G. Orfield, & J. T. Yun (1999, June), *Resegregation in American Schools* (Cambridge, MA: Civil Rights Project at Harvard University).

23. M. Rose (1995), *Possible Lives: The Promise of Public Education in America* (New York: Penguin Books), p. 1.

134

24. 不管是老師的寫作，或是研究人員與老師共同執行的研究都不是新鮮事情，雖然它的普遍性因為一些明顯的原因正在成長當中：有經驗老師的知識和智慧可以為學校裡的每個人改善現況，包括孩子、其他老師、師資培育者與其他專業的教師。在我找尋的書籍裡，底下幾本最有幫助：K. Casey (1993), *I Answer With My Life: Life Histories of Women Teachers Working for Social Change* (New York: Routledge); D. J. Clanindin, A. Davies, P. Hog-

an & B. Kennard (1993), *Learning to Teach, Teaching to Learn: Stories of Collaboration in Teacher Education* (New York: Teachers College Press); M. Cochran-Smith & S. Lytle (1993), *Inside/Outside: Teacher Research and Knowledge* (New York: Teachers College Press); R. F. Fox (ed.) (2000), *Case Studies in Teacher Renewal* (Urbana, IL: National Council of Teachers of English); S. W. Freedman, E. R. Simons, J. S. Kalnin, A. Casareno, & the M-CLASS Teams (eds.) (1999), *Inside City Schools: Investigating Literacy in Multicultural Classrooms* (New York: Teachers College Press); M. Rose (1995), *Possible Lives: The Promise of Public Education in America* (Boston: Houghton Mifflin); C. Witherell & N. Noddings (eds.) (1991), *Stories Lives Tell: Narrative and Dialogue in Education* (New York: Teachers College Press)；以及 S. M. Intrator (ed.) (2002), *Stories of the Courage to Teach: Honoring the Teacher's Heart* (San Francisco: Jossey-Bass)（**譯註：國內目前正開始大力倡導教師即研究者的概念和實踐，大致上可以參考以上這些文章或書籍**）。

第一章

1. P. Freire (1970), *Pedagogy of the Oppressed* (New York: Seabury Press).
2. I. Shor & P. Freire, (1987), *A Pedagogy for Liberation: Dialogues on Transforming Education* (New York: Bergin & Garvey), p. 46.
3. 這些話是Sandra Stotsky所提出來的觀點，是一位強烈反對多元文化教育的人士，在她1999年所寫的*Losing Our Language: How*

Multicultural Classroom Instruction Is Undermining Our Children's Ability to Read, Write, and Reason (New York: The Free Press)書中。對於多元文化教育受到的攻擊所做的強烈回擊，請參考我在 1995 年所寫的章節"From Brown Heroes and Holidays to Assimilationist Agendas: Reconsidering the Critiques of Multicultural Education," in C. E. Sleeter & P. McLaren (eds.), *Multicultural Education, Critical Pedagogy, and the Politics of Difference* (pp. 191-220) (Albany: State University of New York Press)；與 Christine Sleeter (2001) 所寫的章節 "An Analysis of the Critiques of Multicultural Education," in J. A. Banks & C. A. M. Banks (eds.), *Handbook of Research on Multicultural Education* (pp. 81-94) (San Francisco: Jossey-Bass)。

4. S. Bowles & H. Gintis (1976), *Schooling in Capitalist America: Educational Reform and the Contradictions of Economic Life* (New York: Basic Books).
5. P. Freire (1970), *Pedagogy of the Oppressed* (New York: Seabury Press); M. Greene (1978), *Landscapes of Learning* (New York: Teachers College Press); H. Kohl (1967), *36 Children* (New York: New American Library); J. Kozol (1967), *Death at an Early Age: The Destruction of the Hearts and Minds of Negro Children in the Boston Public Schools* (Boston: Houghton Mifflin); S. Ashton-Warner (1963), *Teacher* (New York: Simon and Schuster). 早期關於多元文化教育的相關作品，請參考 J. A. Banks (ed.) (1973), *Teaching Ethnic Studies: Concepts and Strategies*, 43rd yearbook (Washington, DC: National Council for the Social Studies)。
6. 參考的範例有 J. Spring (2001), *Deculturalization and the Struggle*

for Equality: A Brief History of the Education of Dominated Cultures in the United States, 3rd ed (New York: McGraw-Hill)。

7. S. Nieto (2000), *Affirming Diversity: The Sociopolitical Context of Multicultural Education*, 3rd ed〔New York: Longman (1st ed., 1992)〕.
8. P. Freire (1998), *Teachers as Cultural Workers: Letters to Those Who Dare Teach* (Boulder, CO: Westview Press), pp. 6, 36.
9. S. Nieto (1999), *The Light in Their Eyes: Creating Multicultural Learning Communities* (New York: Teachers College Press).
10. B. Campuzano (2001), "A Better Chance," *Narratives*, *6*(1), 25-26.

135

第二章

1. S. Buckley (2000, February 2), "Root of All Evil: Money Makes the Sports World Go Round," *Boston Herald*, p. 102.
2. b. hooks (1994), *Teaching to Transgress: Education as the Practice of Freedom* (New York: Routledge), p. 107.
3. L. Gibson (1998), "Teaching as an Encounter With the Self: Unraveling the Mix of Personal Beliefs, Education Ideologies, and Pedagogical Practices," *Anthropology and Education Quarterly, 29* (3), 360-371.
4. 這個領域一些有用的書籍分別是 J. S. Bruner (1983), *In Search of Mind: Essays in Autobiography* (New York: Harper & Row); R. M. Cohen & S. Scheer (eds.) (1997), *The Work of Teachers in America: A Social History Through Stories* (New York: Longman); F. M. Con-

nelly & D. J. Clandinin (1999), *Shaping a Professional Identity: Stories of Educational Practice* (New York: Teachers College Press); P. Dominicé (2000), *Learning From Our Lives: Using Educational Biographies With Adults* (San Francisco: Jossey-Bass)。此外，*Narratives* 這份專業期刊，由位在俄亥俄州克里夫蘭的Learning Communities Network, Inc.所出版，是一個由老師和學生發表他們關於教學的優良資料來源。

5. J. Bruner (1994), "Life as Narrative," in A. H. Dyson & C. Genishi (eds.), *The Need for Story: Cultural Diversity in Classroom and Community* (pp. 28-37) (Urbana, IL: National Council of Teachers of English).
6. M. Dickeman (1973), "Teaching Cultural Pluralism," in J. A. Banks (ed.), *Teaching Ethnic Studies: Concepts and Strategies* (pp. 4-25), 43rd yearbook (Washington, DC: National Council for the Social Studies).
7. Marilyn Cochran-Smith 也寫到她是怎麼要求養成教育的老師要「重新書寫他們的自傳」。請參閱 M. Cochran-Smith (2000), " Blind Vision: Unlearning Racism in Teacher Education," *Harvard Educational Review, 70* (2), 157-190.
8. J. Kozol (1991), *Savage Inequalities: Children in America's Schools* (New York: Crown).
9. S. Nieto (1999), *The Light in Their Eyes: Creating Multicultural Learning Communities* (New York: Teachers College Press).
10. G. W. Noblitt (1993), "Power and Caring," *American Educational Research Journal, 3* (1), 23-38.
11. L. D. Delpit (1988), "The Silenced Dialogue: Power and Pedagogy in

Educating Other People's Children," *Harvard Educational Review, 58*, 280-298.（譯註：這篇文章也發表在《錯綜複雜的教學世界》，譯者翻譯，心理出版社 2006 年出版）

12. J. L. Miller (1978, May), *An Interview with Maxine Greene,* videotape (The Curriculum Collection, Museum of Education, University of South Carolina).

第三章

136

1. 底下所條列的書籍是由許多專門研究多元文化與多樣性語文環境下的學生所認為高效能老師的特質：E. E. García (1999), *Student Cultural Diversity: Understanding and Meeting the Challenge* (Boston: Houghton Mifflin); M. Haberman (1988), *Preparing Teachers for Urban Schools* (Bloomington, IN: Phi Delta Kappa Educational Foundation); G. Gordon (1999), "Teacher Talent and Urban Schools," *Phi Delta Kappan, 81* (5),304-306; M. S. Knapp, P. M. Shields & B. J. Turnbull (1995), "Academic Challenge in High-Poverty Classrooms, "*Phi Delta Kappan, 76* (10), 770-776; G. Ladson-Billings (1994), *The Dreamkeepers: Successful Teachers of African American Children* (San Francisco: Jossey-Bass); T. Lucas, R. Henze & R. Donato (1990), "Promoting the Success of Latino Language-Minority Students: An Exploratory Study of Six High Schools," *Harvard Educational Review, 60* (3), 315-340; M. Rose (1995), *Possible Lives: The Promise of Public Education in America* (New York: Penguin Books)。

2. S. Nieto (1994), "Lessons From Students on Creating a Chance to Dream," *Harvard Educational Review, 64* (4), 392-426.（譯註：這篇文章也發表在《錯綜複雜的教學世界》，譯者翻譯，心理出版社 2006 年出版）
3. A. Portes & R. G. Rumbaut (2001), *Legacies: The Story of the Immigrant Second Generation* (Berkeley: University of California Press and New York: Russell Sage Foundation).
4. 相關範例請參考 E. E. Garcia & A. Hurtado (1995), "Becoming American: A Review of Current Research on the Development of Racial and Ethnic Identity in Children," in W. D. Hawley & A. W. Jackson (eds.), *Toward a Common Destiny: Improving Race and Ethnic Relations in America* (pp. 163-184) (San Francisco: JosseyBass); G. Gay (2000), *Culturally Responsive Teaching: Theory, Research, and Practice* (New York: Teachers College Press); and S. Nieto (2000), *Affirming Diversity: The Sociopolitical Context of Multicultural Educatio*n, 3rd ed. (New York: Longman)。
5. M. Gibson (1997), "Complicating the Immigrant/Involuntary Minority Typology," *Anthropology and Education Quarterly, 28* (3), 431-454.
6. S. B. Heath (1983), *Ways With Words* (New York: Cambridge University Press); J. J. Irvine (1990), *Black Students and School Failure: Policies, Practices, and Prescriptions* (Westport, CT: Greenwood Press); G. Ladson-Billings (1994). *The Dreamkeepers: Successful Teachers of African American Children* (San Francisco: JosseyBass); 與 J. Mahiri (1998), *Shooting for Excellence: African American and Youth Culture in New Century Schools* (Urbana, IL: National Council of Teachers of English and New York: Teachers College Press); G.

Gay (2000), *Culturally Responsive Teaching: Theory, Research, and Practice* (New York: Teachers College Press).

7. J. Kailin (1999), "How White Teachers Perceive the Problem of Racism in Their Schools: A Case Study of 'Liberal' Lakeview," *Teachers College Record, 100* (4), 724-750.

8. 有越來越多的文獻探討白種人老師在學校裡面維繫種族和種族歧視方面所扮演的角色。底下是這些文獻裡的一部分：C. E. Sleeter (1994), "White Racism," *Multicultural Education, 1* (4),5-8, 39; K. Jervis (1996), "'How Come There Are No Brothers on That List?': Hearing the Hard Questions All Children Ask," *Harvard Educational Review, 66*(3), 546-576（**譯註：這篇文章也發表在《錯綜複雜的教學世界》，譯者翻譯，心理出版社 2006 年出版**）；A. McIntyre (1997), *Making Meaning of Whiteness: Exploring Racial Identity With White Teachers* (Albany: State University of New York Press); and G. R. Howard (1999), "*We Can't Teach What We Don't Know": White Teachers, Multiracial Schools* (New York: Teachers College Press)。

137

9. 相關範例請參考 N. Noddings (1992), *The Challenge to Care in Schools: An Alternative Approach to Education* (New York: Teachers College Press); A. Valenzuela (1999), *Subtractive Schooling: U.S.-Mexican Youth and the Politics of Caring* (Albany: State University of New York Press)。

10. 請看 J. J. Irvine & M. Foster (1996), *Growing Up African American in Catholic Schools* (New York: Teachers College Press); M. Patchen (1982), *Black-White Contact in Schools: Its Social and Academic Effects* (West Lafayette, IN: Purdue University Press); D. Pollard

(1989), "A Profile of Underclass Achievers," *Journal of Negro Education, 58*, 297-308; K. Lomotey (1990), *Going to school: The African-American Experience* (Albany: State University of New York Press); and P. U. Treisman (1992), "Studying Students Studying Calculus: A Look at the Lives of Minority Mathematics Students in College," *The College Mathematics Journal, 23* (5), 362-372.

11. J. Bempechat (1999), "Learning from Poor and Minority Students Who Succeed in School," *Harvard Education Letter, 15* (3), 1-3.

12. Ullman J. (1997), *A Case Study of an Urban High School English Class: Encouraging Academic Engagement by Creating a Culture of Respect* (unpublished doctoral dissertation, Boston College, MA), p. 107.

13. J. Oakes, K. H. Quartz, S. Ryan & M. Lipton (2000), *Becoming Good American Schools: The Struggle for Civic Virtue in Education Reform* (San Francisco: JosseyBass).

14. N. Zane (1997), "When 'Discipline Problems' Recede: Democracy and Intimacy in Urban Charters," in M. Fine (ed.), *Chartering Urban School Reform: Reflections on Public High Schools in the Midst of Change* (pp. 122-135) (New York: Teachers College Press), p. 128.

15. S. R. Katz (1999), "Teaching in Tensions: Latino Immigrant Youth, Their Teachers, and the Structures of Schooling," *Teachers College Record, 100* (4), 809-840.

16. 更多關於教師研究的資訊，請參考 M. Cochran-Smith & S. Lytle (1993), *Inside/Outside: Teacher Research and Knowledge* (New York: Teachers College Press); S. W. Freedman, E. R. Simons, J. S. Kalnin, A. Casareno & the MCLASS Teams (eds.) (1999), *Inside*

City Schools: Investigating Literacy in Multicultural Classrooms (New York: Teachers College Press); and J. Kuzmeskus (ed.) (1996), *We Teach Them All: Teachers Writing About Diversity* (York, ME: Stenhouse Publishers)。

17. H. Kohl (1994), *"I Won't Learn From You" and Other Thoughts on Creative Maladjustment* (New York: The New Press), p. 76.
18. M. Rose (1989), *Lives on the Boundary* (New York: Penguin).
19. R. L. Fried (1995), *The Passionate Teacher: A Practical Guide* (Boston: Beacon Press), p. 1.

第四章

這一章因為一群從英文高中來的老師所提供的洞見而顯得更豐富：這些老師分別是達力・歐爾迪斯、朱安・費格羅拉、凱倫・格尼金斯、安妮塔・蓓瑞爾、馬蹄・謝爾德、派翠克・圖特維拉（實習老師）與朱尼亞・葉爾武德。

1. M. Greene (1988), *The Dialectic of Freedom* (New York: Teachers College Press), p. 3. 138
2. J. Dewey (1916), *Democracy and Education* (New York: The Free Press), pp. 119-120.
3. M. B. Katz (1975), *Class, Bureaucracy, and the Schools: The Illusion of Educational Change in America* (New York: Praeger), p. 106.
4. 許多教育史學家曾經探索這個主題。請參考M. Weinberg (1977), *A Chance to Learn: A History of Race and Education in the U.S.* (Cambridge: Cambridge University Press); D. Tyack (1995), "Schoo-

ling and Social Diversity: Historical Reflections," in W. D. Hawley & A. W. Jackson (eds.), *Toward a Common Destiny: Improving Race and Ethnic Relations in America* (pp. 3-38) (San Francisco: Jossey-Bass); and J. Spring (2001), *Deculturalization and the Struggle for Equality: A Brief History of the Education of Dominated Cultures in the United States*, 3rd ed. (New York: McGraw-Hill)。

5. 這一點回應了由 Marilyn M. Cohn 和 Robert B. Kottkamp (1993) 等人所執行的研究計畫的主要結論，那項計畫是 *Teachers: The Missing Voice in Education* (Albany: State University of New York Press)。這項研究是在 1964 年到 1984 年之間所執行的計畫，針對七十三位老師進行深度訪談，也對兩千七百多位老師進行普查的研究結果。
6. H. Kohl (1994), "*I Won't Learn From You" and Other Thoughts on Creative Maladjustment* (New York: The New Press).
7. P. Freire (1998), *Teachers as Cultural Workers: Letters to Those Who Dare Teach* (Boulder, CO: Westview Press), p. 3.

第五章

1. 這一點和田納西州的小學所執行的一項研究計畫相互呼應。請參考 S. J. Rosenholtz (1989), *Teachers' Workplace: The Social Organization of Schools* (New York: Longman)。
2. 讀者如果想要進一步瞭解麻州教育改革法規（Massachusetts Reform Act）的詳細說明，請參考 D. French (1998), "The State's Role in Shaping a Progressive Vision of Public Education," *Phi Delta*

Kappan, 80 (3), 185-194。

3. 由 Frances Georgia 修女所執行的研究是眾所周知的一項計畫，她記錄了為數眾多的波多黎各孩子沒有上學的林林總總。她的研究在說服麻州議員通過 Chapter 71A (1971)的法規制訂時相當具有影響力，那就是麻州雙語教育過度法規〔Massachusetts Transitional Bilingual Education Law (TBE)〕，全美國境內第一個強制雙語教育的法規，後來它也變成美國境內其他州雙語教育相關法規的楷模〔請參考 National Coalition of Advocates for Students (1988), *Barriers to Excellence: Our Children at Risk* (Boston: Author)〕。
4. J. Kozol (1967), *Death at an Early Age: The Destruction of the Hearts and Minds of Negro children in the Boston Public Schools* (Boston: Houghton Mifflin).
5. 關於 1960 年代開始所展開的社區控制的運動，請參考 M. D. Fantini, M. Gittell, & R. Magat (1970), *Community Control and the Urban School* (New York: Pracger)。
6. 關於波士頓地區在 1970 年代廢除種族隔離政策的歷史資料，請參考 M. King (1981), *Chain of Change: Struggles for Black Community Development* (Boston: South End Press)。

139

7. T. Sizer & N. Sizer (1999), *The Students Are Watching: Schools and the Moral Contract* (Boston: Beacon Press).
8. A. Hargreaves & M. Fullan (1998), *What's Worth Fighting for Out There?* (New York: Teachers College Press).
9. Marilyn Cohn 和 Robert Kottkamp (1993) 在比較 1964 年到 1984 年之間針對老師的研究整理後，得到的結論是「在改革的時機，每當有對話和決策的執行時，欠缺老師的參與是一項嚴重的疏

忽。也因此，這些對話和政策對於教育問題提出錯誤的定義，隨後的解決方案只是讓原先的問題更加複雜，而不是去迎面解決這些問題，當然就因此對於教師陣容做了貶低身分，更讓老師士氣低落的的作為。」(p. xvi)〔M. M. Cohn & R. B. Kottkamp (1993), *Teachers: The Missing Voice in Education* (Albany: State University of New York Press)〕

10. 近來一份駁斥評論師資培育的文章裡，David Berliner 提出令人說服的證據，讓大家瞭解到老師和律師、經理、企業總裁與那些從事財經的專業人士具有相同的智慧。對於他所駁斥的其他神話，請參考 D. C. Berliner (2001), "A Personal Response to Those Who Bash Teacher Education," *Journal of Teacher Education, 51* (5),358-371；也請參考 L. Darling Hammond (1997), *Doing What Matters Most: Investing in Teacher Quality* (New York: National Commission on Teaching and America's Future, Teachers College, Columbia University)；與 D. Gitomer, A. S. Latham & R. Ziomek (1999), *The Academic Quality of Prospective Teachers: The Impact of Admissions and Licensure Testing* (Princeton, NJ: Teaching and Learning Division, Educational Testing Service)。

11. 由 Clandia Levin 所導演的《只是一位老師》（*Only a Teacher*）三部曲，對於老師們是一個感人的作品。透過教育史和影片片段，以及一整年當中老師所講的話與所寫的文章，這部影片探索許多主題，包含教學工作的女性化，以及伴隨這一觀點而來，對於那些從事這個專業的人們沒有受到該有的尊重等等。這一系列的影片可以從底下的資料獲得：Films for the Humanities and Sciences at P.O. Box 2053, Princeton, NJ 08543，免費電話是 (800) 257-5126，它們的網站是 www.films.com。

第六章

1. H. Giroux (1988), *Teachers as Intellectuals: Toward a Critical Pedagogy of Learning* (Granby, MA: Bergin & Garvey), p. xxxiv.
2. M. Cochran-Smith & S. Lytle (1993), *Inside/Outside: Teacher Research and Knowledge* (New York: Teachers College Press), p. 2.
3. B. R. Barber (1992), *An Aristocracy of Everyone: The Politics of Education and the Future of America* (New York: Oxford University Press), p. 229.
4. S. M. Wilson & J. Berne (1999), "Teacher Learning and the Acquisition of Professional Knowledge: An Examination of Research on Contemporary Professional Development," in A. Iran-Nejad & P. D. Pearson (eds.), *Review of Research in Education*, (vol. 24 pp. 173-209) (Washington, DC: American Educational Research Association), p. 181。此外，近來一份由 Jane David 和 Patrick Shields 針對七個都會型學校學區所做的研究發現，在好幾年的時間裡，長期投資在教師專業發展的努力是唯一導致學習成就有明顯改善的改革措施〔J. L. David & P. M. Shields (2001), *When Theory Hits Reality: Standards-Based Reform in Urban districts, Final Narrative Report* (Menlo Park, CA: SRI International)〕。 140
5. 由 Susan Florio Ruane 和 Julie deTar 所執行的一項研究，探討老師對於教科書理解程度的討論所產生的多種民族自傳書寫就是當中的一個例子。研究者發現老師之間的對話既不容易，也不是完全沒有衝突和矛盾產生。討論的氛圍相當客氣，因為當他們不同意另一位老師的觀點而想提出批判時，有一種非常不舒服的感受：特別是當主題轉移到教育機會不均等和種族歧視的問題時。每當這種情況發生時，Florio Ruane 和 deTar 發現老師傾向於避開更進一步的討論。請參考 S. Florio Ruane & J. deTar (1995), "Conflict and consensus in Teacher Candidates' Discussion of Ethnic Autobiography," *English Education, 27*, 11-39。

6. M. Cochran-Smith & S. Lytle (1993), *Inside/Outside: Teacher Research and Knowledge* (New York: Teachers College Press), p. 21.
7. M. Cochran-Smith (1997), "Knowledge, Skills, and Experiences for Teaching Culturally Diverse Learners: A Perspective for Practicing Teachers," In J. J. Irvine (ed.), *Critical Knowledge for Diverse Teachers and Learners* (pp. 27-87) (Washington, DC: American Association of Colleges for Teacher Education).
8. 例如，全國寫作專案計畫（The National Writing Project）就是一個受到許多老師廣為喜愛的一個專案計畫，不僅局限於英文老師而已，因為它也提供他們機會進行寫作，也在社區提供相關服務。老師寫作的範例包含在典型的期刊——*Teacher*，這是在紐西蘭出版的書籍，有許多老師所提供的感人肺腑的自傳〔S. AshtonWarner (1963), *Teacher* (New York: Simon and Schuster)〕與 Jonathan Kozol 的 (1967), *Death at an Early Age: The Destruction of the Hearts and Minds of Negro Children in the Boston Public Schools* (Boston: Houghton Mifflin)，還有更新的文章，像是 William Ayers (2001), *To Teach: The Journey of a Teacher* (New York: Teachers College Press); Christina Igoa's (1995), *The Inner World of the Immigrant Child* (New York: St. Martins Press)；以及 S. M. Intrator, (ed.) (2002), *Stories of the Courage to Teach: Honoring the Tea-*

cher's Heart (San Francisco: Jossey-Bass)。協同合作的努力包含J. Kuzmeskus (1996), *We Teach Them All: Teachers Writing About Diversity* (York, ME: Stenhouse Publishers)；以及由 Sara Freedman 與她的夥伴（1999）所寫的相關文章 *Inside City Schools: Investigating Literacy in Multicultural Classroom* (New York: Teachers College Press)，還有一本由朱尼亞・葉爾武德與全國各地的老師所寫的文章彙整而成的書籍。

9. 派蒂・博得在她對於面具的研究所使用的一些資源是錄影帶 *The Legend of the Vejigante*，與伴隨的書本 *The Vejigante and the Folk Festivals of Puerto Rico*，這是由 Edwin Fontanez 於 1995 年出版 (Washington, DC: Exit Studio)；讀者也可以直接從網址購買這些資源。Exit Studio 的網站是 www.exitstudio.com。也請參考 Museo del Barrio 的網站（這是一個專門報導波多黎各藝術的網站）：www.museo.org。派蒂・博得同時也使用 Lulu Delacre 所寫的書籍（1993），*Vejigante Masquerader* (New York: Scholastic)。

10. 針對這個委員會的研究發現，請參考 L. Darling-Hammond, (1998), "Teachers and Teaching: Testing Policy Hypotheses From a National Commission Report," *Educational Researcher, 27* (2), 5-15, p. 6；也請參考其他近年來確認委員會的發現有關聯的研究：S. Feiman-Nemser (2001), "From Preparation to Practice: Designing a Continuum to Strengthen and Sustain Teaching," *Teachers College Record, 103* (6), 1013-1055; P. Grossman, S. Wineburg & S. Woolworth (2000), *What Makes Teacher Community Different from a Gathering of Teachers*? (Seattle, WA: Center for the Study of Teaching and Policy, and Center for English Learning and Achievement, University of

141

Washington, Seattle)；與 S. M. Johnson & S. M. Kardos (2002), "Redesigning Professional Development: Keeping New Teachers in Mind," *Educational Leadership, 59*(6), 12-16。

11. T. Raphael (1982), "Question Answering Strategies for Children," *Reading Teacher, 36* (2), 186-190.

12. G. Canada (1995), *Fist, Stick, Knife: A Personal History of Violence in America* (Boston: Beacon Press).

13. P. Freire (1998), *Teachers as Cultural Workers: Letters to Those Who Dare Teach* (Boulder, CO: Westview Press), p. 18.

14. M. Cochran-Smith & S. L. Lytle (1999), "Relationships of Knowledge and Practice: Teacher Learning in Communities," in A. Iran-Nejad & P. D. Pearson (eds.), *Review of Research in Education, 24*, 249-305.

第七章

1. J. Kozol (1991), *Savage Inequalities: Children in America's Schools* (New York: Crown).

2. B. J. Biddle (1997), "Foolishness, Dangerous Nonsense, and Real Correlates of State Differences in Achievement," *Phi Delta Kappan, 79* (1), 9-13.

3. K. Anderson-Levitt (1997), editor's preface, *Anthropology and Education Quarterly, 28* (3), 315-317, 316.

4. F. Cordasco (1973, February), "America and the Quest for Equal Educational Opportunity: The Schools and the Children of the Poor,"

British Journal of Educational Studies, 21, 50-63, p. 63.

5. D. Tyack (1995), "Schooling and Social Diversity: Historical Reflections," in W. D. Hawley & A. W. Jackson (eds.), *Toward a Common Destiny: Improving Race and Ethnic Relations in America* (pp. 3-38) (San Francisco: Jossey-Bass), p. 4.
6. J. Oakes, K. H. Quartz, S. Ryan & M. Lipton (2000), *Becoming Good American Schools: The Struggle for Civic Virtue in Education Reform* (San Francisco: Jossey-Bass).
7. 相關範例請參考 L. Darling-Hammond (1996), The Right to Learn and the Advancement of Teaching: Research, Policy, and Practice for Democratic Education, *Educational Researcher, 25* (6), 5-17。
8. T. Sizer (1984), *Horace's Compromise: The Dilemma of the American High School* (Boston: Houghton Mifflin), p. 6.
9. E. Hanssen (1998), "A White Teacher Reflects on Institutional Racism," *Phi Delta Kappan, 79* (9), 694-698, p. 698.
10. A. H. Lima (2000), "Voices From the Basement: Breaking Through the Pedagogy of Indifference," in Z. F. Beykont (ed.), *Lifting Every Voice: Pedagogy and Politics of Bilingualism* (pp. 221-232) (Cambridge, MA: Harvard Education Publishing Group), p. 222.
11. P. Freire (1998), *Teachers as Cultural Workers: Letters to Those Who Dare Teach* (Boulder, CO: Westview Press). 142
12. V. Perrone (1991), *A Letter to Teachers: Reflections on Schooling and the Art of Teaching* (San Francisco: Jossey-Bass).
13. 兩本挑戰傳統歷史的書籍分別是 J. Loewen (1995), *Lies My Teacher Told Me: Everything Your American History Textbook Got Wrong* (New York: New Press)；與 H. Zinn (1980), *A People's His-*

tory of the United States (New York: Harper & Row)。描述這些觀點是如何帶入教室的專業書籍與其他的資源分別有 H. Levin (1998), *Teach Me! Kids Will Learn When Oppression Is the Lesson* (Lanham, MD: Rowman & Littlefield)與任何與 Rethinking Schools publications（全部都是由老師擔任書籍的作者發表的）有關聯的書籍，包含兩冊 *Rethinking Our Classrooms* (Milwaukee, WI: Rethinking Schools)。一本描繪教室可以如何建立傑出的社區關係的策略，則是由 N. Schniedewind 和 E. Davidson（1998）所發表的 *Open Minds to Equality: A Sourcebook of Learning Activities to Affirm Diversity and Promote Equity* (Boston: Allyn & Bacon)。

14. D. Cronin (2000), *Click, Clack, Moo: Cows That Type* (New York: Scholastic).
15. D. Macaulay (1988). *The Way Things Work* (London: Dorling Kindersly).

第八章

1. National Education Association (1997), *Status of the American Public School Teacher* (Washington, DC: Author).
2. 對於小型學校的各種觀點，請參考 W. Ayers (ed.) (2000), *Simple Justice: The Small Schools Revolution and the Fight for Fairness in Our Schools* (New York: Teachers College Press), pp. 13-17。
3. L. Olsen (1988), *Crossing the Schoolhouse Border: Immigrant Students and the California Public Schools* (San Francisco: California Tomorrow)。其他相關例子，請參考 S. Nieto (1994), "Lessons

from Students on Creating a Chance to Dream," *Harvard Educational Review, 64* (4), 392-426。

4. E. Fraser, "Words That Kill," *Message Magazine*, pp. 4-5, 4.

5. D. Gregory, with R. Lipsyte (1964), *Nigger: An Autobiography* (New York: Dutton).

6. M. Rose (1989), *Lives on the Boundary* (New York: Penguin).

7. M. Angelou (1969), *I Know Why the Caged Bird Sings* (New York: Random House).

第九章

1. M. W. McLaughlin & J. E. Talbert (2001), *Professional Communities and the Work of High School Teaching* (Chicago: University of Chicago Press).

2. D. C. Lortie (1975), *Schoolteacher: A Sociological Study* (Chicago: University of Chicago Press).

3. 對於老師學習理論的完整回顧，請參考 M. Cochran-Smith & S. L. Lytle (1999), "Relationships of Knowledge and Practice: Teacher Learning in Communities," in A. Iran-Nejad, & P. D. Pearson (eds.), *Review of Research in Education, 24*, pp. 249-305。也請參考 M. K. Stein, M. S. Smith, & E. A. Silver (1999), "The Development of Professional Educators: Learning to Assist Teachers in New Settings in New Ways," *Harvard Educational Review, 69* (3), 237-269。

4. 請參考序論的註解 11 與 12。

5. 相關範例請參考 M. Fullan (2000), "The Three Stories of Education

143

Reform," *Phi Delta Kappan, 81* (8), 581-584; L. Darling-Hammond (1997), *The Right to Learn: A Blueprint for Creating Schools That Work* (San Francisco: Jossey-Bass)；與 J. W. Little (1991), "Organizing Schools for Teacher Learning," in L. DarlingHammond & G. Sykes (eds.), *Teaching as the Learning Profession: Handbook of Policy and Practice* (pp. 233-262) (San Francisco; Jossey-Bass)。

6. R. M. Ingersoll (2001), "Teacher Turnover and Teacher Shortages: An Organizational Analysis," *American Educational Research Journal, 38* (3), 499-534；也請參考 M. Schmoker (2002), "Up and Away: The Formula is Well-Known, Now We Need to Follow It," *Journal of Staff Development, 23* (2), 10-13。

7. D. Viadero (2001, November 7), "Whole-School Projects Show Mixed Results," *Education Week, 21* (10), 1.

參考文獻

Anderson-Levitt, K. (1997). Editor's preface. *Anthropology and Education Quarterly, 28*(3), 315–317.

Angelou, M. (1969). *I know why the caged bird sings*. New York: Random House.

Ashton-Warner, S. (1963). *Teacher*. New York: Simon and Schuster.

Ayers, W. (Ed.). (2000). *A simple justice: The challenge of small schools*. New York: Teachers College Press.

Ayers, W. (2001). *To teach: The journey of a teacher* (2nd ed.). New York: Teachers College Press.

Banks, J. A. (Ed.). (1973). *Teaching ethnic studies: Concepts and strategies*. 43rd Yearbook. Washington, DC: National Council for the Social Studies.

Barber, B. R. (1992). *An aristocracy of everyone: The politics of education and the future of America*. New York: Oxford University Press.

Bempechat, J. (1999). Learning from poor and minority students who succeed in school. *Harvard Education Letter, 15*(3), 1–3.

Berliner, D. C. (2001). A personal response to those who bash teacher education. *Journal of Teacher Education, 51*(5), 358–371.

Biddle, B. J. (1997). Foolishness, dangerous nonsense, and real correlates of state differences in achievement. *Phi Delta Kappan, 79*(1), 9–13.

Bowles, S., & Gintis, H. (1976). *Schooling in capitalist America: Educational reform and the contradictions of economic life*. New York: Basic Books.

Bruner, J. S. (1983). *In search of mind: Essays in autobiography*. New York: Harper & Row.

Bruner, J. S. (1994). Life as narrative. In A. H. Dyson & C. Genishi (Eds.), *The need for story: Cultural diversity in classroom and community* (pp. 28–37). Urbana, IL: National Council of Teachers of English.

Buckley, S. (2000, February 2). Root of all evil: Money makes the sports world go round. *Boston Herald*, p. 102.

Campuzano, B. (2001). A better chance. *Narratives, 6*(1), 25–26.

Canada, G. (1995). *Fist, stick, knife: A personal history of violence in America*. Boston: Beacon Press.

Casey, K. (1993). *I answer with my life: Life histories of women teachers working for social change*. New York: Routledge.

Clanindin, D. J., Davies, A., Hogan, P., & Kennard, B. (1993). *Learning to teach, teaching to learn: Stories of collaboration in teacher education*. New York: Teachers College Press.

Clewell, B. C., Puma, M., & McKay, S. A. (2001). *Does it matter if my teacher looks like me?: The impact of teacher race and ethnicity on student academic achievement*. New York: Ford Foundation.

Cochran-Smith, M. (1997). Knowledge, skills, and experiences for teaching culturally diverse learners: A perspective for practicing teachers. In J. J. Irvine (Ed.), *Critical knowledge for diverse teachers and learners* (pp. 27–87). Washington, DC: American Association of Colleges for Teacher Education.

Cochran-Smith, M. (2000). Blind vision: Unlearning racism in teacher education. *Harvard Educational Review*, *70*(2), 157–190.

Cochran-Smith, M., & Lytle, S. (1993). *Inside/outside: Teacher research and knowledge*. New York: Teachers College Press.

Cochran-Smith, M., & Lytle, S. L. (1999). Relationships of knowledge and practice: Teacher learning in communities. In A. Iran-Nejad & P. David Pearson (Eds.), *Review of research in education*, *24*, 249–305.

Cohen, R. M., & Scheer, S. (Eds.). (1997). *The work of teachers in America: A social history through stories*. New York: Longman.

Cohn, M. M., & Kottkamp, R. B. (1993). *Teachers: The missing voice in education*. Albany: State University of New York Press.

Connelly, F. M., & Clandinin, D. J. (1999). *Shaping a professional identity: Stories of educational practice*. New York: Teachers College Press.

Cordasco, F. (1973, February). America and the quest for equal educational opportunity: The schools and the children of the poor. *British Journal of Educational Studies*, *21*, 50–63.

Darling-Hammond, L. (1996). The right to learn and the advancement of teaching: Research, policy, and practice for democratic education. *Educational Researcher*, *25*(6), 5–17.

Darling-Hammond, L. (1997). *Doing what matters most: Investing in teacher quality*. New York: National Commission on Teaching and America's Future, Teachers College, Columbia University.

Darling-Hammond, L. (1997). *The right to learn: A blueprint for creating schools that work*. San Francisco: Jossey-Bass.

Darling-Hammond, L. (1998). Teachers and teaching: Testing policy hypotheses from a National Commission Report. *Educational Researcher*, *27*(2), 5–15.

Darling-Hammond, L., & Falk, B. (1997). Using standards and assessments to support student learning. *Phi Delta Kappan*, *79*(3), 190–199.

David, J. L., & Shields, P. M. (2001). *When theory hits reality: Standards-based reform in urban districts, final narrative report*. Menlo Park, CA: SRI International.

Dee, T. S. (2000). *Teachers, race, and student achievement in a randomized experiment*. Cambridge, MA: National Bureau of Economic Research.

Delacre, L. (1993). *Vejigante Masquerador*. New York: Scholastic.

Delpit, L. D. (1988). The silenced dialogue: Power and pedagogy in educating other people's children. *Harvard Educational Review*, *58*, 280–298.

Dewey, J. (1916). *Democracy and education*. New York: The Free Press.

Dickeman, M. (1973). Teaching cultural pluralism. In J. A. Banks (Ed.), *Teaching ethnic studies: Concepts and strategies* (pp. 4–25). 43rd Yearbook. Washington, DC: National Council for the Social Studies.

Dominicé, P. (2000). *Learning from our lives: Using educational biographies with adults*. San Francisco: Jossey-Bass.

Education Commission of the States. (2000). *In pursuit of quality teaching: Five key strategies for policymakers*. Denver, CO: Education Commission of the States.

Fantini, M. D., Gittell, M., & Magat, R. (1970). *Community control and the urban school*. New York: Praeger Publishers.

Farkas, S., Johnson, J., & Foleno, T. (2000). *A sense of calling: Who teaches and why*. New York: Public Agenda.

Feiman-Nemser, S. (2001). From preparation to practice: Designing a continuum to strengthen and sustain teaching. *Teachers College Record, 103*(6), 1013–1055.

Florio Ruane, S., & deTar, J. (1995). Conflict and consensus in teacher candidates' discussion of ethnic autobiography. *English Education, 27*, 11–39.

Fontánez, E. (1995). *The Vejigante and the folk festivals of Puerto Rico*. Washington, DC: Exit Studios

Fox, R. F. (Ed.). (2000). *Case studies in teacher renewal*. Urbana, IL: National Council of Teachers of English.

Fraser, E. (DATE??). Words that kill. *Message Magazine*, pp. 4–5.

Freedman, S. W., Simons, E. R., Kalnin, J. S., Casareno, A., & the M-CLASS Teams (Eds.). (1999). *Inside city schools: Investigating literacy in multicultural classrooms*. New York: Teachers College Press.

Freire, P. (1970). *Pedagogy of the oppressed*. New York: Seabury Press.

Freire, P. (1998). *Teachers as cultural workers: Letters to those who dare teach*. Boulder, CO: Westview Press.

French, D. (1998). The state's role in shaping a progressive vision of public education. *Phi Delta Kappan, 80*(3), 185–194.

Fried, R. L. (1995). *The passionate teacher: A practical guide*. Boston: Beacon Press

Fullan, M. (2000). The three stories of education reform. *Phi Delta Kappan, 81*(8), 581–584.

García, E. E. (1999). *Student cultural diversity: Understanding and meeting the challenge* (2nd ed.). Boston: Houghton Mifflin.

García, E. E., & Hurtado, A. (1995). Becoming American: A review of current research on the development of racial and ethnic identity in children. In W. D. Hawley & A. W. Jackson (Eds.), *Toward a common destiny: Improving race and ethnic relations in America* (pp. 163–184). San Francisco: Jossey-Bass.

Gay, G. (2000). *Culturally responsive teaching: Theory, research, and practice*. New York: Teachers College Press.

Gibson, L. (1998). Teaching as an encounter with the self: Unraveling the mix of personal beliefs, education ideologies, and pedagogical practices. *Anthropology and Education Quarterly, 29*(3), 360–371.

Gibson, M. (1997). Complicating the immigrant/involuntary minority typology. *Anthropology and Education Quarterly, 28*(3), 431–454.

Giroux, H. A. (1988). *Teachers as intellectuals: Toward a critical pedagogy of learning*. Granby, MA: Bergin & Garvey.

Gitomer, D., Latham, A. S., & Ziomek, R. (1999). *The academic quality of prospective teachers: The impact of admissions and licensure testing*. Princeton, NJ: Teaching and Learning Division, Educational Testing Service.

Gordon, G. (1999). Teacher talent and urban schools. *Phi Delta Kappan, 81*(5), 304–306.
Greene, M. (1978). *Landscapes of learning*. New York: Teachers College Press.
Greene, M. (1988). *The dialectic of freedom*. New York: Teachers College Press.
Greene, M. (1991). Foreword. In C. Witherell & N. Noddings (Eds.), *Stories lives tell: Narrative and dialogue in education*. New York: Teachers College Press.
Grossman, P., Wineburg, S., & Woolworth, S. (2000). *What makes teacher community different from a gathering of teachers?* Seattle, WA: Center for the Study of Teaching and Policy, and Center for English Learning and Achievement, University of Washington, Seattle.
Haberman, M. (1988). *Preparing teachers for urban schools*. Bloomington, IN: Phi Delta Kappa Educational Foundation.
Hanssen, E. (1998). A White teacher reflects on institutional racism. *Phi Delta Kappan, 79*(9), 694–698.
Hargreaves, A., Earl, L., & Ryan, J. (1996). *Schooling for change*. New York: Falmer Press.
Hargreaves, A., & Fullan, M. (1998). *What's worth fighting for out there?* New York: Teachers College Press.
Haycock, K. (1998). Good teaching matters. *Thinking K–16, 3*(2), 1–2.
Heath, S. B. (1983). *Ways with words*. New York: Cambridge University Press.
Helfand, D. (2001, December 12). Lack of qualified teachers undermines state reforms. *Los Angeles Times*, [Online]. Available: www.latimes.com/news/local/la-0000986.50dec12.story?coll=la%2Dcalifornia.
Henke, R. R., Chen, X., & Geis, S. (2000). *Progress through the teacher pipeline: College graduates and elementary/secondary school teaching as of 1997*. Washington, DC: National Center for Education Statistics.
Henke, R. R., Choy, S. P., Chen, X., Geis, S., & Alt, M. N. (1997). *America's teachers: Profile of a profession, 1993–94, NCES 97–460*. Washington, DC: United States Department of Education.
hooks, b. (1994). *Teaching to transgress: Education as the practice of freedom*. New York: Routledge.
Howard, G. R. (1999). *We can't teach what we don't know: White teachers, multiracial schools*. New York: Teachers College Press.
Hussar, W. J. (1999). *Predicting the need for newly hired teachers in the United States to 2008–2009*. Washington, DC: National Center for Education Statistics.
Igoa, C. (1995). *The inner world of the immigrant child*. New York: St. Martins Press.
Ingersoll, R. M. (2001). Teacher turnover and teacher shortages: An organizational analysis. *American Educational Research Journal, 38*(3), 499–534.
Intrator, S. M. (Ed.). (2002). *Stories of the courage to teach: Honoring the teacher's heart*. San Francisco: Jossey-Bass.
Irvine, J. J. (1990). *Black students and school failure: Policies, practices, and prescriptions*. Westport, CT: Greenwood Press.
Irvine, J. J., & Foster, M. (1996). *Growing up African American in Catholic schools*. New York: Teachers College Press.
Jervis, K. (1996). "How come there are no brothers on that list?": Hearing the hard questions all children ask. *Harvard Educational Review, 66*(3), 546–576.

Johnson, S. M. (1990). *Teachers at work: Achieving success in our schools*. New York: Basic Books.

Johnson, S. M., & Kardos, S. M. (2002). Redesigning professional development: Keeping new teachers in mind. *Educational Leadership, 59*(6), 12–16.

Kailin, J. (1999). How White teachers perceive the problem of racism in their schools: A case study of "liberal" Lakeview. *Teachers College Record, 100*(4), 724–750.

Katz, M. B. (1975). *Class, bureaucracy, and the schools: The illusion of educational change in America*. New York: Praeger.

Katz, S. R. (1999). Teaching in tensions: Latino immigrant youth, their teachers, and the structures of schooling. *Teachers College Record, 100*(4), 809–840.

King, M. (1981). *Chain of change: Struggles for Black community development*. Boston: South End Press.

Knapp, M. S., Shields, P. M., & Turnbull, B. J. (1995). Academic challenge in high-poverty classrooms. *Phi Delta Kappan, 76*(10), 770–776.

Kohl, H. (1967). *36 Children*. New York: New American Library.

Kohl, H. (1994). *"I won't learn from you" and other thoughts on creative maladjustment*. New York: The New Press.

Kozol, J. (1967). *Death at an early age: The destruction of the hearts and minds of Negro children in the Boston Public Schools*. Boston: Houghton Mifflin.

Kozol, J. (1991). *Savage inequalities: Children in America's schools*. New York: Crown.

Kuzmeskus, J. (Ed.). (1996). *We teach them all: Teachers writing about diversity*. York, ME: Stenhouse.

Ladson-Billings, G. (1994). *The dreamkeepers: Successful teachers of African American children*. San Francisco: Jossey-Bass.

Langdon, C. A., & Vesper, N. (2000). The sixth Phi Delta Kappa Poll of teachers' attitudes toward the public schools. *Phi Delta Kappan, 81*(8), 607–611.

Langer, J. (2002). Beating the odds: Teaching middle and high school students to read and write well. *American Educational Research Journal, 38*(4), 837–880.

Levin, M. (1998). *Teach me!: Kids will learn when oppression is the lesson*. Lanham, MD: Rowman & Littlefield.

Lima, A. H. (2000). Voices from the basement: Breaking through the pedagogy of indifference. In Z. F. Beykont (Ed.), *Lifting every voice: Pedagogy and politics of bilingualism* (pp. 221–232). Cambridge, MA: Harvard Education Publishing Group.

Little, J. W. (1991). Organizing schools for teacher learning. In L. Darling-Hammond & G. Sykes (Eds.), *Teaching as the learning profession: Handbook of policy and practice* (pp. 233–262). San Francisco: Jossey-Bass.

Loewen, J. W. (1995). *Lies my teacher told me: Everything your American history textbook got wrong*. New York: New Press.

Lomotey, K. (1990). *Going to school: The African-American experience*. Albany: State University of New York Press

Lucas, T., Henze, R., & Donato, R. (1990). Promoting the success of Latino language-minority students: An exploratory study of six high schools. *Harvard Educational Review, 60*(3), 315–340;

Mahiri, J. (1998). *Shooting for excellence: African American and youth culture in new century schools*. Urbana, IL: National Council of Teachers of English; New York: Teachers College Press.

McIntyre, A. (1997). *Making meaning of Whiteness: Exploring racial identity with White teachers*. Albany: State University of New York Press.

McLaughlin, M. W., & Talbert, J. E. (2001). *Professional communities and the work of high school teaching*. Chicago: University of Chicago Press.

Meier, K. J., Wrinkle, R. D., & Polinard, J. L. (1999). Representative bureaucracy and distributional equity: Addressing the hard question. *Journal of Politics, 61*, 1025–1039.

Miller, J. L. (1978, May). *An interview with Maxine Greene* [Videotape]. The Curriculum Collection, Museum of Education, University of South Carolina, Columbia.

National Center for Education Statistics. (2000). *Digest of education statistics, 1999*. Washington, DC: Author.

National Center for Education Statistics (2000). *Editorial projects in education, 1998*. Washington, DC: Author.

National Coalition of Advocates for Students. (1988). *Barriers to excellence: Our children at risk*. Boston: Author.

National Commission on Teaching and America's Future. (1996). *What matters most: Teaching for America's future*. New York: Author.

National Education Association. (1997). *Status of the American public school teacher*. Washington, DC: Author.

Nieto, S. (1994). Lessons from students on creating a chance to dream. *Harvard Educational Review, 64*(4), 392–426.

Nieto, S. (1995). From brown heroes and holidays to assimilationist agendas: Reconsidering the critiques of multicultural education. In C. E. Sleeter & P. McLaren (Eds.), *Multicultural education, Critical pedagogy, and the politics of difference* (pp. 191–220). Albany: State University of New York Press.

Nieto, S. (1999). *The light in their eyes: Creating multicultural learning communities*. New York: Teachers College Press.

Nieto, S. (2000). *Affirming diversity: The sociopolitical context of multicultural education*, 3rd ed. New York: Longman (1st ed.: 1992)

Noblitt, G. W. (1993). Power and caring. *American Educational Research Journal, 3*(1), 23–38.

Noddings, N. (1992). *The challenge to care in schools: An alternative approach to education*. New York: Teachers College Press.

Oakes, J., Quartz, K. H., Ryan, S., & Lipton, M. (2000). *Becoming good American schools: The struggle for civic virtue in education reform*. San Francisco: Jossey-Bass.

Olsen, L. (1988). *Crossing the schoolhouse border: Immigrant students and the California public schools*. San Francisco: California Tomorrow.

Orfield, G. & Yun, J. T. (1999, June). *Resegregation in American schools*. Cambridge, MA: Civil Rights Project at Harvard University.

Patchen, M. (1982). *Black-White contact in schools: Its social and academic effects*. West Lafayette, IN: Purdue University Press.

Perrone, V. (1991). *A letter to teachers: Reflections on schooling and the art of teaching.* San Francisco: Jossey-Bass.

Pollard, D. (1989). A profile of underclass achievers. *Journal of Negro Education, 58*, 297–308.

Portes, A. & Rumbaut, R. G. (2001). *Legacies: The story of the immigrant second generation.* Berkeley: University of California Press and New York: Russell Sage Foundation.

Public Education Network and *Education Week.* (2001, April). *Action for all: The public's responsibility for public education.* Washington, DC: Authors.

Raphael, T. (1982). Question answering strategies for children. *Reading Teacher, 36*(2), 186–190.

Rose, M. (1989). *Lives on the boundary.* New York: Penguin.

Rose, M. (1995). *Possible lives: The promise of public education in America.* New York: Penguin Books.

Rosenholtz, S. J. (1989). *Teachers' workplace: The social organization of schools.* New York: Longman.

Schmoker, M. (2002). Up and away: The formula is well-known, now we need to follow it. *Journal of Staff Development, 23*(2), 10–13.

Schniedewind, N., & Davidson, E. (1998). *Open minds to equality: A sourcebook of learning activities to affirm diversity and promote equity.* Boston: Allyn & Bacon.

Shin, P. H. B. (2001, June 19). Teachers are key to success: It's sink or swim for class rookies. *New York Daily News* [Online]. Available: http://www.nydailynews.com/City_Beat/a-115421.asp.

Shor, I., & Freire, P. (1987). *A pedagogy for liberation: Dialogues on transforming education.* New York: Bergin & Garvey.

Sizer, T. (1984). *Horace's compromise: The dilemma of the American high school.* Boston: Houghton Mifflin.

Sizer, T., & Sizer, N. F. (1999). *The students are watching: Schools and the moral contract.* Boston: Beacon Press.

Sleeter, C. E. (1994). White racism. *Multicultural Education, 1*(4), 5–8, 39.

Sleeter, C. (2001). An analysis of the critiques of multicultural education. In J. A. Banks & C. A. M. Banks (Eds.), *Handbook of research on multicultural education* (pp. 81–94). San Francisco: Jossey-Bass.

Snyder, T. D., & Hoffman, C. N. (2002). *Digest of Education Statistics, 2001.* Washington, DC: National Center for Education Statistics.

Spring, J. (2001). *Deculturalization and the struggle for equality: A brief history of the education of dominated cultures in the United States*, 3rd ed. New York: McGraw-Hill.

Stein, M. K., Smith, M. S., & Silver, E. A. (1999). The development of professional educators: Learning to assist teachers in new settings in new ways. *Harvard Educational Review, 69*(3), 237–269.

Stinnett, T. M. (Ed.). (1970). *The teacher dropout.* Bloomington, IN: Phi Delta Kappan.

Stotsky, S. (1999). *Losing our language: How multicultural classroom instruction is undermining our children's ability to read, write, and reason.* New York: The Free Press.

Treisman, P. U. (1992). Studying students studying calculus: A look at the lives of

minority mathematics students in college. *The College Mathematics Journal, 23*(5), 362–372.

Tyack, D. (1995). Schooling and social diversity: Historical reflections. In W. D. Hawley & A. W. Jackson (Eds.), *Toward a common destiny: Improving race and ethnic relations in America* (pp. 3–38). San Francisco: Jossey-Bass.

Ullman, J. (1997). *A case study of an urban high school English class: Encouraging academic engagement by creating a culture of respect*. Unpublished doctoral dissertation, Boston College, MA.

United States Bureau of the Census. (2000). *Statistical Abstract of the United States* [Online]. Available: http://www.census.gov/prod/www/statistical-abstract-us.html.

Valenzuela, A. (1999). *Subtractive schooling: U.S.-Mexican youth and the politics of caring*. Albany: State University of New York Press.

Vegas, E., Murname, R. J., & Willett, J. B. (2001). From high school to teaching: Many steps, who makes it? *Teachers College Record, 103*(3), 427–449.

Viadero, D. (2001). Whole-school projects show mixed results. *Education Week, 21*(10), 1, 24–25.

Wadsworth, D. (2001). Why new teachers choose to teach. *Educational Leadership, 58*(8), 24–28.

Weinberg, M. (1977). *A chance to learn: A history of race and education in the U.S.* Cambridge: Cambridge University Press.

Wilson, S. M., & Berne, J. (1999). Teacher learning and the acquisition of professional knowledge: An examination of research on contemporary professional development. In A. Iran-Nejad & P. D. Pearson (Eds.), *Review of research in education*, (vol. 24, pp. 173–209). Washington, DC: American Educational Research Association.

Witherell, C., & Noddings, N. (Eds.). (1991). *Stories lives tell: Narrative and dialogue in education*. New York: Teachers College Press.

Zane, N. (1997). When "discipline problems" recede: Democracy and intimacy in urban charters. In M. Fine (Ed.), *Chartering urban school reform: Reflections on public high schools in the midst of change* (pp. 122–135). New York: Teachers College Press.

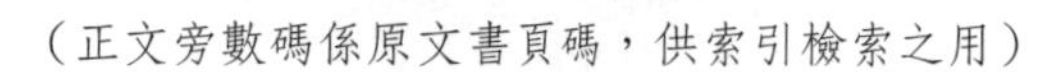

索引

（正文旁數碼係原文書頁碼，供索引檢索之用）

A

B

C

D

E

F

G

H

I

J

K

L

M

N

O

P

Q

R

S

T

U

V

W

Y

Z

國家圖書館出版品預行編目資料

教師 生命 自傳／Sonia Nieto 著；陳佩正譯.
-- 初版 .-- 臺北市：心理, 2007（民 96）
面；　公分 .--（教育現場；17）
參考書目：面
含索引
譯自：What keeps teachers going?
ISBN 978-957-702-993-5（平裝）

1.教師　　2.教學法

522　　96001171

教育現場 17　教師 生命 自傳

作　　者：Sonia Nieto
譯　　者：陳佩正
執行編輯：李　晶
總 編 輯：林敬堯
發 行 人：洪有義
出 版 者：心理出版社股份有限公司
社　　址：台北市和平東路一段 180 號 7 樓
總　　機：(02) 23671490　傳　　真：(02) 23671457
郵　　撥：19293172　心理出版社股份有限公司
電子信箱：psychoco@ms15.hinet.net
網　　址：www.psy.com.tw
駐美代表：Lisa Wu　tel：973 546-5845　fax：973 546-7651
登 記 證：局版北市業字第 1372 號
電腦排版：臻圜打字印刷有限公司
印 刷 者：東縉彩色印刷有限公司
初版一刷：2007 年 4 月

定價：新台幣 350 元

ISBN　978-957-702-993-5

讀者意見回函卡

No. ______　　　　　　　　　　　　　　　　填寫日期：　年　月　日

感謝您購買本公司出版品。為提升我們的服務品質，請惠填以下資料寄回本社【或傳真(02)2367-1457】提供我們出書、修訂及辦活動之參考。您將不定期收到本公司最新出版及活動訊息。謝謝您！

姓名：____________________　性別：1□男　2□女

職業：1□教師 2□學生 3□上班族 4□家庭主婦 5□自由業 6□其他____

學歷：1□博士 2□碩士 3□大學 4□專科 5□高中 6□國中 7□國中以下

服務單位：__________________　部門：__________　職稱：____________

服務地址：__________________________　電話：_______　傳真：_______

住家地址：__________________________　電話：_______　傳真：_______

電子郵件地址：____

書名：____

一、您認為本書的優點：（可複選）

❶□內容 ❷□文筆 ❸□校對 ❹□編排 ❺□封面 ❻□其他____

二、您認為本書需再加強的地方：（可複選）

❶□內容 ❷□文筆 ❸□校對 ❹□編排 ❺□封面 ❻□其他____

三、您購買本書的消息來源：（請單選）

❶□本公司 ❷□逛書局⇨______書局 ❸□老師或親友介紹

❹□書展⇨____書展 ❺□心理心雜誌 ❻□書評 ❼其他________

四、您希望我們舉辦何種活動：（可複選）

❶□作者演講 ❷□研習會 ❸□研討會 ❹□書展 ❺□其他_____

五、您購買本書的原因：（可複選）

❶□對主題感興趣 ❷□上課教材⇨課程名稱__________________

❸□舉辦活動　❹□其他______________

（請翻頁繼續）

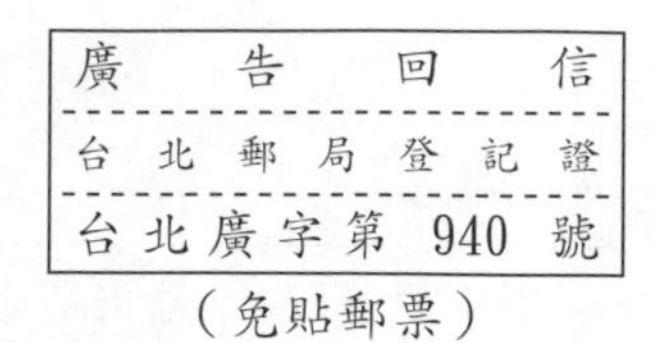

（免貼郵票）

心理出版社股份有限公司
台北市106和平東路一段180號7樓

TEL: (02) 2367-1490
FAX: (02) 2367-1457
EMAIL:psychoco@ms15.hinet.net

沿線對折訂好後寄回

六、您希望我們多出版何種類型的書籍

❶□心理 ❷□輔導 ❸□教育 ❹□社工 ❺□測驗 ❻□其他

七、如果您是老師，是否有撰寫教科書的計劃：□有□無

書名／課程：________________

八、您教授／修習的課程：

上學期：________________

下學期：________________

進修班：________________

暑　假：________________

寒　假：________________

學分班：________________

九、您的其他意見

謝謝您的指教！

41117